U0524849

本丛书的翻译与出版得到了中国社会科学院—上海市人民政府 上海研究院的资助

全|球|学|译|丛

主编：郭长刚

全球主义：
21世纪最伟大的观念博弈

Globalisms:
The Great Ideological Struggle of the Twenty-first Century

［美］曼弗雷德·B.斯蒂格◎著
唐青叶 程福干◎译

中国社会科学出版社

图字：01-2017-5939号

图书在版编目（CIP）数据

全球主义：21世纪最伟大的观念博弈／（美）曼弗雷德·B. 斯蒂格著；唐青叶，程福干译．—北京：中国社会科学出版社，2021.1（2021.11重印）

（全球学译丛）

书名原文：Globalisms:The Great Ideological Struggle of the Twenty – first Century

ISBN 978-7-5203-6701-1

Ⅰ.①全… Ⅱ.①曼… ②唐… ③程… Ⅲ.①全球化—研究 Ⅳ.①C913

中国版本图书馆 CIP 数据核字（2020）第 112378 号

Published by agreement with the Rowman & Littlefield Publishing Group through the Chinese Connection Agency, a division of The Yao Enterprises, LLC

出 版 人	赵剑英
责任编辑	张　林
特约编辑	张　虎
责任校对	周　昊
责任印制	戴　宽

出　　版	中国社会科学出版社
社　　址	北京鼓楼西大街甲 158 号
邮　　编	100720
网　　址	http://www.csspw.cn
发 行 部	010-84083685
门 市 部	010-84029450
经　　销	新华书店及其他书店
印　　刷	北京明恒达印务有限公司
装　　订	廊坊市广阳区广增装订厂
版　　次	2021 年 1 月第 1 版
印　　次	2021 年 11 月第 2 次印刷
开　　本	710×1000　1/16
印　　张	13.75
插　　页	2
字　　数	191 千字
定　　价	76.00 元

凡购买中国社会科学出版社图书，如有质量问题请与本社营销中心联系调换
电话:010-84083683
版权所有　侵权必究

献给我的父母和兄弟格哈德、马丁

"全球学译丛"编委会

主　　编　郭长刚

学术顾问（以姓名拼音顺序）

　　　　　蔡　拓　高奇琦　刘雪莲　刘贞晔

　　　　　庞中英　任　晓　杨雪冬

编 委 会（以姓名拼音顺序）

　　　　　陈　浩　郭长刚　文学国　谢晓啸

　　　　　杨　晨　张　琨　张勇安

总　序

全球学是20世纪末随着全球化的深入发展而新兴的一门学问。1995年，美国加州州立大学蒙特雷湾分校设立了首个全球学本科专业（BA in Global Studies）。1997年，日本东京的一桥大学设立了首个全球学硕士专业（MA in Global Studies）。2002年，美国罗格斯大学设立了首个全球学博士专业（Ph. D in Global Studies）。

随着全球学专业的设置和学术研究的开展，相关的学术研究机构也纷纷创建。2000年7月，国际学术界第一个"全球学协会"（GSA – Global Studies Association）在英国宣告成立。2002年5月，"全球学协会北美分会"（GSA – North America）在芝加哥成立，成员包括来自加拿大、美国、墨西哥以及中美洲等国家与地区的学者。2005年，"亚洲全球学学会"（AAGS – Asia Association for Global Studies）在日本成立。2008年，第一届国际全球学大会（The First International Global Studies Conference）在美国芝加哥举行，标志着全球学已发展成为国际性的学术研究领域和体系。

为推动全球学学术研究的深入开展，一系列学术刊物开始创办刊行。比较著名的纸质刊物有：《全球网络：跨国事务研究杂志》（*Global Networks: A Journal of Transnational Affairs*）（英国，2001）、《全球化》（*Globalizations*）（英国，2003）、英国全球学协会会刊《全球化批判研究杂志》（*Journal of critical Globalization Studies*）（2009）、国际全球学大会会刊《全球学杂志》（*The Global Studies Journal*）（美国，2008）、《全球化研究杂志》（*The Journal of Glo-*

balization Studies）（俄罗斯，2010）、《全球学杂志》（Journal of Global Studies）（日本，2010）、亚洲全球学协会会刊《亚洲全球学杂志》（Asia Journal of Global Studies）（日本，2011）、《全球本土化：文化、政治与创新》（Glocalism：Journal of culture, politics and innovation）（意大利，2013）等。电子类的刊物则有：耶鲁大学的《耶鲁全球在线》（Yale Global Online）（2002）、哈佛及麻省理工创办的《新兴全球学》（New Global Studies）（2006）、加拿大的《全球化》（Globalization）（2001），以及由美国一些高校联合创办的《全球学电子期刊》（Global－e）（2006）等。

可以看出，以上所提到的全球学的专业学术机构和学术期刊，绝大部分都由西方发达国家创办，这也非常清楚地表明，在全球学这个新兴的学术研究领域，英美等西方国家的学者掌握着主要的话语权。其实，"全球学"这一学术术语早在20世纪80年代即已在我国学术界出现，当时主要是指关于罗马俱乐部的研究。国内第一本冠以"全球学"的著作于2008年出版，2015年出版的蔡拓教授的《全球学导论》是目前国内学术界第一本比较全面系统的全球学理论著作。当前，民粹主义、逆全球化、去全球化大行其道，但这并不意味着全球化进程的终止或者全球化趋势的改变，恰恰相反，这正是人类社会全球化深入发展的体现。上海大学自2010年设立全球学研究中心开始，即致力于全球学的研究、教学和推介，如今推出"全球学译丛"，旨在向国内学界介绍国际上有关全球学研究的不同视角，进而推动国内学界对全球学和全球化的深入研究。

郭长刚
2020年5月于上海

前　言

鉴于当前政治和社会的发展趋势，此新版本旨在修订、扩展和更新前两版《全球主义》中的基本观点，但全球化所涉及的主要话题仍保持不变，即在意识形态框架内，用话语叙述方式提供公众议题和问题进行讨论或发表主张而设置的特定议程。这些叙述的存在表明：全球化不仅仅是一个以经济和技术为基础的物质进程，也反映在全球公共领域中诸多传统观念与现实主张的相互矛盾体系，这些体系是界定、描述和评估全球化进程大致连贯的叙事。

在这个新版本中，不再用单数形式的"全球主义"来指称这些最具影响力的全球化叙事，即一种赋予全球化概念新自由主义规范、价值观和意义的市场意识形态，而是用"全球主义"的复数形式来表达，因为市场全球主义的主导话语很显然已经受到政治左翼和右翼不谋而合的全球主义挑战。这些意识形态将冉冉升起的全球形象变成具体的政治纲领和议程，其名称为正义全球主义和圣战全球主义。市场全球主义通过强化观念结构来应对这些挑战者，在此，我称之为"帝国全球主义"。这是一种将20世纪90年代的市场语言与后"9·11"世界的安全关切相结合的政治信仰体系。简而言之，经济管制放松、私有化、自由贸易、资本自由流动、低税收和财政紧缩的新自由主义计划与新保守主义的尝试融合在一起，按照美国的形象塑造全世界。但是，这种对美国权力的大胆推断不应该被误认为是旧式民族主义的复兴。美帝国只是全球化的一部分。同样，圣战全球主义者刺激全球乌玛（umma，穆斯林信徒共同体）采取激进行动的努力，或者正义全球主义者建立"另类世界"的尝试也都是全球化的一部分。尽管当今三大全球主义（市场全球主义、正义全球主义和圣战全球主义）在价值观、信念和政治议程方面有着鲜明的差异，但是它们却都有共同的概念框架和应用领域，即具有全球性（常常通过本土方式介入）。鉴于这些表述全球想象的不同方式有助于呈现全球化的具体发展，因此本身需要批判性分析是合乎逻辑的。

这些全球主义的概念特征和核心主张是什么呢？21世纪头十年的帝国全球主义与20世纪90年代的市场全球主义究竟有何不同呢？正义全球主义怎样才能成为一个成熟连贯的意识形态呢？圣战全球主义的核心概念和主要思想主张是什么？民族民粹主义者如帕特·布坎南（Pat Buchanan）或雨果·查韦斯（Hugo Chavez）在何处达成共识？21世纪观念博弈的未来轨迹是什么？这些是我在此新版本中想要解决的核心问题。这项研究的总目的不是谴责全球化，而是提供一个关于全球化的批判理论，鼓励读者认识到各种全球主义话语的内部矛盾和偏见，从而使人们更好地理解全球化观念如何形塑他们的现实生活，以及这些观念又是如何被改变的。"批判理论"源自希腊语动词 krinein（辨别，反思，判断）和名词 theoria（沉思），意思是：思考社会制度有效性和可取性的高尚的人类冲动。以公平与和平的全球秩序可调节的理想为指导，全球化的批判理论削弱了压制异见、消除舆论自由的专制倾向。因此，在道德和历史层面有见地地批评代表所有民主政治的生命线，包括其过去、现在和未来。

致　　谢

抒发我的感激之情是一项令人愉快、义不容辞的责任。感谢皇家墨尔本理工大学全球主义研究中心（Royal Melbourne Institute of Technology's Globalism Research Centre）和全球城市研究所（Global Cities Institute）的同事们的慷慨支持和批评性意见；感谢夏威夷大学马诺阿分校（University of Hawaii at Manoa）的同事，特别是全球化研究中心和政治学系的同事；感谢多次受邀在澳大利亚、新西兰、北美、欧洲和亚洲开展的讲座、学术座谈会和研讨会，让我有机会提炼本书的观点。

好友、同事、出版社编辑等诸多人为本书编撰付出了许多。我的好朋友和同事保罗·詹姆斯（Paul James）、海基·帕洛迈基（Heikki Patomaki）、特瑞尔·卡弗（Terrell Carver）和莱恩·克罗瑟斯（Lane Crothers）提供了一些非常重要的建议。弗朗茨·布鲁斯威玛（Franz Broswimmer）为我整理了一系列相关资料，贾马尔·纳萨尔（Jamal Nassar）分享了自己在全球恐怖主义和中东政治领域的研究成果，毫无疑问，他们的批评和建议使得这本书愈益完善。我还要感谢马克·阿门（Mark Amen）、皮埃尔·阿特拉斯（Pierre Atlas）、克莱德·巴罗（Clyde Barrow）、斯蒂芬·埃里克·布朗纳（Stephen Eric Bronner）、麦克·道格拉斯（Mike Douglass）、迈克尔·弗里登（Michael Freeden）、乔·戈尔德贝格·希勒（Jon Goldberg-Hiller）、玛丽·霍克斯沃思（Mary Hawkesworth）、曼弗雷德·亨宁森（Manfred Henningsen）、书绪饭田（Fumio Iida）、米舍利娜·伊沙（Micheline Ishay）、约翰·考茨基（John Kautsky）、道格拉斯·凯尔纳（Douglas Kellner）、伊丽莎白·凯利（Elizabeth Kelly）、桑卡兰·奎师那（Sankaran Krishna）、拉姆达斯·兰姆（Ramdas Lamb）、蒂姆·卢克（Tim Luke）、布拉德利·麦克唐纳（Bradley Macdonald）、皮特·马尼卡斯（Peter Manicas）、哈利勒·玛拉（Khalil Marrar）、吉姆·密特尔曼（Jim Mittelman）、瓦伦丁·穆加达姆（Valentine Moghadam）、肯·潘菲利欧（Ken Panfilio）、卡洛斯·帕罗迪（Carlos Parodi）、乔·派斯克（Joe Peschek）、雪莉·里普洛格尔（Sherri Replogle）、史蒂夫·罗索（Steve Rosow）、萨斯基雅·萨森（Saskia Sassen）、妮莎·沙阿（Nisha Shah）、迈克·夏皮罗（Mike Shapiro）、乔·锡拉库萨（Joe Siracusa）、吉姆·斯宾塞（Jim Spencer）、内维·索古科（Nevi Soguk）以及阿曼达·瓦乐哈步（Amentahru Wahlrab）对该书鞭辟入里的评论。

我的研究助理艾琳·威尔逊（Erin Wilson）工作很出色，罗曼和利特尔菲尔德出版公司（Rowman & Littlefield Publishers）编辑苏珊·麦凯琴（Susan McEachern）一直给予我真诚支持和鼓励，最深切的感激之情要送给珀尔·波兹曼（Perle Besserman）。感谢所有帮助过我的人。

目　录

第一章　市场全球主义的根源 …………………………… （1）
　　观念博弈的终结 ………………………………………… （1）
　　意识形态：成分和功能 ………………………………… （6）
　　市场全球主义和新自由主义 …………………………… （11）
　　20世纪90年代"全球化"的兜售 ……………………… （16）
　　21世纪意识形态伟大斗争的起源 ……………………… （18）
　　结束语 …………………………………………………… （20）

第二章　关于全球化的学术争鸣 ………………………… （24）
　　盲人学者和大象 ………………………………………… （24）
　　全球化是"全球胡话" …………………………………… （27）
　　全球化是一个经济过程 ………………………………… （33）
　　全球化是一个政治过程 ………………………………… （39）
　　全球化是一个文化过程 ………………………………… （46）
　　全球化和意识形态：对全球主义的批判性审视 ……… （55）

第三章　从市场全球主义到帝国全球主义 ……………… （60）
　　市场全球主义和美利坚帝国 …………………………… （60）
　　赢得民心 ………………………………………………… （69）
　　从市场全球主义到帝国全球主义：理念和观点分析 … （71）

第四章　来自政治左翼的挑战：正义全球主义 …………… （117）
　　左翼与右翼的区分 ………………………………………… （118）
　　从恰帕斯到西雅图 ………………………………………… （121）
　　"西雅图之战"及其后果 …………………………………… （126）
　　"9·11"事件之后抵制帝国全球主义：多哈及多哈以外 …… （137）
　　全球正义运动目的何在？正义全球主义的核心主张 ……… （143）

第五章　来自政治右翼的挑战：民族民粹主义和圣战全球主义 ……………………………………………… （160）
　　何谓民族民粹主义？ ……………………………………… （160）
　　帕特·布坎南和卢·道布斯的民族民粹主义观 …………… （166）
　　基地组织的圣战全球主义 ………………………………… （178）

第六章　结论：前景展望 ……………………………………… （196）

关于作者 …………………………………………………………… （206）

第 一 章

市场全球主义的根源

观念博弈的终结

很多西方评论者受1945年德国纳粹覆灭和1991年苏联解体的诱导,认为"意识形态"问题已无关紧要,可以将其抛进历史垃圾箱,向世人宣告:人类历史上一个全新的时代已经来临。他们声称所有的政治信仰制度已经汇聚到一个单独的视界:自由资本主义。然而这种一统天下的政治理念和梦想与2001年9月11日世贸中心的双子塔被撞击,一同轰然倒塌。事实上,"9·11"事件之后的"全球反恐战争"是建立在意识形态多样性和不相容性基础之上的。

试以乔治·沃克·布什(George W. Bush)总统2007年全国电视演说为例。在演说中,他通过唤起民众对扩张的"激进伊斯兰帝国"随时准备对"美国境内和境外发动新攻势"的恐慌,进而推出政府在伊拉克问题上新的"增兵"战略。这位元首明确表示,与激进的伊斯兰教徒的较量远远不限于军事冲突:"这是现时代一场具有决定意义的意识形态斗争。斗争的一方是相信自由和节制的人们,另一方是屠戮平民并肆无忌惮毁灭我们生活方式的极端主义者。从长远看,保护美国人民最切实可行的办法就是提供一种有望替代敌人那可恨的意识形态的东西,即在动乱地区推行自由。"这些论调得到了国务卿康多莉扎·赖斯(Condoleezza

Rice）的响应，赖斯在《外交》（*Foreign Affairs*）期刊 2008 年 8 月这一期发表了关于"新美国现实主义"的封面文章，指出："这场斗争最终不仅仅是武器的较量，也是观念的角逐。基地组织的胜利理论即为：劫持穆斯林社会本土和民族合法的不满情绪，将其从意识形态叙事层面扭曲为一场反对西方（尤其是美国压迫）而进行的永久斗争。"[①] 诚然，美国与其倡导的"意愿联盟"也致力于同伊斯兰圣战主义者在全球范围内进行"伟大的意识形态斗争"，这一观念从布什总统 2005 年 1 月连任以来一直主导着白宫的官方修辞。

布什总统宣布了一场旷日持久的意识形态战争，并认为这场战争将持续到 21 世纪很长一段时间。这有悖于 20 世纪几位声名显赫的社会思想家提出的著名论点——意识形态政治已随法西斯主义失败而终结。关于意识形态命运的这场争端首先在 20 世纪 50 年代的美国和欧洲爆发，彼时大西洋两岸的政治大亨们不知不觉地卷入所谓"意识形态论争的终结"[②]的旋涡。为这场争端圈定术语的著作带有暗示性标题：《意识形态的终结：50 年代政治观念衰微之考察》（*The End of Ideology: On the Exhaustion of Political Ideas in the Fifties*）。该书被广泛誉为美国社会思想的里程碑之作，其作者丹尼尔·贝尔（Daniel Bell）是一位将跻身 20 世纪最有影响力的美国社会学家之列的学术新秀。

贝尔假定社会主义和古典自由主义这两种 19 世纪"宏大"意识形态趋于彻底衰微，认为诸如"历史的必然性"或"自我调节

[①] "Transcript of President Bush's Address to Nation on U. S. Policy in Iraq", *New York Times*, January 11, 2007; "President Bush Addresses American Legion Convention", 2006 年 8 月 31 日（http://whitehouse.gov/news/releases/2006/08/ print/20060831 - 1. html）; Condoleezza Rice, "Rethinking the National Interest: American Realism for a New World", *Foreign Affairs* 87, No. 4, July/August 2008; p. 16.

[②] 争论的主要观点，参见 Lyman Tower Sargent, *Contemporary Political Ideologies: A Comparative Analysis*, 11th ed. Fort Worth, TX: Harcourt Brace College Publishers, 1999, pp. 10 - 12; Mostafa Rejai, ed., *Decline of Ideology?* Chicago: Aldine-Atherton, 1971; and Chaim I. Waxman, ed., *The End of Ideology Debate* New York: Funk & Wagnalls, 1968。

的市场"这些陈旧的主流概念已经丧失了拉拢现代选民的力量,因为现代选民们目睹了大萧条期间的经济绝望、莫斯科审判的虚伪、希特勒—斯大林条约的背叛、纳粹集中营的恐怖,以及在破坏性的全球战争中对手无寸铁的平民使用大规模杀伤性武器。贝尔认为,大多数西方人已经放弃了对19世纪提出的完美和谐乌托邦式社会愿景的天真信仰——无论这种乌托邦是社会主义者们的无阶级社会,还是自由放任的自由主义者们的商业天堂。新型意识形态已经在非洲和亚洲新独立的国家中出现,然而这些国家的民族主义思想和幼稚的"解放"政治口号过于偏狭,不足以吸引第二次世界大战后欧洲和美国的民众。

贝尔的著作虽然带有怀旧情调,却展示出对一个没有意识形态斗争的世界之美德的无限憧憬。他注意到西方人越来越不倾向于效忠政治极端主义的危险政体,而是更乐于接受一种实用主义的中间路线,这与20世纪50年代现代福利制度国家的阶级调和现象如出一辙。一方面,这种实用主义的中间路线给大部分在20世纪上半叶饱受创伤的人们以梦寐以求的政治稳定和经济安全;另一方面,这种技术官僚型框架似乎很难为政治激情和英雄理想提供任何出路。

对于贝尔而言,意识形态在很大程度上易受主观情感左右,并带有政治危险性,是个"非全有即全无的事物",它已经在知识层面丧失活力,并逐渐被建立在折中性、功用性和科学客观性等优点基础上的务实改良主义所取代。人们专注于寻求解决与国家和民族经济相关的大部分技术难题的行政方案,这使得意识形态过时。贝尔对19世纪意识形态所谓的消亡持谨慎欢迎的态度,暗示着20世纪50年代"去意识形态化"的政治正推动西方社会朝着更多理性和更少分裂的方向前进①。

---

① Daniel Bell, *The End of Ideology: On the Exhaustion of Political Ideas in the Fifties*, Glencoe, IL: Free Press, 1960. 特别参见第13—18、369—375页。

然而反对贝尔观点的人随即指出，贝尔提出的很多假设缺乏批判性。其一，在暗示"意识形态"因素和"极权主义"之间的必要联系时，他把经验主义问题解决方案的实用模式描绘得过于美好，使得意识形态的消亡看似是试图重塑理性节制的新时代，而理性节制这种自然状态在近一个世纪践行纯属乌托邦式理念的非理性尝试中已消失殆尽。贝尔断言美国处于"去意识形态"大气候中，而有些评论员特别指出，贝尔的断言不过是企图从深层次意识形态上将客观性、折中性和实用性改造为英美文化的优越感特征，他们认为《意识形态的终结》一书是对通体遍布冷战意识形态使命的"自由西方"的一种精致辩护。其二，几位评论家声称，贝尔无意中用技术官僚式的专家指导来替代真正的政治辩论。他们指责道，贝尔为了防止对美国现有不平等现象可能出现的众说纷纭的讨论，而制造了围绕基本规范和价值达成大众共识的神话。其三，冷战造成的国际紧张局势，连同20世纪六七十年代意识形态政治的突掀狂澜，似乎都证明贝尔的论点大错特错了。声势浩大的民权运动，不计其数的抗议越战运动，风起云涌的女权主义运动，以及如流星般势不可挡的环境保护论，所有这些都指向一种一目了然的可能性——西方19世纪激进意识形态中的一些核心规范和价值在一个世纪之后仍然长盛不衰。

经过了约30年，东欧剧变不期而然地将关于意识形态终结的辩论重新提上日程。在1989年一篇惊世之作（后扩展为专著）中，时任美国国务院政策企划局副局长的弗朗西斯·福山（Francis Fukuyama）设想过一个"去意识形态的世界"的出现，但他坚持认为这个新时代不像贝尔早期预测的那样具有融合自由主义和社会主义的特征。相反，福山断言这个新时代代表着"经济和政治自由主义的公然胜利"。福山贬低20世纪90年代"新世界秩序"中兴起的宗教原教旨主义和族裔民族主义的重要性，并预测"西方理念"在全球范围的胜利以及该理念下的消费主义文化播撒到世界各地将被证明是无法阻挡的。受到市场力量的逻辑发展和高新技术的强力驱动,西方资本主义民主制度已作为"人类政府的最终形态"① 而为人所知。

因此,福山关于"去意识形态世界"的愿景与贝尔类似的分析仅部分重合。福山与贝尔一致认为社会主义的没落是无可挽回的,但不同意贝尔对自由市场自由主义前景惨淡的评估。事实上,福山期待用高科技手段来实现旧式的 19 世纪自由市场乌托邦。他对"历史终结"之际即将到来的意识形态真空抱有不安,预测到全球化时代大多数社会关系的快速市场化促成了利己主义的经济谋划、永无休止的技术难题解决,以及对消费者无止境的需求的满足②。

福山在有关该话题的最新文章中捍卫并拓展了其核心观点:意识形态的终结与自由市场全球化相关。他重申这些发展构成了一个"不可逆转的过程",并补充说英美规范和价值将主要承担新的"去意识形态世界"的文化塑造之使命。福山肯定地总结道:美国当前作为唯一超级大国的地位使得"美国化和全球化相伴相随成为必然趋势"③。

站在后"9·11"时代的有利位置回首过去,似乎任何对意识形态终结言论都应该从更加严肃的历史视角加以考虑。贝尔的论点言之成理只是因为它迎合了战后从无管制资本主义向福利国家的重大转变。福山的必胜论是 20 世纪 80 年代末一种合乎情理的反应,因为它折射出自由市场力量崛起的核心理念。正如弗莱德·多勒米尔(Fred Dallmayr)指出,"西方自由主义和自由化以一种包治百

---

① Francis Fukuyama, "The End of History?" *National Interest* 16, Summer 1989, p. 4. 也请参见 Francis Fukuyama, The End of History and the Last Man, New York: Free Press, 1992。

② Fukuyama, "The End of History?" p. 18.

③ Francis Fukuyama, "Economic Globalization and Culture: A Discussionwith Dr. Francis Fukuyama", Merrill Lynch Forum 2000, (http://www.ml.com/woml/forum/global.html; and Francis Fukuyama), "Second Thoughts: The Last Man in a Bottle", *National Affairs* 56, Summer 1999: pp. 16–44.

病的意识形态万应灵药的面目呈现,并将其影响传遍全球"[①]。因此,20世纪意识形态终结的构想是依据当时历史条件所作出的一种尝试,旨在普及同时代的主流意识形态使命,并作为历史不再提供替代品的自然终结形式。然而通过这种做法,他们无非在重申19世纪意识形态的绝对真理断言。

本项研究否定"去意识形态世界"这个命题,应该不足为奇。相反,我将提出对立的论断:意识形态不仅和今天的我们休戚相关,而且表现出如同一个世纪之前那样强大的力量。据我观察,21世纪的开局十年,远远不只是将人们陷入一个厌倦意识形态、无历史的世界,而业已成为一个充满冲突的意识形态思想斗争领域。所谓的主角,亦即我称之为"市场全球主义"的主流意识形态已经遭遇来自两个意识形态挑战者的严重阻抗——正义全球主义和圣战全球主义。市场全球主义寻求对全球化理性意义的掌控,并顺理成章地决定全球化实际社会进程的形式和方向。鉴于市场全球主义与其对立派都试图把各自的意识形态动机烙印在大众头脑里,两派别将持续抵牾。对全球化意义和形态的意识形态争夺战深刻地影响了新世纪的政治图景,这在"9·11"事件和随后的全球反恐战争中得到淋漓尽致的体现。然而,在更为详细地讨论这些论断之前,我将简要探讨一下意识形态的主要成分和功能,并阐明它们与市场全球主义的关系。

意识形态:成分和功能

意识形态可定义为广泛共享的思想、模式化的信念、指导性的规范和价值,以及被社会上层群体所认可的一套"事实""真理"等崇高理想体系。它由社会精英编码,能为个人提供实然世界和应

[①] Fred Dallmayr, *Alternative Visions: Paths in the Global Village*, Lanham, MD: Rowman & Littlefield, 1998, p. 73.

然世界基本上浑然一体的景象。在此过程中，意识形态将纷繁复杂的人类经验组合成相当通俗易懂的图像，而这些图像相应地给人们提供时间和空间、手段和目的等方面的规范定位。

每种意识形态都是围绕特定概念和观点而架构，从而区别于其他意识形态，并被赋予特定结构和"形态"。正如政治理论家迈克尔·弗里登（Michael Freeden）指出，"任何关于意识形态的分析都有个核心命题：意识形态具有展示中心、相邻和边缘概念的形态特征"[①]，其概念和观点对与权力运作相关的社会意义进行甄选，优待，或限制，从而赋予意识形态以"政治色彩"。在一篇论述19世纪早期至今意识形态概念历史发展的杰作中，政治理论家特雷尔·卡弗（Terrell Carver）引发我们关注意识形态固有的政治功能。他认为，意识形态既非一个评判某物是否可称之为意识形态的抽象的样板，亦非一个"正确"整合思想体系的秘方，"而是关于要讨论的事情、要提出的问题、要作出的假设的一套议程，我们思考观点（尤指那些发出辩护性抑或劝告性主张的观点体系）和政治之间的相互作用时，应该能够用到它"[②]。

沿着弗里登和卡弗的思路，我们可以说，考察意识形态就是研究以制定集体决策和调解社会冲突为核心内容的政治。政治是各种"辩护性或劝告性主张"与特定群体和阶级的权力利益相关的"待议事项"被辩驳和执行的公共舞台。因此，意识形态与社会中权力

[①] Michael Freeden, *Ideologies and Political Theory: A Conceptual Approach*, Oxford: Clarendon Press, 1996, p. 77. 对于其他对意识形态（Ideology）的定义，诸如 Sargent, *Contemporary Political Ideologies*; Slavoj Zizek, ed., *Mapping Ideology*, London: Verso, 1994; Terry Eagleton, *Ideology: An Introduction*, London: Verso, 1991; Istvan Meszaros, *The Power of Ideology*, New York: New York University Press, 1989; David McLellan, *Ideology*, Milton Keynes: Open University Press, 1986; Paul Ricoeur, *Lectures on Ideology and Utopia*, edited by George H. Taylor, New York: Columbia University Press, 1986; Goran Therborn, *The Ideology of Power and the Power of Ideology*, London: New Left Books, 1980; Jorge Larrain, *The Concept of Ideology*, London: Hutchinson, 1979; Karl Mannheim, *Ideology and Utopia: An Introduction to the Sociology of Knowledge*, 1936, reprint, London: Routledge, 1991。

[②] Terrell Carver, "Ideology: The Career of a Concept", in *Ideals and Ideologies: A Reader*, 3d ed., edited by Terrence Ball and Richard Dagger, New York: Longman, 1998, p. 9.

行使、辩护和变更的种种方式密切相关。思想家们以讲故事和叙事方式向听众言说,他们的主张具有说服、称赞、劝诱、解除竞争、劝服、谴责、辨别"真理"与"谬论"、区分"善"与"恶"等功能。意识形态促成人们采取行动,同时通过一套特定的观点、规范和价值约束以限制其行为。因而,意识形态充当了联结理论和实践的黏合剂,它按照道德规范的普遍语言规则和文化准则来定位和规划政治行为。

我坚持认为,市场全球主义业已成为现时代占主导地位的政治意识形态。市场全球主义者拥护对"全球化"社会进程作出规范性断言的霸权思想体系,把全球化意义和特征的讨论限定在支撑特定政治议程的待议事项上。市场全球主义的运作从下面的例子可见一斑。《新闻周刊》(Newsweek)在"喧嚣的90年代"经济发展鼎盛时期出版的关于经济全球化封面故事的大标题包括下列短语:"不管你喜不喜欢,你都嫁给了市场";"市场是你的"[1]。这些表述把全球化等同于市场化,诱导读者将社会现实的特定表征当成普遍真理予以认可。对这些大标题作更细致的分析,可以发现意识形态具有下列元素和功能。

第一,读者身份和客观市场之间的假定联系为经济全球化提供了一种解释。这是用强调市场"真实性"的客观术语表述的。市场原则甚至能渗透到我们社会生活中最隐秘的角落,而消费者对其无能为力。换言之,社会衍生的关系被描绘成比人类意志更强大的外部的、自然的力量。

第二,大标题暗示了规范评估的标准。虽然市场化被描述成一个客观过程,但言外之意却是其效果是有益的。毕竟,"婚姻"的概念能在大多数《新闻周刊》读者心中引起深切而积极的共鸣,谁想嫁给"坏"人呢?谁想担当"坏"人的身份呢?因此,市场肯

---

[1] Robert J. Samuelson, "Why We're All Married to the Market", *Newsweek*, April 27, 1998, pp. 47–50. 我非常感激 Brian Michael Goss, 1998 年他在 Illinois State University 举办的 Border Subjects 3 Conference 上陈述论文时告诉了我这些文章标题。

定要是一个良性的力量，要有成为我们最亲密伙伴的价值。

第三，上面的表述可以成为行动的向导和指南。正如大标题下面的故事清清楚楚所讲，市场反映了组织世界的一种自然而优越的方式，因此它们应该博得读者的赞许和支持。如果"自由市场"受到邪恶势力的攻击，前者应受到保护，后者应受到驱逐。这里的弦外之音为，一个好公民应该呼吁政治体制以市场的名义推动和保护全球化。

第四，大标题简化了复杂的社会现实。尤为重要的是，市场利益被视为普遍利益。毕竟，对于人所共知的商标名——玩具反斗城——的巧妙排列，是一种积极的身份认同的标志。别无选择（"喜不喜欢"）这种似乎令人讨厌的情形在权宜婚姻中得到了解决，权宜婚姻对那些熟谙如何对待（市场）配偶的人可谓蕴藏巨大商机。最终，这些大标题中性别的动态作用显而易见。毋庸置疑，在这种父权婚姻中，丈夫具有掌控力。

在其大作《意识形态和乌托邦讲座》中，法国哲学家保罗·利科（Paul Ricoeur）将意识形态的元素和功能整合成一个综合性的概念框架[1]。利科借鉴马克思主义思想之洞见，把意识形态的第一个功能层面总结为"歪曲"——也就是制造一幅幅扭曲、模糊现实的图像。最重要的是，这种曲解过程遮蔽了作为理论想象的事物和在物质现实层面演变的事物之间的差异。诚然，所有意识形态在组构世界画面时，既有对社会过程的再现，同时又有歪曲，二者以独特的方式混合在一起。然而利科不赞同马克思关于歪曲能解释意识形态之一切这种观念。对于这位法国哲学家而言，歪曲只是意识形态的三种主要功能之一，体现的是现象的表面层次，而该现象还包括其他两个逐渐加深的层次。

受德国社会学家马克斯·韦伯（Max Weber）著作的启发，利

---

[1] Ricoeur, *Lectures on Ideology and Utopia*. My summary of Ricoeur's discussion of ideology draws on George Taylor's "Editor's Introduction", in Ricoeur, *Lectures on Ideology and Utopia*, pp. ix – xxxvi.

科将"合法化"确定为意识形态的第二个功能层次。这里涉及两个主要因素：当权者作出的对合法性的宣称；臣民对当权者合法性的信念。利科接受韦伯对社会行动理论的大部分解释，强调了意识形态调解信念与宣称之间分歧的功能。换句话说，利科认为在民众对当权者执政权的信念与当权者对执政权的宣称之间总会有一些差异。意识形态的功能之一就是为人民提供附加的正当理由，缩小可信度分歧。通过对意识形态第三个功能层次——整合功能的描述，利科模式得到完善。

人类学家克利福德·格尔茨（Clifford Geertz）强调社会行动的象征结构，利科借鉴他的著述，声称意识形态在最深层面依靠发挥调解或整合作用的大量象征资源。由此看来，意识形态创造、维持和保护个人和群体的社会身份，因而维持社会稳定。意识形态具有建构功能，它提供了参与聚合和维系个人和集体身份的符号、规范和图像。然而这也意味着意识形态具有守旧功能，体现在"守旧"这个词语的双重含义上。意识形态维持身份特征，"但它也要保护现存的东西，因此也构成阻力"[①]。这种阻抗变化的僵化形式经常将信念和观念转化成对主导性权力结构的教条式防御。

受利科模式启发，我个人认为，意识形态研究有助于人们将政治行动理解为它要受到符号系统尤其是语言的调解、建构和整合。意识形态渗透到所有社会中，不同阶层的民众对权力和社会秩序持有特殊的见解。任何特定社会绝不会被一个单一的意识形态完全主导，在体系内还有其他选择。即使在20世纪的"极权主义"政体中，政府曾竭力清除一切反对力量，尚且存在意识形态上的零星抵抗。然而，同时须强调，在现代社会历史上的某些时期，一种特定的意识形态会占主导地位或具"霸权主义"色彩。

受墨索里尼法西斯主义迫害，1937年死于意大利监狱的杰出社会主义思想家安东尼奥·葛兰西（Antonio Gramsci）对霸权主义给

---

① Ricoeur, *Lectures on Ideology and Utopia*, p. 266.

出了一个著名的定义：霸权主义是社会群体和阶级之间的权力关系，其中一个阶级通过获得从属群体的主动认可而实施控制。根据葛兰西的观点，这个过程涉及从属阶级对主导阶级的道德文化价值、实践行为准则和世界观的内化。从属群体沉浸在主导群体创造的符号世界里，对霸权意识形态固有的关于统治的社会逻辑给予自发的赞同。这使得主导群体能以"非正式"方式维持一种照顾自身利益的社会秩序——亦即在很大程度上无须诉诸公开的高压政治。

葛兰西在对霸权主义的讨论中，也评论了意识形态对个人和集体身份的塑造力。上文讨论的《新闻周刊》两个大标题无疑是意识形态的整合促进霸权主义的好例子。正如追随葛兰西的学者威廉·I. 罗宾逊（William I. Robinson）指出的，"在霸权主义社会秩序之下，政治、经济和哲学的关键概念定义根深蒂固地存在于意识形态里。意识形态框架建立了针对社会秩序的要求的合法性和非法性"①。

第三章到第五章解读霸权市场全球主义的规范宣称以及评估正义全球主义和圣战全球主义的反应，其中也借鉴了利科、葛兰西、卡弗和弗里登的意识形态见解。他们各自对意识形态元素和功能作出的解释，为我们讨论21世纪三种全球主义提供了有益的框架。

市场全球主义和新自由主义

在1989年苏联解体，英美国家那些倡导19世纪"自我调节市场"乌托邦的人们在"全球化"概念里找到了一种适用于新自由观点的具有指导性的新隐喻。新自由主义的核心要旨包括：经济增长的首要地位、自由贸易刺激增长的重要性、无限制的自由市场、

---

① William I. Robinson, *Promoting Polyarchy: Globalization, U. S. Intervention, and Hegemony*, Cambridge: Cambridge University Press, 1996, p. 30. 我对于Gramsci的霸权主义（hegemony）概念的解释很大程度来源于Robinson的精妙解释。Gramsci的政治佳作辑录于Antonio Gramsci, *Selections from Prison Notebooks*, New York: International Publishers, 1971。

个人选择、政府调节的削减以及扎根于西方经验并适用全世界的社会发展进化模式主张等。

新自由主义这种经济视角源于英国哲学家如亚当·斯密（Adam Smith）（1723—1790）、大卫·李嘉图（David Ricardo）（1772—1823）、赫伯特·斯宾塞（Herbert Spencer）（1820—1903）等人的古典自由主义理想。斯密创造了苏格兰启蒙运动的"经济人"形象，其观点为：作为孤立个体的人，其行为可最大限度地反映其经济私利。在斯密看来，经济和政治事件大多数是分开的，经济占优先地位，因为在没有政府干预并在自然法则的和谐体系下经济应该可以运行良好。市场是一个趋向供需平衡的自我调节机制，因此能获得最为高效的资源配置。任何限制自由竞争的行为都会干扰市场机制的自然高效。市场由小买家和小卖家构成，这个"无形的手"把个人对私利的追求转化为最优的公共利益。斯密抨击17世纪的重商主义经济教条——强权国家为了积累庞大的黄金储备而对经济实行绝对控制——他坚决支持将市场从侵扰性的国家调节中"解放"出来。他对自由主义的经典理解捍卫了个人有权利置身社会需求之外而"独处"的自由，这样个人在市场中就可能像"经济人"那样自由行动，不受社会规则束缚。这种早期的经济自由观仍然是当代新自由主义教条的支柱。斯密的自由放任市场理想通过对自由贸易的保护和通行证原则而得到补充，最主要表现为消除进口关税和其他贸易壁垒，以及促进国与国之间的资金流动。

然而，现代自由贸易者的真理信条是李嘉图的"比较优势理论"。李嘉图指出，自由贸易对于所有参与贸易的伙伴而言可谓是双赢局面，因为它允许每个国家专门生产那些自身具有比较优势的商品。例如，如果意大利比英国生产的葡萄酒成本低，而英国比意大利生产的布料成本低，那么两国可从专业化和贸易中获利。事实上，李嘉图甚至暗示着，即使一个国家拥有生产所有产品的绝对优势，从专业化和贸易中收获的利益还是会增加。政治意义上，李嘉图的理论等同于对政府干涉贸易的强烈驳斥，该理论被后来的自由主义者如理查德·科布登（Richard Cobden）当作有力的意识形态武器来开展废除英格兰保护主义《谷物法》的斗争①。

也许古典自由主义最有影响的论述当属斯宾塞运用查尔斯·达尔文（Charles Darwin）的自然选择进化论证明西方自由放任资本主义对世界各地所具有的"天然统治"。斯宾塞认为，自由市场经济是人类最文明的竞争形式，"最适者"将"自然地"脱颖而出。作为早期工业资本主义的主要代言人，斯宾塞没有支持帝国主义者的政策，而是将国家的分内任务限定为保护个人免受国内外各种形式的侵犯。任何对私营企业运行的干涉都将不可避免地导致文化和社会停滞、政治腐败，以及庞大臃肿且效率低下的国家官僚机构的滋生。

斯宾塞谴责社会主义、工会甚至社会管控的基本形式如工厂安全法之类，认为这些"过度管控"对理性进步和个人自由有害。在其早期著作《社会静力学》（Social Statics）中，他将自由放任资本主义奉若神明，认为这是英美国家经济文化领导下，所有社会将要进化而成的最终制度。斯宾塞大力鼓吹自由市场竞争是人类自由和繁荣的自然源泉，这对维多利亚时代的英国商业利益产生深远影响。据说在斯宾塞弥留之际，他的著作总销售量接近40万册。无疑，斯宾塞的理论大大提高了19世纪英国的自由市场经济信条的霸权地位②。

19世纪90年代欧美帝国主义加剧，第一次世界大战期间世界贸易崩溃，两次世界大战之间发生经济危机和冲突，所有这些造成自由市场理念丧失了大部分吸引力。民族主义和贸易保护主义的种

---

① 对于 Ricardo 的经济理论的简明介绍及评论，可见 Theodore Cohn, *Global Political Economy: Theory and Practice*, New York: Longman, 2000, pp. 200–220。

② 关于 Herbert Spencer 社会和经济理论的详细阐述，见 M. W. Taylor, *Men versus the State: Herbert Spencer and Late Victorian Individualism*, Oxford: Clarendon Press, 1992; David Wiltshire, *The Social and Political Thought of Herbert Spencer*, Oxford: Oxford University Press, 1978. Spencer 作品的代表性选集，参见 Herbert Spencer, *On Social Evolution*, edited by J. D. Y. Peel, Chicago: University of Chicago Press, 1972。

种恶毒形式作为对自由放任资本主义的极端反应而大量涌现，修正版的自由主义直到第二次世界大战结束才重新登上西方国家的政治舞台。到20世纪70年代，欧美即便是最支持市场机制的政党都欣然接受英国经济学家约翰·梅纳德·凯恩斯（John Maynard Keynes）宣扬的广泛的国家干预形式。凯恩斯以创建现代福利制度为落脚点，倡导由务实的政府设计一个"社会市场"，这是大胆尝试把社会主义的一些可赎回价值同自由主义的优点相结合，而这种结合是在以平衡资本主义市场与更大的社会平等需求为特征的混合经济和多元化政治条件下进行的。然而，由于通货膨胀、高失业率与其他结构难题困扰着当时的西方工业化国家，新自由主义思想在20世纪70年代末期的勃兴便具备了有利的经济环境。新自由主义政客们强烈支持自由市场政策的回归，他们援引英美经济学家如弗里德里希·哈耶克（Friedrich Hayek）、米尔顿·弗里德曼（Milton Friedman）等人的新古典主义自由放任经济理论。在20世纪80年代早期，英国保守派在基思·约瑟夫（Keith Joseph）和玛格丽特·撒切尔（Margaret Thatcher）的知识型领导下，施行了一些评论员所称的"基督复临资本主义"（Second-Coming Capitalism）或"涡轮资本主义"（Turbo-Capitalism）①。他们的社会保守主义与新自由主义经济政策相结合，创造出所谓"新保守主义"的奇怪杂合体，该立场赞成削弱工会的力量，发起市场导向的重大改革，推行鹰派外交政策（特别针对苏联）。到20世纪80年代晚期，作为新市场范式的奠基人，英国首相玛格丽特·撒切尔和美国总统罗纳

---

① Jan Knippers Black, *Inequity in the Global Village: Recycled Rhetoric and Disposable People*, West Hartford, CT: Kumarian Press, 1999; Edward Luttwak, *Turbo-Capitalism: Winners and Losers in the Global Economy*, New York: Harper-Collins, 1999. 对于新自由主义崛起的更多详细讨论，参见David Harvey, *A Brief History of Neoliberalism*, New York: Oxford University Press, 2007; Jeffry Frieden, *Global Capitalism: Its Fall and Rise in the Twentieth Century*, New York: W. W. Norton, 2007; Peter Gowan, *The Global Gamble: Washington's Faustian Bid for World Dominance*, London: Verso, 1999; Daniel Yergin and Joseph Stanislaw, *The Commanding Heights: The Battle between Government and the Marketplace That Is Remaking the Modern World*, New York: Simon & Schuster, 1998; John Gray, *False Dawn: The Delusions of Global Capitalism*, New York: New Press, 1998。

德·里根（Ronald Reagan）所受到的评价褒贬不一，毁誉参半。在东欧共产主义瓦解之后，比尔·克林顿（Bill Clinton）总统和约翰·梅杰（John Major）首相［以及后来的托尼·布莱尔（Tony Blair）］摒弃前辈们的强势外交政策立场，将新自由主义蓝图延展为完备的市场意识形态。

其实市场全球主义的鼎盛时期是获诺贝尔奖的经济学家约瑟夫·斯蒂格利茨（Joseph Stiglitz）所称的"喧嚣的90年代"。那些恪守撒切尔——里根革命所产生的哲学和经济原则的全球权力精英们在很大程度上决定了公众对全球化的解读。这个全球阵营主要包括企业经理、大型跨国公司行政官、企业说客、知名记者和公共关系专家、文化精英和娱乐界名人、拥有广大读者群的学者、高层政府官僚以及政界领导们①。他们集结海量的物质和意识形态资源，向大众兜售所谓贸易自由化和全球市场一体化的好处：生活水平提高、全球扶贫、经济高效率、个人自由与民主以及史无前例的技术进步②。理想化意义上，国家只应该为合同、防御和秩序提供法律框架。公共政策方面的倡议应该聚焦那些能把经济从社会桎梏中解放出来的措施：公有企业的私人化、以解除管制取代国家控制、贸易和产业自由化、大幅减税、严格监控劳工组织、削减公共开支等。其他经济组织模式由于具有"保护主义"或"社会主义"特征而丧失信誉。诚然，1989—1991年间苏联式共产主义的突然瓦解被证明是这些市场全球主义辞藻军火库中一张特别有用的王牌。

为了寻求将新自由主义范式当作全球化时代不言而喻的普遍秩序来崇拜，市场全球主义者们把一个概莫能外的全球而非民族的构想转化到意识形态的主张中。正如我在其他地方指出的那样，我说的"全球构想"意指人们归属于超越民族界限的共同体、根深蒂固

---

① 关于国际化导向资本家的跨国历史集团的详细描述，见 Mark Rupert, *Ideologies of Globalization: Contending Visions of a New World Order*, London: Routledge, 2000, pp. 16–17, 154。

② Joseph E. Stiglitz, *The Roaring Nineties: A New History of the World's Most Prosperous Decade*, New York: W. W. Norton, 2003.

的前反思意识①。市场全球主义者们把这种全球构想表述成具体的政治程序和议程，他们在20世纪90年代暗示说所有的民族和国家都平等地服从全球化逻辑，从长远看来，全球化是有益且不可避免的，所有社会除了适应这种改造世界的力量之外别无选择②。把全球化解读为受到市场和技术势不可当的力量的驱动，这种类似宗教的惯常语言表达赐予了市场神圣智慧③。

20世纪90年代"全球化"的兜售

让我们举个具体的例子来描述20世纪90年代市场全球主义的兜售。2000年，美国杂志《商业周刊》（Business Week）发表了一篇以全球化为封面故事的专题文章，其中有如下表述："近十年来，政界和商界领袖不遗余力地向美国民众宣讲全球化的好处。"文章引用了2000年4月开展的全国民意调查结果，即大多数美国人在这个话题上犹疑不决。一方面，大约65%的调查对象认为全球化对美国和世界其他各国的消费者和企业来说是一件"好事"；另一方面，他们担心全球化可能导致美国工作岗位的重大流失。此外，将近70%的受访者认为，与低收入国家签订的自由贸易协议是造成美国工资下降的原因。文章结尾处的语气咄咄逼人，严肃警告美国政客和商界领袖们不要被"反全球化"势力的言论攻了个"措手不及"。为了平息人们在这个话题上日益增加的焦虑，美国"决策

---

① 参见 Manfred B. Steger, *The Rise of the Global Imaginary: Political Ideologies from the French Revolution to the Global War on Terror*, Oxford: Oxford University Press, 2008。

② 参见 Claire Turenne Sjolander, "The Rhetoric of Globalisation: What's in a Wor (1) d?" International Journal 51, no. 4, 1996: pp. 603–16. 对于此种"市场原教主义"的批判性讨论，见 George Soros, *The Crisis of Global Capitalism: Open Society Endangered*, New York: Public Affairs, 1998, George Soros on Globalization, New York: Public Affairs, 2002, Joseph E. Stiglitz, *Globalization and Its Discontents*, New York: W. W. Norton, 2002, *Making Globalization Work*, New York: W. W. Norton, 2007。

③ 参见 Harvey Cox, "The Market as God: Living in the New Dispensation", *Atlantic Monthly*, March 1999, pp. 18–23。

者"在凸显全球化益处方面必须更加卓有成效。文章最后总结说，公众对全球化的持续恐慌可能造成大幅度的强烈抵制，从而威胁到国际经济和"自由贸易事业"①的健康运行。

　　这则封面故事包含两条与全球化意识形态相关的重要信息。第一，作者公开承认，政界和商界领袖们积极致力于向公众推销他们钟爱有加的全球化市场版本。事实上，作者把构建正面描绘全球化的论断和形象看作是实现自由市场原则基础上的全球秩序不可或缺的手段。无疑，这种赞成全球化的见解在当时深刻影响了民众意见和政治抉择。因为在劝服世界人民相信全球化会带来益处的这场方兴未艾的斗争中，语言和思想的作用不容小觑，所以新自由主义的决策者们必须要为他们市场友好型的政治议程完美地设计一个引人注目的意识形态容器。鉴于商品交换是所有市场社会的核心行为，全球化话语本身注定成为大众消费极其重要的商品。

　　第二，《商业周刊》封面故事提供的民意调查数据显示，在美国人对全球化的规范定位与他们在全球化进程中的个人经历之间存在着明显的认知失调。相当多的调查对象惧怕全球化对他们生活产生的负面经济影响，而与此同时又把全球化视为一件"好事"，这种现象还能如何解释呢？一个显而易见的答案就是意识形态。即使人们的日常经历反映出对全球化的反感，但亲市场的全球化愿景还是构成了大部分民众意见。例如，同一篇《商业周刊》文章也讲述了受雇于亚拉巴马州（Alabama）加兹登（Gadsden）的固特异轮胎橡胶公司（Goodyear Tire & Rubber Company）的一个工厂工人的悲惨经历。在固特异公司把大部分轮胎生产转交给墨西哥和巴西的低薪岗位后，这个工人失业了。直到近期，这位工人以更为低廉的工

---

　　① 所有引用均来自 Aaron Bernstein, "Backlash: Behind the Anxiety over Globalization", *BusinessWeek*, April 24, 2000, p. 44。BusinessWeek-Harris 的关于全球化的投票由 Harris Interactive 于 2000 年 4 月 7 日至 10 日进行，共进行了 1024 场采访。后来的投票似乎印证了这些态度。2004 年的一个由马里兰大学 Center on Policy Attitudes 进行的投票表明有略多于 50% 的受访者认为全球化是"积极的"或"有些积极"，见 http://americans-world.org/digest/global_issues/globalization?gz_summary.cfm。

资再次受雇到这同一家公司。更有甚者，这篇文章在这个令人不安的故事结尾再次重申经济全球化总体上的积极影响："民意调查表明，大多数美国人多年来坚定地相信开放边界和自由贸易有利于经济发展。"①

20多年来，许多家杂志、期刊、报纸和电子媒体（《商业周刊》仅仅是其中之一）一直坚持不懈地给它们的全球受众供应市场全球主义理念的食粮，自然带有具体的政治目的。它们以这种方式来展现全球化，其目的是提升某些社会群体的物质和精神利益，这些群体从经济自由化、所有权私有化、政府调控最小化、高资本回报率以及权力下放给私有部门等政策当中受益最多。像所有的思想家一样，市场全球主义者一如既往地投身于精简化、曲解化、合法化、一体化等行动中，以在大众头脑中培植市场全球化是一件"好事"的信念。当人们接受市场全球主义主张时，他们也在认可新自由主义集政治、经济、知识等综合框架的权威地位。因此，市场全球主义意识形态的阈限远不只完成为大众提供全球化内涵的狭义解释这样一个任务，更重要的是，它是一个引人入胜的叙事。在叙事中，已经兜售其支配一切的世界观，借此创造集体意义，并塑造个人和集体身份。

21世纪意识形态伟大斗争的起源

截至20世纪90年代末，市场全球主义借助意识形态表征的强大武器、增派本土精英、政治施压和经济实力等手段大力推行支配准则和霸权意图，从而得以盛名远播②。尽管付出艰巨的努力，但新自由主义全球化的主流观点不断受到愈发加剧的社会不平等和文化冲突的现实挑战。"全球正义"网络涌现，正义全球主义者的示

---

① Bernstein, "Backlash", pp. 38 – 40.
② 关于全球化如何在世界各地被修正的讨论，见 Manfred B. Steger, ed., *Rethinking Globalism*, Lanham, MD: Rowman & Littlefield, 2004。

威游行活动遍及西雅图（Seattle）、华盛顿特区（Washington, D.C.）、达沃斯（Davos）、萨尔茨堡（Salzburg）、曼谷（Bangkok）、墨尔本（Melbourne）、布拉格（Prague）、魁北克市（Quebec City）、哥德堡（Gothenburg）以及世界很多城市。2001年8月，在意大利热那亚（Genoa）召开的八国集团峰会上发生大规模抗议，这最有力地标志着占统治地位的意识形态受到世界各国人民的激烈抵抗，人们拒斥由畅通无阻的市场力驱动并固守消费主义文化的单一全球经济体的自由主义梦想，越来越认为全球化就是世界秩序的美国化——以普适性的名义在全球范围内强加某种特定的经济和文化模式——全球正义运动已经加强反攻了。

我们将在第三章更为详细地讨论这一点。市场全球主义作出的反应迅速且毫不含糊，开始从政治科学家约瑟夫·奈（Joseph Nye）提出的"软实力"——塑造有利于全球主义模式的舆论、兴趣和身份的能力转向"硬实力"——大量采用军事和经济力量迫使服从[①]。市场全球主义者声称其行动是出于对民主和自由的保护，便开始更多地倚仗国家的威慑性力量来遏制持不同政见者。主流媒体将混乱无序的、乱扔瓶装汽油弹的"反全球化主义者"的刻板形象推广给全世界不知情的电视观众，从而激起公众恐慌。这些通过制造恐慌来加固新自由主义模式的企图在公共话语中不断得到反映。全球化市场被描述为需要足够的保护以免遭非理性势力的破坏。换言之，市场全球主义工程所谓"不可避免"的进化突然需要强硬的执法措施和军事机制来帮助"击退民主和自由市场的敌人"。

到基地组织对最能标志美国主导的全球经济和军事力量的建筑发动毁灭性袭击之时，政治暴力和正义全球主义之间的联系已经深入人心，以至于北半球的很多评论员立即指认"反全球化群体中的激进分子"是主要元凶。当真相大白——发起攻击的是以奥萨马·

---

① Joseph Nye, *The Paradox of American Power*. Oxford: Oxford University Press, 2002; Joseph Nye, *Soft Power: The Means to Success in World Politics*. New York: Public Affairs, 2005.

本·拉登（Osama bin Laden）和艾曼·扎瓦希里（Ayman al-Zawahiri）为首的圣战主义—全球主义网络，混乱无序的正义全球主义的负面刻板形象又多了一条：活动在世界各地秘密巢穴的恶毒的伊斯兰恐怖主义者。市场全球主义和圣战全球主义正面交锋，占主导地位的权力精英们开始将困扰其范式的安全危机转化为新条件下扩展霸权的绝佳机遇。正如我们将在第三章中讨论的那样，新自由主义市场语言和新保守主义安全议程的绝妙融合标志着帝国全球主义的诞生。各个国家被明确要求与市场全球主义的领导者——美利坚合众国一同站在"文明"的一边来反对"恐怖主义"力量，谁若站错了队，则后果自负。变"文明"意味着不但要拥护美国式的民主和自由市场，而且不能指责美国的外交政策。像法国、德国、俄罗斯那样反对伊拉克战争的国家，便为它们的不顺从行为付出了高昂代价。它们在美国主导的全球媒体中不断受到嘲讽和诽谤，被蓄意报复的布什政府中断了用于重建伊拉克的利润丰厚的合同。

全球反恐战争一开始局限于阿富汗和伊拉克，很快波及世界其他地区，如索马里（Somalia）和印度尼西亚（Indonesia）。它打开了可怕的永无休止的战争局面，让人不寒而栗地想起乔治·奥威尔（George Orwell）设想的基于"双重思想"和"新话"的梦魇般的世界：大洋洲总是与欧亚或者东亚国交战——这取决于政党的一时冲动。21世纪的第一个十年接近尾声，看起来21世纪事实上已经变成在全球化意义和走向上相互冲突的意识形态的战场。市场全球主义和它的两个主要挑战者似乎陷入了一场旷日持久的意识形态斗争中。

结束语

本研究是在几位杰出社会学家的建议下开展的，他们呼吁对全球主义意识形态的产生及全球传播进行更加广泛的分析①。这项研究大有必要，可以借助于对全球化和全球主义的分析性区分来推动。全球化是由不同评论家以迥然相异甚或经常彼此矛盾的方式定义和描写的一套日益加剧的相互依赖的社会过程；全球主义是政治意识形态，如市场全球主义、正义全球主义和圣战全球主义，赋予全球化以它们偏爱的规范、价值和意义②。我并不是想说全球主义（修辞包装）独立于全球化（物质过程）而存在。意识形态绝不是没有物质现象基础的闲置结构。具体的社会制度、政治和经济过程以及对这些过程有选择的意识形态阐释形成了一个互相关联的整体。我之所以把全球化和全球主义加以区分，是因为我不想忽略观念、信仰、语言和符号在塑造社会世界的环境时所发挥的作用。

在马克斯·韦伯（Max Weber）的建议下，我拓展了卡尔·马克思（Karl Marx）对社会形态的唯物主义论述，但我拒绝赋予经济"物质性"以正统马克思主义者笔下那种毋庸置疑的首要因果性。相反地，我建议一个社会和一个时代应该被同等地理解成思想的产物和物质力量的结果。出于多种原因，这本书重点关注全球化的观念和规范维度。虽然在全球化研究这一新兴的跨学科领域出现"文化转向"，但大部分仍然倾向于聚焦经济方面。尽管这有助于解释国际贸易政策、全球金融市场、世界范围内商品、服务和劳动力流动，以及跨国公司、离岸金融中心、外国直接投资、新兴国际经济

---

① 例如 James H. Mittelman, *The Globalization Syndrome: Transformation and Resistance*, Princeton, NJ: Princeton University Press, 2000, 特别是第9章的第165—178页；Ulrich Beck, *What Is Globalization?* Cambridge: Polity Press, 2000; Barry K. Gills, ed., *Globalization and the Politics of Resistance*, New York: St. Martin's Press, 2000; Richard Falk, *Predatory Globalization: A Critique*, Cambridge: Polity Press, 1999; Noam Chomsky, *Profit over People: Neoliberalism and Global Order*, New York: Seven Stories Press, 1999; Pierre Bourdieu, *Acts of Resistance: Against the Tyranny of the Market*, New York: New Press, 1998.

② 关于该区分的重要性，另见 Ankie Hoogvelt, *Globalization and the Postcolonial World: The New Political Economy of Development*, 2d ed. Baltimore: Johns Hopkins University Press, 2001, pp. 153–155。

组织等现象的复杂性，但这些狭隘的论述给读者留下全球化主要是经济现象的假象。

当然，经济问题的讨论肯定是任何关于全球化综合性论述的重要部分，但是二者不能混为一谈，同样有必要探讨这些过程中思想观念发挥的作用。研究全球化的常规书籍通常截取全球传播的某一个方面，比如贸易或投资，并谈论这种现象在别处带来变化方式。人们想当然地认为全球化是一个物质过程，然而这本书表明全球化也是一场语言和意识形态的实践——一则内嵌在新自由主义政治蓝图中、要求我们大多数人信奉的具有说服力的故事。基于这个原因，我对全球主义的分析采取一种非常规的途径，即批判性分析和动态地展现全球化在20世纪90年代（市场全球主义对阵正义全球主义）和"9·11"事件之后（帝国全球主义对阵圣战全球主义和正义全球主义）两个阶段的意识形态，重点关注这三种主要的全球主义背后的观念和隐喻表达，以便于我们探讨某些社会力量在试图编造他们偏爱的全球化故事时所用的话语策略和所处的历史语境。① 我打算用尽可能多的具有启发性的例子来加以详细阐明：

（1）全球主义者的各种主张和假设是如何使具有全球影响的特定政治议程合法化并得到强化和保护的？

（2）这些意识形态是如何互相冲突的？

（3）这些冲突之后，这些核心意识形态主张是如何得到修正的？

本书明确定位于运用传统的批评理论，力求帮助读者理解全球化主流信仰是如何塑造现实的，并揭示这些信仰如何被改变。全球化的批评理论家们通过举出人类种种遭遇和环境恶化的具体实例，揭露出特定社会力量是如何为这些事态发展辩护的，并且不断地挑

---

① 关于全球化的隐喻性构建，见 Markus Kornprobst, Vincent Pouliot, Nisha Shah, and Reuben Zaiotti, eds., *Metaphors of Globalization: Mirrors, Magicians, and Mutinies*, Houndsmill: Palgrave Macmillan, 2008。

战着市场全球主义和圣战全球主义的主张①。虽然全球化的批评理论家（如本书作者）对正义全球主义的立场表示同情和支持，但也并非不愿对这种意识形态现存的缺点提出建设性的意见②。事实上，由于批评知识分子的介入，在过去十年里关于全球化的新视角已然迅速激增。"全球构想"的矛盾表达并不预示着意识形态的终结，而是提醒我们可能存在全球性的不同形式。历史没有预定的结果或者过早的结局。

---

① 关于批判理论的概述见 Stephen Eric Bronner and Douglas Kellner, eds., *Critical Theory and Society: A Reader*, London: Routledge, 1989; Stephen Eric Bronner, *Of Critical Theory and Its Theorists*, Malden, MA: Blackwell, 1994; Rolf Wiggerhaus and Michael Robertson, *The Frankfurt School: Its History, Theories and Political Significance*, Boston: MIT Press, 1995。关于全球化批判理论发展的各种观点，参见 Steger, *Rethinking Globalism*, pp. 10 – 11; Richard P. Appelbaum and William I. Robinson, eds., *Critical Globalization Studies*, New York: Routledge, 2005; James H. Mittelman, *Whither Globalization: The Vortex of Knowledge and Ideology*, New York: Routledge, 2005; Jan Aart Scholte, *Globalization: A Critical Introduction*, 2d ed. Houndsmill: Palgrave Macmillan, 2005; Douglas Kellner, "Theorizing Globalization", *Sociological Theory*, November 2002: pp. 285 – 305。

② 例如 Heikki Patomaki and Teivo Teivanen, *A Possible World: Democratic Transformations of Global Institutions*, London: Zed Books, 2004; Susan George, *Another World Is Possible, If...*, London: Verso, 2004。

第 二 章

关于全球化的学术争鸣

盲人学者和大象

六个盲人学者和一头大象的古代佛教寓言,描绘了在全球化问题上经久不息的学术争鸣实质。盲人学者们因为不知道大象长什么样,也从未听说过它的名字,于是决定通过触摸得到一幅有关它的心理图画和他们想要的知识。摸到大象鼻子的盲人声称大象活像一条蛇。另一个摩擦着大象的巨腿,便把它比作硕大无比的粗糙的柱子。第三个抓住大象的尾巴,坚持说大象像一把柔韧的大刷子。第四个摸到尖尖的象牙,声称大象就像一根长矛。第五个对大象摆动着的耳朵仔细研究了一番,深信大象像一把扇子。第六个站在大象的前后腿之间,摸了很久,却摸不到大象的任何部位,于是他指责同伴们在编造怪诞故事,纯属无稽之谈,断言根本不存在"大象"这种动物。这六个盲人学者中的每个人都固守己见,各自认为自己了解大象形象。他们把学术声誉看得比结论的真实性更重要,争论不休,对大象的正确定义各执一词。结果,整个社区被他们弄得鸡犬不宁,互相猜疑和普遍的不信任大行其道①。

---

① "盲人学者和大象"的寓言最有可能起源于《巴利大藏经》的《自说经》,这一寓言明显是在公元前二世纪编纂的。它的许多版本也传播到其他宗教,最主要是印度教和伊斯兰教。例如,在《圣学复苏》(Theology Revived)中,穆罕默德·安萨里(1058—1128)在讨论人类行为问题时提到了这个寓言,其中自然理性的不足变得显而易见。我非常感谢夏威夷大学马诺阿分校宗教系的 Ramdas Ramb,他向我讲述了寓言的起源。

盲人学者和大象的寓言很有教育意义。首先，人们可能认为现实太复杂而不能被有缺点的人类完全理解。其次，虽然每个观察者正确地认识现实的一个方面，但盲人们的集体错误在于他们试图把整体现象归结到各自的部分经验上。再次，维护社会的和谐安宁远比固守自己对世界片面理解带来的个人优越感重要。其实，对于盲人学者来说，明智之举就是回到大象身边，交换位置，更好地欣赏整个大象以及体会之前每个人的见解。

作为这个古代寓言的当代版本，过去20年来围绕全球化的争论在两个独立而相关的领域展开。一种争论主要在学术界的窄墙内进行，而另一种争论在大众话语的公共舞台上展开。二者有某些共同话题和主题重叠现象，但不同点在于：参加者是否倾向于聚焦全球化的分析维度而非规范或意识形态维度。当然，通过学术圈和贸易这两种渠道出版的全球化话题的书籍和论文在数量上剧增，如全球学研究者纳扬·昌达（Nayan Chanda）通过检索Factiva电子数据库发现，该数据库覆盖全世界约8000种报纸、杂志和报告，提及全球化条目的数量从1981年的2个上升到2001年的57235个。自2001年以来，条目稳定在平均每年45000个[1]。参与学术争论的学者多数居住并任教于北半球特别是美国和英国等富裕国家，他们的学术影响力在比例上远远超出他们的人数，这不仅反映了世界现有的权力关系，也反映了英美观念在全球的支配地位。虽然这些学者拥有共同的知识框架，但他们在全球化的定义、规模、时序、影响和政策结果上持有全然不同的观点。种种分歧的原因部分在于全球化本身是一系列零碎的、不完整的、参差不齐的、矛盾的社会过程。比如詹姆斯·N. 罗西瑙（James N. Rosenau）在定义全球化时用"分合动力学（fragmegrative dynamics）"术语来"强调与之前时代的规则性大相径庭的冲

---

[1] Nayan Chanda, *Bound Together: How Traders, Preachers, Adventurers, and Warriors Shaped Globalization*, New Haven, CT: Yale University Press, 2007, p. 246.

突性、模糊性、复杂性和不确定性"①。

正如盲人学者和大象的寓言所暗示的那样，学术界经常通过占有全球化概念来回应分析性挑战——好像全球化"就在那儿"，等待"正确的"分析框架来捕捉。诚然，如史蒂芬·J. 罗索（Stephen J. Rosow）指出，很多研究者在考察全球化时好像在处理一种过程或一个物体，这个过程或物体在形成概念"领域"之前没有自身的意义②。而且，全球化超出已有的学科界限，全球化研究吸引了大批社会科学家、人文学者甚至自然科学家在这片未知领域留下他们的足迹。结果，很多学者援引全球化概念来描述：据称从 20 世纪 70 年代以来不断加快了经济、政治和文化变化过程。除了宽泛的描述外，诸如"日益频繁的全球相互联系"，"世界范围内迅速加强的社会关系"，"时间和空间的压缩"，"遥远的亲近"，"由政治经济混合影响驱动的一系列复杂过程"，以及"跨越国界的迅捷而相对畅通的资金、人员和观念流动"等等，尚未出现普遍认可的全球化定义③。很多研究者反对这些特征描述，有的学者甚至全盘否定全球化的存在。然而过去几年人们在不少领域也达成共识，催生了新的交叉学科——"全球学"。

本章旨在向读者介绍相关学者近 10 年或 15 年内提出的针对该课题的主要研究方法，涵盖了全球化无非是从"全球胡话"（globa-

---

① James N. Rosenau, *Distant Proximities: Dynamics Beyond Globalization*, Princeton, NJ: Princeton University Press, 2003, p. 12.

② Stephen J. Rosow, "Globalisation as Democratic Theory", *Millennium: Journal of International Studies* 29, no. 1, 2000: p. 31.

③ 关于全球化的不同定义，例见 Manfred B. Steger, *Globalization: A Very Short Introduction*, 2d ed. Oxford: Oxford University Press, 2009; Frank J. Lechner and John Boli, eds., *The Globalization Reader*, 3d ed. Oxford: Blackwell, 2007; David Held and Anthony McGrew, *Globalization/ Antiglobalization*, Oxford: Polity Press, 2002; Malcolm Waters, *Globalization*, 2d ed. London: Routledge, 2001; Roland Robertson, *Globalization: Social Theory and Global Culture*, London: Sage, 1992; Anthony Giddens, *The Consequences of Modernity*, Stanford, CA: Stanford University Press, 1990; David Harvey, *The Condition of Postmodernity*, Oxford: Blackwell, 1989。

loney）的说法到把全球化作为经济、政治和文化过程的解读。虽然这些考察对更好地理解全球化是必要的，但我认为针对该课题的社会学研究方法应该通过对全球化概念和规范维度的解释性探索而得到进一步补充和不断深化。

全球化是"全球胡话"

一小部分学者声称，全球化的现有论述不正确、不精确或夸张化。他们注意到几乎所有与某个跨国过程有联系的事物都被用作全球化及其影响的证据。因此，他们认为这些普遍的观察等同于"全球胡话"①。这些全球化评论家的论断分为三大类。第一类围绕是否可以把全球化作为一个足够精确的分析概念来看待。第二类指向全球化过程的局限性，强调世界并非像很多全球化倡导者认为的那样趋近一体化，在他们看来，"全球化"术语不是实际事态的准确标签。第三类评论家在承认适度全球化倾向的同时，质疑该过程的新颖性，他们认为那些称全球化为新近过程的人受制于狭隘的历史架构，错过了更宏观的画面。让我们分别对这三类论断进行更详细的探讨。

第一类：拒绝者。有些学者排斥全球化作为一种分析性概念的效用，他们一般先对学术话语中类似的模糊词语进行更大力度的批评，从而提出上述论点。除全球化之外，另一个广为引用、经不起深究的概念是复杂而含糊的民族主义现象。比如克雷格·卡尔霍恩（Craig Calhoun）声称民族主义及其引申的术语"是很难定义的晦涩概念"，因为"民族主义是极其多变的现象"，"任何定义都会在

---

① 关于这一术语极有趣的系谱，见 Michael Veseth, *Globaloney: Unraveling the Myths of Globalization*, Lanham, MD: Rowman & Littlefield, 2006. Richard J. Barnet and John Cavanagh, *Global Dreams: Imperial Corporations and the New World Order*, New York: Simon & Schuster, 1994; Paul Krugman, *The Accidental Theorist*, New York: W. W. Norton, 1998, p. 3. 关于怀疑论者立场的精彩讨论，参见 Held and McGrew, *Globalization/ Antiglobalization*。

使得一些观点合法化的同时使其他观点非法化"①。苏珊·斯特兰奇（Susan Strange）抱有同样的批评论调，认为全球化是诸如此类空洞概念的一个典型例子，暗示它在学术话语中被用来指"从因特网到汉堡包的任何事物"②。同样地，琳达·维斯（Linda Weiss）反对这个术语，认为它"是建立在薄弱基础上的笼统观点"③。

学者们从两个不同的方向提出改进意见。第一种，挑战学术界，要求学术界提供"全球化"这一术语晦涩度有余而启发性不足的例子。这些基于实证的陈述会给极端全球化倡导者警醒。最终，更细心的研究者所要完成的任务就是把全球化概念分解为更小更易于操作的部件，这些部件在实证过程中更容易建立联系，因而包含更高的分析价值。以这一基本原理作为理论基础，罗伯特·霍尔顿（Robert Holton）建议摒弃所有宏观理论分析，而采用旨在对特殊情况提供专门解释的中观层面的方法④。第二种改进途径是我的建议，我提议将全球化作为客观过程来看待的社会学方法与全球主义的意识形态结合起来互为补充研究，这样更具阐释性。按照这个思路，致力于新兴全球化研究领域的学者们的中心任务就是识别和评价全球化主要倡导者和反对者的意识形态策略，而倡导者抑或反对者无疑都赋予全球化术语以增强各自政治议程的价值和意义。

第二类：怀疑者。这类学者强调当前全球化过程的局限性。这种视角也许在罗伯特·威德（Robert Wade）、保罗·赫斯特（Paul Hirst）和格雷厄姆·汤普森（Graham Thompson）的著述中反映最

---

① Craig Calhoun, "Nationalism and Ethnicity", *Annual Review of Sociology* 19, 1993: pp. 215 – 216.

② Susan Strange, *The Retreat of the State: The Diffusion of Power in the World Economy*. Cambridge: Cambridge University Press, 1996, pp. xii – xiii. 本书中全球化争论部分内容极大地受益于 Ian Clark 的精彩阐述，即 *Globalization and International Relations Theory*, Oxford: Oxford University Press, 1999, pp. 34 – 40。

③ Linda Weiss, *The Myth of the Powerless State: Governing the Economy in a Global Era*, Ithaca, NY: Cornell University Press, 1998, p. 212.

④ Robert Holton, *Globalization and the Nation-State*, New York: St. Martin's Press, 1998, p. 196.

明显①。在对经济全球化的详细历史分析中,赫斯特和汤普森认为世界经济并非真正的全球现象,而是以欧洲、东亚和北美为中心。他们强调世界范围内的多数经济活动在根源和范围方面仍然主要维持在国家内部。通过展示贸易、国外直接投资和资金流动方面的最新数据,他们警告不要从发达工业国家提高的经济互动水平中得出全球性的结论。赫斯特和汤普森基于实证数据论证了经济全球化是不存在的,目的是批驳普遍被误用的全球化概念。他们坚持认为,如果没有一个真正的全球经济体系,就不会有所谓全球化这种东西:"随着我们对经济研究工作的持续推进,我们的怀疑愈发加深,最后我们确信,更极端的全球主义者设想出的全球化大体上是一个神话。"②

尽管埋在铺天盖地的相关数据里,我们还是能在赫斯特—汤普森论点中找到一则批评—规范的信息:"经济全球化铁的逻辑"的夸张表述往往产生消极的政治效应。例如,这两位学者令人信服地论证道,某些政治力量利用经济全球化的论调,建议民族国家放宽经济管制并削减福利项目,这些政策的实施服务于新自由主义的利益。

但赫斯特—汤普森的论点也存在许多问题。譬如:几位评论员也曾说过,两位学者为使经济达到所谓的"完全全球化"而设定了

---

① Robert Wade, "Globalization and Its Limits: Reports on the Death of the National Economy Are Greatly Exaggerated", in *National Diversity and Global Capitalism*, edited by Suzanne Berger and Ronald Dore, Ithaca, NY: Cornell University Press, 1996, pp. 60 – 88; Paul Hirst and Graham Thompson, *Globalization in Question: The International Economy and the Possibilities of Governance*, 2d ed. Cambridge: Polity Press, 1999; Alan Rugman, *The End of Globalization*, New York: Random House, 2001.

② Hirst and Thompson, *Globalization in Question*, p. 2. 以下书目得出相似的结论,例如 Michael Veseth, *Selling Globalization: The Myth of the Global Economy*, Boulder, CO: Lynne Rienner, 1998; Paul N. Doremus, William W. Keller, Louis W. Pauly, and Simon Reich, *The Myth of the Global Corporation*, Princeton, NJ: Princeton University Press, 1998; John Zysman, "The Myth of a 'Global' Economy: Enduring National Foundations and Emerging Regional Realities", *New Political Economy* 1, no. 2, 1996: pp. 157 – 184.

过高的标准①。而且，他们力图构建一个完美的经济全球化抽象模式，这使得受众产生没必要的两极化：读者迫于压力要么完全接受，要么完全反对全球化概念。该论点最严重的缺陷在于，它试图用马克思主义经济决定论这剂良药来对抗新自由主义经济决定论。他们的论点隐约地假定全球化主要是一种经济现象。如此一来，他们把全球化的其他维度（文化、政治和意识形态）绘成经济过程的深层次反映。对全球化的多维特征，只是口头上说说而已，而在他们自己的实际分析中却忽略了多维特征的逻辑含义。毕竟，如果全球化真正是一个复杂的、多层面的现象，那么经济关系只能是很多全球化倾向中的一种。因此，即使日益频繁的跨国经济活动只限于发达工业国家，为全球化的意义作辩护也是完全有可能的。

第三类：修正者。这类学者质疑全球化过程的新颖性，暗示"全球化"这个词历来就用得不准确。比如，罗伯特·吉尔平（Robert Gilpin）虽然承认全球化趋势的存在，但他也坚持认为全球化的很多重要方面并非新奇事物。吉尔平引用美国杰出经济学家保罗·克鲁格曼（Paul Krugman）收集的相关数据，注意到20世纪90年代晚期的世界经济在很多重要方面似乎还没有第一次世界大战爆发前的世界经济一体化程度高。即使人们接受对跨国经济活动实际总量最乐观的估算，顶多可以说战后国际经济仅仅将全球化程度恢复到1913年的水平。吉尔平也指出似乎能支持其立场的另外两个因素：第一次世界大战前劳工的全球化程度实际上要高得多，1918年之后国际移民大幅下降。因此，吉尔平提醒大家不要接受"超全球化主义者"的论断②。

---

① 参见 David Held, Anthony McGrew, David Goldblatt, and Jonathan Perraton, *Global Transformations: Politics, Economics, and Culture*, Stanford, CA: Stanford University Press, 1999。

② Robert Gilpin, *The Challenge of Global Capitalism: The World Economy in the 21st Century*, Princeton, NJ: Princeton University Press, 2000, pp. 294 – 295. 以下书目包含类似的评估，如 Dani Rodrik, *Has Globalization Gone Too Far?* Washington, DC: Institute for International Economics, 1997, pp. 7 – 8; Gary Burtless, Robert Z. Lawrence, Robert E. Litan, and Robert J. Shapiro, *Globaphobia: Confronting Fears about Open Trade*. Washington, DC: Brookings Institution Press, 1998, pp. 6 – 7。

类似的批评还来自世界体系理论的倡导者。以新马克思主义学者如伊曼纽尔·沃勒斯坦（Immanuel Wallerstein）、安德烈·冈德·弗兰克（Andre Gunder Frank）为先驱，世界体系理论家们声称我们今天的现代资本主义经济早在五个世纪前它的发端之日起就开始全球化了[①]。受资本积累的剥削逻辑驱动，资本主义世界体系制造了全球范围的不平等现象，这些不平等建立在现代化的西方"核心"国家对非西方"边缘"地区的支配基础上。这些剥削形式铭刻在19世纪的殖民主义和帝国主义体系中，并以不同的形式留存在20世纪。因此，世界体系理论家拒绝使用"全球化"术语来专指相对新近的现象。相反，他们强调说全球化倾向已经沿着现代化连续体持续了很长时间。

全球化世界体系理论批评的最大长处在于它的历史敏感性。任何关于全球化的普遍讨论都应该慎重考虑到地区间的资源、技术和文化流动不是在过去几十年才开始，实际上，全球化的起源可以追溯到维系古代波斯、中国和罗马帝国的政治和文化交流上。然而从负面因素来看，全球化的世界体系方法有着与马克思主义经济决定论同样的弱点，这一点在之前讨论赫斯特——汤普森的论点时已经指出。沃勒斯坦毫无疑问地认为全球一体化是个主要由经济力量驱动的过程，其本质可以借助经济主义分析模式来理解。由此，他仅仅赋予文化和意识形态一个从属角色，把它们视为依赖资本主义世界经济"真实"运动的"观念系统"[②]。然而，世界体系学者更为

[①] Immanuel Wallerstein, *The Capitalist World Economy*, Cambridge: Cambridge University Press, 1979; Immanuel Wallerstein, *The Politics of the World Economy*, Cambridge: Cambridge University Press, 1984; Andre Gunder Frank, *ReORIENT: Global Economy in the Asian Age*, Berkeley: University of California Press, 1998. Christopher Chase-Dunn, *Global Formation: Structures of the World Economy*, Lanham, MD: Rowman & Littlefield, 1998. 葛兰西派新马克思主义观点，参见 Mark Rupert and Hazel Smith, eds., *Historical Materialism and Globalization*, London: Routledge, 2002。

[②] Immanuel Wallerstein, "Culture as the Ideological Battleground of the Modern World System", in *Global Culture*, edited by Mike Featherstone, London: Sage, 1990, p.38.

新近的研究承认，全球化的步伐在20世纪过去几十年里显著加快[①]。譬如：艾什·艾米（Ash Amin）表示，关于全球化作为一种新现象的很多批评都建立在对贸易和输出量的定量分析基础上，忽略了社会和政治关系的定性转换。他认为，全球化过程中的定性差异造成了世界资本主义体系作为国际公司、银行和资金流动的一个复杂网络的新格局。于是，这些全球发展可能需要附上一种新的标签[②]。在努力判定这种定性差异的性质时，像巴里·K.吉尔斯（Barry K. Gills）这样的世界体系理论家开始更密切关注主流阶级利益和跨国文化实践之间的互动[③]。按照这种思路，他们开始提出重要的规范问题，揭示出意识形态中上层建筑的其他元素：政治、观念、价值和信念，它们可能时常会中和或取代经济力量，比如莱斯利·斯克莱尔（Leslie Sklair）强调了他所谓的"全球消费主义的文化意识形态"重要性[④]。

总体而言，三大类全球化评论家都对该话题的学术争鸣作出了重要贡献。他们坚持使用更为细致和精准的术语，这迫使参与到争论中的人们锻炼他们的分析技能。而且，他们的介入郑重提醒我们，全球化的某些方面或许既不能算作新的发展，也没有抵达世界各个角落。假如过于狭隘地聚焦术语的抽象性问题，全球化评论家们往往太容易忽视今天全球化趋势的意义及其深度和广度。最后一点，这三大类学者显然都倾向于围绕经济层面来对全球化进行概念化，而常常忽略了其多维特征。

[①] William I. Robinson, *A Theory of Global Capitalism: Production, Class, and the State in a Transnational World*, Baltimore: Johns Hopkins University Press, 2004; William Carroll, Radhika Desai, and Warren Magnusson, *Globalization, Social Justice and Social Movements: A Reader*, Victoria, ON: University of Victoria, 1996, p. 21, p. 107; Samir Amin, "The Challenge of Globalization", *Review of International Political Economy* 3, no. 2, 1996: pp. 244–245.

[②] Ash Amin, "Placing Globalization", *Theory, Culture and Society* 14, no. 2, 1997: pp. 123–138.

[③] Gills, *Globalization and the Politics of Resistance*.

[④] Leslie Sklair, *Globalization: Capitalism and Its Alternatives*, 3d ed. Oxford: Oxford University Press, 2002.

全球化是一个经济过程

学者们对全球化经济维度的广泛关注,在某种程度上源于全球化作为学术研究话题的历史发展[①]。一些早期的相关著作浓墨重彩地探究国际市场和公司的嬗变是如何导致全球范围内日渐加强的相互依存关系。这些研究指向国际组织如欧盟、北美自由贸易协会以及其他区域贸易集团的发展[②]。全球化的经济描述传达这样一种观念,即全球化现象的本质包括"通过多国公司的贸易、资金流动和国外直接投资不断增加国家间的经济联系"[③]。因此,拓展经济活动被认为既是全球化的主要内容,又是全球化快速发展的引擎。很多持相同经济视角的学者认为全球化是标志着世界事务划时代转变的一个真实现象。他们对全球化的强烈认可在如下见解中表现得淋漓尽致:①随着跨国贸易、投资和技术流动从涓涓细流蔓延成汪洋大海,人类事务发生了突飞猛进的变革[④];②提议将全球化研究置于社会学研究的核心;③根据他们的观点,这项研究议程的中心任务

---

① 对经济全球化的各种解释,可见 Dani Rodrik, *One Economics, Many Recipes: Globalization, Institutions, and Economic Growth*, Princeton, NJ: Princeton University Press, 2007; Daniel Cohen, *Globalization and Its Enemies*, Cambridge, MA: MIT Press, 2006; Held and McGrew, *Globalization/Antiglobalization*, pp. 38 – 57; Hoogvelt, *Globalization and the Postcolonial World*; Lechner and Boli, *The Globalization Reader*; Hugo Radice, "Taking Globalisation Seriously", in *Global Capitalism versus Democracy: The Socialist Register*, 1999, edited by Leo Panitch and Colin Leys, New York: Monthly Review Press, 1999; Saskia Sassen, *Globalization and Its Discontents: Essays on the New Mobility of People and Money*, New York: New Press, 1998。

② 对此阐释最为全面的是 Robert O. Keohane, *After Hegemony*, Princeton, NJ: Princeton University Press, 1984 基欧汉对于全球化的最新立场,参见 Robert O. Keohane and Joseph S. Nye Jr., "Globalization: What's New? What's Not? (And So What)?" *Foreign Policy*, 118 (Spring 2000): pp. 104 – 119; Robert O. Keohane, "Governance in a Partially Globalized World", *American Political Science Review* 95, no. 1 (March 2001): pp. 1 – 13; Robert O. Keohane, "Moral Commitment and Liberal Approaches to World Politics", in *The Globalization of Liberalism*, edited by Eivind Hovden and Edward Keene, New York: Palgrave, 2002, pp. 11 – 35。

③ Gilpin, *The Challenge of Global Capitalism*, p. 299.

④ Ibid., p. 19.

是仔细考察全球经济市场及其主要机构的演化结构。

经济全球化研究通常植根于长篇历史叙事，后者将战后世界新经济的雏形追溯到 1944 年布雷顿森林会议（Bretton Woods Conference）①。迫于美国的压力，西方主要经济强国决定致力于国际贸易的拓展，废除两次世界大战之间（1918—1939）的保护主义政策。布雷顿森林会议的主要成果包括有限的贸易自由化和建立国际经济活动的约束法则。除此之外，布雷顿森林会议的参加国一致同意创立一种稳定的货币兑换体系，在该体系内，各个国家的货币价值同美元的固定黄金价挂钩。在这些规定的范围内，每个国家能自由控制其国界的渗透性，这使得它们能制定各国的经济议程，包括实施广泛的社会福利政策。布雷顿森林会议也为三个新的国际经济组织的建立奠定了制度基础：创立国际货币基金组织（International Monetary Fund）来管理国际货币体系；国际复兴开发银行（International Bank for Reconstruction and Development），或称世界银行（World Bank），其初设是为欧洲的战后重建提供贷款，从 20 世纪 50 年代开始，世界银行的宗旨扩展到为全世界发展中国家的各种工业项目提供资金；1947 年关税与贸易总协定（GATT）成为负责缔结与实施多边贸易协议的全球贸易组织，创立于 1995 年的世界贸易组织（WTO）作为 GATT 的继任组织粉墨登场。本书的后面几章将表明，世界贸易组织这个新的国际机构的哲学意图和新自由主义政策都成为 20 世纪 90 年代后期围绕经济全球化效果而引发的意识形态强烈争议的焦点。布雷顿森林体系在其运行的近三十年时间里，大大促进了一些观察者所说的"受控的资本主义黄金时代"的创立②。根据这种解读，国家控制国际资本流动的现有机制使充分就业和福利国家的扩大成为可能。工资提高、社会服务增多为北半球的富裕国家赢得了暂时的阶级妥协。

---

① 也许这类流派最容易获得的例子是 Robert K. Schaeffer 非常可读的研究 *Understanding Globalization*, 3d ed. Lanham, MD: Rowman & Littlefield, 2005。

② Luttwak, *Turbo-Capitalism*, p. xii, p. 27.

多数研究经济全球化的学者将全球经济的加速一体化趋势追溯到布雷顿森林体系瓦解的 20 世纪 70 年代早期。为了应对世界经济的深刻变化削弱美国主导的产业经济竞争力的局面，理查德·尼克松（Richard Nixon）总统决定于 1971 年放弃黄金本位的固定汇率体系。包括高通货膨胀率、低经济增长、高失业率、公共部门赤字、十年内两次大规模石油危机在内的新政治观点和经济发展的结合，导致了美国和英国保守党大选的辉煌胜利。这些政党领导新自由主义运动走向国际市场的扩张（这种趋势得益于国内金融体系放宽管制）、资本控制的逐渐解除以及全球金融交易的巨额增长。在接下来的三十年里，新自由主义思想和政策从英美中心快速传播到世界其他地方，这些动态传播得到越来越相互依赖的国家行为的大力推动①。在 20 世纪 80 年代和 90 年代期间，全面的贸易自由化协定增加了国家之间经济资源的流动，新自由主义者建立单一全球市场的努力得以加强。随着 1989—1991 年东欧计划经济的崩溃，崛起的新自由主义范式进一步合法化。

以弗里德里希·哈耶克（Friedrich Hayek）、米尔顿·弗里德曼（Milton Friedman）为首的自由市场理论家打破了战后基于凯恩斯定律的经济共识，将自己的学说发展成新的正统经济理论，倡导削减福利制度、精简政府机构和解除经济管制。重点强调抑制通胀的"货币主义者"措施导致了放弃以充分就业为目标的凯恩斯主义，而趋向于建立更加"灵活"的劳工市场。此外，从国家主导到市场主导的重大转变伴随着降低运输和传播成本的技术革新。世界贸易总值惊人地从 1947 年的 570 亿美元增加到 2005 年的 12.6 万亿美元。除了自由贸易问题，或许经济全球化最重要的两个方面关涉到生产过程的变化本质和金融交易的自由化与国际化。事实上，很多分析家认为跨国金融体系的出现是我们时代最基本的经济特征。该体系的

---

① 参见 Gilpin, *The Challenge of Global Capitalism*, pp. 65 – 75; Beth A. Simmons and Zachary Elkins, "Globalization of Liberalization: Policy Diffusion in the International Political Economy", *American Political Science Review* 98, no. 1 (February 2004): pp. 171 – 189。

关键组成部分包括：放宽利率管制、解除信贷控制、国有银行和金融机构的私有化。正如社会学家曼纽尔·卡斯特（Manuel Castells）指出，随着对欧美资本和证券市场管制的解除，金融全球化进程在20世纪80年代后期急剧加速。金融贸易的自由化增加了金融业不同部门之间的流动性，减少了限制条款，使得投资机会全球化①。

数据处理和信息技术的进步促进了可交易金融价值的爆炸性增长。新兴卫星系统和光纤电缆提供了能进一步加快金融交易自由化的互联网技术神经系统。微软创始人比尔·盖茨（Bill Gates）有本畅销书的时髦标题引人注目，反映出很多人"以思维的速度"开展业务。上百万个体投资者不仅仅利用全球电子投资网络来下订单，而且用来获取相关经济和政治发展的宝贵信息。在21世纪的头几年，电子商务、网络公司和其他信息经济的虚拟参与者仅在美国网络的贸易额就达到近5000亿美元。然而，用于扩大市场的大部分资金与用于生产投资的资金没有多大关联，生产投资就是把机器、原材料、员工组合起来生产畅销产品，等等。大部分经济增长发生在只涉及金钱交易的货币和证券市场上，而这些市场从事从未来生产中获利的交易。借助于新型传播技术，全球的食利者和投机者利用发展中国家新兴市场松散的财政和银行管制而赚取了丰厚的利润。然而，由于这些国际资金流动可以被迅速逆转，他们就有能力人为制造繁荣和萧条周期，这威胁到整个地区的社会福利。1997—1998年的东南亚危机就是无监管的投机性资金流动带来的经济灾难，后续类似的灾难也发生在俄罗斯（1998）、巴西（1999）和阿根廷（2000—2003）。

国际金融市场的创建代表了经济全球化的一个关键层面，而过去三十年来另一个重要的经济发展也涉及全球生产的性质变化。在多国拥有子公司的巨型实力公司以及跨国公司成为生产的主要引

---

① Manuel Castells, "Information Technology and Global Capitalism", in *Global Capitalism*, edited by Will Hutton and Anthony Giddens, New York: The New Press, 2000, p. 53.

擎，其数量从 1970 年的 7000 个剧增到 2006 年的 78000 个。像沃尔玛（Wal-Mart）、通用汽车（General Motors）、埃克森美孚（Exxon-Mobil）、三菱（Mitsubishi）、西门子（Siemens）这类 200 强跨国公司，通过在越来越放宽管制的全球劳工市场上加强经营，占据了世界工业产量份额的一半以上。2005 年国内生产总值和企业销售的对比显示，世界最大的 100 家经济体中有 42 家是公司，58 家是国家。能在第三世界获取廉价劳动力、资源和便利的生产条件，对跨国公司的流动性和盈利能力都是一个提升。这些巨型企业虽然占据世界贸易额的 70% 以上，但它们仍在扩大全球业务，20 世纪 90 年代其直接国外投资每年以 15% 的速度增长[①]。

把制造类等工作"外包"出去的能力常常被称为经济全球化的标志之一。外包就是把生产过程分散到很多互不相连的阶段，由南半球国家低工资工人做，以此减少劳动力成本。近年来，外包已经开始威胁到北半球国家白领的工作。例如，设在美国的跨国法律公司把低端的办公室工作，如起草研究备忘录、调查不同管辖范围内的法律，以每小时 6—8 美元的薪资外包给印度的律师和律师助理，这个工资大约是美国同行的 1/3[②]。在制造业方面，这种"全球商品链"的形成使得像耐克（Nike）和通用电气这样的大公司能在全球范围内生产、分配和经销产品。比如，耐克将全部产品生产工作转包给 75000 名分散在中国大陆、韩国、马来西亚、中国台湾和泰国等地的工人[③]。

国内工会和其他工人组织在薪资问题上讨价还价会造成一定的政治影响，跨国生产体系通过提升跨国公司规避这种影响的能力，

---

① Gilpin, *The Challenge of Global Capitalism*, p. 20.
② Ameet Sachdev, "Law Firms Slow to Outsource", *Chicago Tribune*, January 19, 2004, sec. 4, p. 1.
③ 参见 David Ashley, History without a Subject: The Postmodern Condition, Boulder, CO: Westview Press, 1997, p. 109; Gary Gereffi, "The Elusive Last Lap in the Quest for Developed-Country Status", in Mittelman, *The Globalization Syndrome*, pp. 64 - 69; Gary Gereffi and Miguel Korzeniewicz, eds., *Commodity Chains and Global Capitalism*, Westport, CT: Greenwood Press, 1993.

从而增强其全球资本主义力量。吉尔品虽然排斥对经济全球化的极端描述,但承认跨国公司不断壮大的力量深刻改变了全球经济的结构和功能:

> 这些巨型公司与其全球策略成为贸易流动和产业及全世界其他经济活动布局定位的主要决定因素。大多数投资流向资本密集型和技术密集型部门。这些公司在技术流动扩展到工业化和正在进行工业化的经济体中起到了核心作用。因此,跨国公司很大程度上影响一个国家的经济、政治和社会福利。由于控制了很多世界投资资金、技术和全球市场准入权,这些公司成为决定国际经济政策和政治事务的重要力量①。

诺基亚(Nokia)公司就是这样一例。诺基亚以芬兰西南部的一个小镇命名,十多年前从一点一滴做起,直至成为生产全球37%的手机的大型跨国公司。今天,它的产品在全球以一种无形的网络连接了10亿多人。然而,诺基亚对芬兰的馈赠却是以依赖经济为代价,成就了全球互联程度最高国家殊荣。诺基亚是芬兰经济的引擎,占有股市市值的2/3和全国出口总额的1/5。它雇用了2.2万个芬兰人,还不包括依赖诺基亚合同的公司工作的2万个工人。这家公司为芬兰贡献了很大一部分税收,年销售额300亿美元,与整个国家预算基本持平。然而,近年来诺基亚的经济增长率开始下滑,公司主管透露他们对国家相对过高的商业税收不满。2007年诺基亚与西门子合并,很多芬兰市民担心这家巨型公司的决策可能会迫使政府降低企业税收,这一影响的直接后果就是打破国家慷慨大方而又人人平等的福利系统②。

---

① Gilpin, *The Challenge of Global Capitalism*, p. 24.
② Steger, *Globalization*, p. 51.

全球化是一个政治过程

诺基亚跨国公司的案例表明,全球化的经济视角讨论根本不能脱离对政治过程和制度的分析。大部分关于政治全球化的争论涉及如何权衡与现代民族国家命运相关的矛盾性证据。值得一提的是,有两个问题已经被提上研究日程并亟待解决。第一,跨国界的大规模资本、资金和技术流动的政治原因是什么?第二,这些流动对民族国家的权力是否构成严峻挑战?这些问题暗示着经济全球化可能正在削弱国家政府对经济政策控制力。特别是第二个问题涉及一系列问题的重要子集,这些问题关系到国家主权原则、政府间组织与日俱增的影响以及全球治理的前景。

有一类声名显赫的学者认为,政治全球化是与市场扩张存在内在联系的一个过程。特别是计算机技术和通信网络系统(如万维网)的稳步发展被认为是创建单一全球市场的首要力量[①]。正如理查德·兰霍恩(Richard Langhorne)指出,"全球化之所以能够发生,是因为技术进步打破了很多世界范围内交流活动的物理屏障,这些屏障过去在很大程度上限制了长距离开展互联和合作活动"[②]。根据更为极端的技术决定论解释,在技术经济这股势不可当而又不可逆转的力量面前,政治显得无能为力,前者将打破政府限制性政策和规定的企图。经济学被描绘成占有一种脱离于政治而又高于政治的内在逻辑。根据这种观点,经济自身利益和技术革新的结合引领了世界历史进入一个新时代。在这个新时代里,政府沦为自由市

---

① 例如 Robert T. Kurdle, "The Three Types of Globalization: Communication, Market, and Direct", in *Globalization and Global Governance*, edited by Raimo Va¨yrynen, Lanham, MD: Rowman & Littlefield, 1999, pp. 3 – 23; C. P. Rao, ed., *Globalization, Privatization and Free Market Economy*, Westport, CT: Quorum Books, 1998; Lowell Bryan and Diana Farrell, *Market Unbound: Unleashing Global Capitalism*, New York: Wiley, 1996。

② Richard Langhorne, *The Coming of Globalization: Its Evolution and Contemporary Consequences*, New York: Palgrave, 2001, p. 2。

场力量的仆人。洛威尔·布赖恩（Lowell Bryan）和黛安娜·法雷尔（Diana Farrell）断言，政府的角色最终将降为"全球资本主义的超导体"[①]。

20世纪90年代，持这种观点的最有影响力的代表人物或许是大前研一（Kenichi Ohmae）。这位日本商务策划师突出强调了由不可阻挡的资本主义力量催生的"无国界世界"，并声称从经济活动真实流动的视角来看，民族国家已经丧失了作为参与全球经济的一个有意义的单位的角色，因为领土界线与人类社会之间的关系越来越淡化，国家不太能够决定境内社会生活的方向。与真正的全球资本市场的工作机制相比，民族国家控制汇率或保护货币的能力显得相形见绌，容易受到强国经济选择所强加行为准则的影响，而受影响的民族国家实际上又无法操控别国的经济选择。从长远来看，政治全球化进程将会导致领土作为理解政治和社会变化的意义框架这一功能的衰退。未来政治秩序将不再沿袭离散的领土单元路线，而是把各地区经济体连接在一个几乎天衣无缝的全球网络里，并按照自由市场原则运行[②]。

需要注意的一点是，很多新马克思主义学者也同样对政治全球化作出此类经济主义解读。比如，卡罗琳·托马斯（Caroline Thomas）把政治仅仅描绘成是由重新焕发生机的资本主义驱动的全球过程的结果，而这种资本主义已经进入全球资本积累而非国家资本积累的阶段。于是，她坚持认为，全球化"泛指权力在全球各种社会形态得以分布并通过全球网络而非领土国家进行表达

[①] Bryan and Farrell, *Market Unbound*, p. 187.

[②] Kenichi Ohmae, *The End of the Nation-State: The Rise of Regional Economies*, New York: Free Press, 1995; Robert K. Schaeffer, *The Borderless World: Power and Strategy in the Interlinked World Economy*, New York: Harper Business, 1990; Robert K. Schaeffer, *Next Global Stage: Challenges and Opportunities in Our Borderless World*, Philadelphia: Wharton School Publishing, 2005. 从意识形态对立的另一端来看一项最近关于主权国家消亡的研究，参见 Prem Shankar Jha, *The Twilight of the Nation-State: Globalisation, Chaos and War*, London: Pluto Press, 2006。

的过程"①。

第二类学者质疑"大规模经济变化在社会中的发生方式就像地震和飓风这些自然现象一样"的观点。相反，他们强调政治的核心作用，特别是政治力量的成功动员在释放全球化力量中发挥的作用②。这种观点根植于积极的人类动因的哲学模式。如果经济全球化的面貌是政治决定的，那么转变政治喜好就能创造不同的社会环境。比如丹尼尔·辛格（Daniel Singer）认为，全球经济活动快速扩张的根源既不是"市场的自然法则"，也不是计算机技术的发展，而是政府撤销资本国际限制的政治决策："这些决策在20世纪80年代一开始实施，技术就受到应有的重视。借助通信和计算的速度，资金运转达到天文数字。"③很明显，辛格认为，即使在全球化语境下国家和领土仍然举足轻重。

因此，这批学者为传统政治单元的持续相关性辩护，这些政治单元要么以现代民族国家，要么以"全球城市"的形式运行④。与此同时，多数这种观点的倡导者明白，过去几十年的发展明显地限制了各国（尤其是发展中国家）能够作出的一系列政治选择。例如

---

① Caroline Thomas, "Globalization and the South", in *Globalization and the South*, edited by Caroline Thomas and Peter Wilkin, New York: St. Martin's Press, 1997, p. 6. Roger Burbach, Orlando Nunez, and Boris Kagarlitsky, *Globalization and Its Discontents: The Rise of Postmodern Socialisms*, London: Pluto Press, 1997. 这一争论更广为流传的版本参见 William Greider, *One World, Ready or Not: The Manic Logic of Global Capitalism*, New York: Simon & Schuster, 1997。

② 例如 Ethan B. Kapstein, Sharing the Wealth: Workers and the World Economy, New York: W. W. Norton, 1999; Gowan, *The Global Gamble*; Luttwak, *Turbo-Capitalism*; David C. Korten, *When Corporations Rule the World*, 2d ed. West Hartford, CT: Kumarian Press, 2001。

③ Daniel Singer, *Whose Millennium? Theirs or Ours?* New York: Monthly Review Press, 1999, pp. 186 – 187.

④ Saskia Sassen 的研究强调了全球城市在全球经济和社会过程的组织和控制中发挥的关键作用。参见 Saskia Sassen, *The Global City: New York, London, Tokyo*, Princeton, NJ: Princeton University Press, 1991; Saskia Sassen, *A Sociology of Globalization*, New York: W. W. Norton, 2007; Saskia Sassen, *Territory, Authority, Rights: From Medieval to Global Assemblages*, Princeton, NJ: Princeton University Press, 2008. 也请参见 Neil Brenner, ed., *The Global Cities Reader*, London: Routledge, 2006; Mark Amen, Kevin Archer, and Martin Bosman, eds., *Relocating Global Cities: From the Center to the Margins*, Lanham, MD: Rowman & Littlefield, 2006。

扬·阿特·肖尔特（Jan Aart Scholte）指出，全球化指推动人们之间"超领土"关系发展的"相对去疆界化"的渐变过程①。不过，肖尔特强调他对去疆界化的认可并不一定意味着民族国家不再是世界的主要组织力量。由于具备监管自身影响范围内的经济活动的能力，民族国家绝非全球化力量运行机制的无能的旁观者。如果具体的政治决策能够使国际环境朝着解除管制、私有化和世界经济全球化的方向改变，那么不同的政治决策也能够把这个趋势引向相反的方向②。可以肯定地说，由种种全球化过程导致的国际范围内的种种危机将会导致各国降低跨国流动对边界的渗透。而且，这种预测甚至表明，逆转貌似势不可当的全球化趋势是有可能的。这些学者传达的核心信息明白无误：对全球化的正确理解依赖于政治这个关键范畴。

第三类学者表示，全球化受到政治和技术因素的合力推动。例如约翰·格雷（John Gray）把全球化呈现为一种长期的、技术驱动的过程，其当代面貌是由世界上最强大的国家决定的。根据格雷的观点，美英新自由主义方案的终极目标就是设计一个全球的自由市场。且不说这项政治工程最终是成功还是失败，不过这位英国政治理论家预测道，"新技术在全世界迅捷而不可阻挡的传播"将会持续下去，使得各国进行技术驱动的现代化过程成为"一种历史命运"③。此外，格雷声称没有一个国家具备构筑统一的自由市场的力

---

① Jan Aart Scholte, *Globalization: A Critical Introduction*, 2d ed. New York: St. Martin's Press, 2005.

② 对于这个论证的精彩阐述，见 Edward S. Cohen, *The Politics of Globalization in the United States*, Washington, DC: Georgetown University Press, 2001; Geoffrey Garrett, *Partisan Politics in the Global Economy*, Cambridge: Cambridge University Press, 1998; Leo Panitch, "Rethinking the Role of the State", in Mittelman, *Globalization*, pp. 83 – 113; Eric Helleiner, "Post-Globalisation: Is the Financial Liberalisation Trend Likely to Be Reversed?" in *States against Markets: The Limits of Globalisation*, edited by Robert Boyer and Daniel Drache, London: Routledge, 1996; Eric Helleiner, *States and the Reemergence of Global Finance*, Ithaca, N. Y.: Cornell University Press, 1994。

③ John Gray, *False Dawn: The Delusions of Global Capitalism*, New York: New Press, 1998, p. 23.

量。事实上他推测道，世界经济的不均衡性变得让人难以忍受，所以将会走向分裂。因此，格雷预见，当前建设单一全球市场的政治努力将会因前景黯淡而潦草收场："贸易战将使得全球合作愈发艰难……随着全球自由放任经济解体，一个不断加深的国际无政府状态可能就是人类前景。"①

一种不那么悲观的观点把技术和政治结合起来解释全球化，这个观点在卡斯特（Castells）对"网络社会"崛起的三卷本研究中得到体现。这位西班牙社会学家把推动全球化的强大力量分为三个独立过程：信息技术革命、资本主义和国家主义的经济危机以及后续的重建、文化社会运动的大量涌现②。这样，资本、劳动力、信息和市场的复杂网络贯通起来，创造了全球经济进一步拓展的有利条件。卡斯特指出，基于信息技术的新"信息资本主义"的崛起是有效实施社会经济重建过程的必备工具。在这种语境下，他既承认民族国家作为主权实体的危机，也认同将权力移交给区域、地方政府以及各种超国家机构。另外，卡斯特也强调民族国家作为谈判代表，将持续影响着权力关系复杂多变的世界。随着新的政治角色的出现和新的公共政策的实施，文化的作用得以加强，"作为权力之源的文化与作为资本之源的权力奠定了信息时代新社会阶层的基础"③。在谈及全球化可能带来的全球经济和生态灾难时，卡斯特以一种远比格雷积极的论调总结道："启蒙运动的梦想，即理性和科学将解决人类难题，是指日可待的。"④

第四类学者主要从全球治理的视角探讨政治全球化。这类代表人物分析了国家和多边组织在应对经济政治制度破裂以及渗透国界的跨国流动时所发挥的作用⑤。一些研究者认为政治全球化可能会

---

① Gray, *False Dawn*, p. 218.
② Manuel Castells, *The Information Age: Economy, Society, and Culture*, 3 vols. Oxford: Blackwell, 1996–1998, vol. 3, p. 356.
③ Castells, *The Information Age*, vol. 3, p. 368.
④ Ibid., p. 379.
⑤ 例如 Rorden Wilkinson, ed., *The Global Governance Reader*, London: Routledge, 2005。

推动跨国的民主社会力量从"全球公民社会"的繁荣区域涌现。这个话题通常出现在聚焦全球化和人权的相互影响的讨论中①。比如,马丁·肖(Martin Shaw)强调全球政治斗争在开创"全球革命"中的角色,而"全球革命"将催生一个国际化的、权力本位的、与全球机构有着象征意义联系的西方国家集团。因此,他展望了"超越民族国家层面的国家组构"②的迷人前景。民主理论家约翰·基恩(John Keane)提出一个类似的模式,称之为"宇宙统治"——一种凌乱而复杂的政体,被理解为"犬牙交错、互相重叠的次国家、国家、超国家机构的聚合体,以及在全球范围内有着政治和社会影响的多维互动过程"③。然而在"9·11"事件之后,肖和基恩对西方政治集团主导下的后帝国时代多边主义的乐观看法似乎与单边主义的美帝国现实不相协调。

像戴维·赫尔德(David Held)和理查德·福尔克(Richard Falk)这样的政治学家在他们各自的著作中明确表达,需要有效的全球治理结构来应对全球化的种种力量。两位专家认为全球化削弱了国家治理的独立自主性,因此降低了民族国家的重要性。与他们声誉相符的是,赫尔德和福尔克率先垂范大声疾呼,倡导将全球化的学术争鸣朝着更加概念化和规范化的方向发展。特别是福尔克呼吁,在全球化与一系列特定观点、假设加以联系的过程中,要更细致地分析新自由主义意识形态以何种方式发挥主要作用④。

在赫尔德看来,无论是主权国家古老的威斯特伐利亚体系还是以联合国为中心的战后全球体系,都不能对政治全球化发起的严峻挑战提供满意的解决办法。相反,他预测将会出现多层面的民主治

---

① 例如 Alison Brysk, ed., *Globalization and Human Rights*, Berkeley: University of California Press, 2002。

② Martin Shaw, *Theory of the Global State: Globality as an Unfinished Revolution*, Cambridge: Cambridge University Press, 2000, p.16.

③ John Keane, *Global Civil Society*? Cambridge: Cambridge University Press, 2003, p.98.

④ Falk, *Predatory Globalization*.

理形式，该民主治理将建立在西方世界主义理想、国际法律秩序以及不断扩大的政府与非政府组织之间网状联系的基础之上。赫尔德拒绝接受外界认为他的构想是乌托邦主义的指责，并提供实证依据证明全球化过程一种内在倾向：似乎支持强化超国家机构，鼓励国际公民社会兴起。他预测民主权利将最终从与之勉强相关的离散的领土单元分离出去。

如果赫尔德政治全球化的观点是正确的，那么就可能出现"世界主义民主"，这将成为"互相包容和责任框架内繁荣发展多元身份建构的基础"。他的世界主义民主观包含下列政治元素：一个与地域、国家和局部地区相联系的全球议会；一份锁定在政治、社会和经济权力不同领域的权利义务新宪章，政治和经济利益的正式分离；一种从地方到全球具有的互联互通的全球法律体系[1]。事实上，即使在后"9·11"语境下，赫尔德也不放弃他的希望：重建以"在地方、国家、区域和全球等各层面强有力的治理"为特征的"世界主义社会民主"世界秩序[2]。

采用一种同样乐观的论调，福尔克声称政治全球化可能会推动根植于繁盛公民社会的民主主义跨国社会力量的出现。他将自己的由下至上的大众民主全球化观点与由上至下的市场驱动的企业全球化区分开，分析了政治人物对新自由主义全球化在一系列关键领域普遍支配地位的挑战能力，这些领域包括国际机构和政体的角色、媒体的影响、公民权变化的本质以及国家行为的再定位。民族国家实施世界主义方案的能力是福尔克一直密切关注的话题。他在论著中反复强调："将来的国家是否主要充当有利于促进和保护全球贸易和投资的工具，或者与之形成鲜明对照，国

---

[1] David Held, "Democracy and the New International Order", in *Cosmopolitan Democracy: An Agenda for a New World Order*, edited by Daniele Archibugi and David Held, Cambridge: Polity Press, 1995, pp. 96–120. 对 Held 观点更为详细的阐述参见 David Held, *Democracy and the Global Order*, Stanford, CA: Stanford University Press, 1995; David Held, *Models of Democracy*, 3d ed. Stanford, CA: Stanford University Press, 2006.

[2] Held and McGrew, *Globalization/Antiglobalization*, p. 131.

家能否在全球化背景下找回平衡感，而不是以牺牲人民福祉为代价来实现市场的成功。"① 然而，在最近对"伟大的反恐战争"时代全球治理的重新评估中，福尔克承认，"9·11"加剧了全球化的根本结构性挑战，也就是说，信息网络技术与权力行使的关联，确立了非国家行为体同世界秩序的程序与制度相结合的必要性②。

很多学术评论家对"政治全球化正在推动世界主义民主发展"的观点提出了异议。他们中大部分批评指责赫尔德和福尔克沉溺于抽象的理想主义而未能在政策层面参与到当代的政治发展中去。一些评论家声称，私人权威的出现越来越成为后冷战时代的一个因素。在他们看来，像宗教恐怖主义分子和有组织的犯罪集团这样的全球集体行动者不仅仅是民族国家实力弱化的征兆，也使世界主义民主崛起的前景变得黯淡③。而且，怀疑论者如罗伯特·霍尔顿（Robert Holton）提出质疑，赫尔德和福尔克未详尽地讨论全球民主的文化可行性问题。全球化使各种文化模式越来越相互贯通，评论家认为，阻抗、对立和暴力冲突发生的可能性变得就像对分歧的相互调解和包容的世界主义愿景一样真实④。

全球化是一个文化过程

在回应上文中的批评时，赫尔德和福尔克也许会声称，他们的全球化观点有个优点，就是不将其看作一个单维度现象，而是视为涉及不同行为和交流领域（包括文化领域）的多维过程。诚然，任何对全球化的分析性描述，如果缺乏文化维度的考察都将是远远不

---

① Falk, *Predatory Globalization*, p. 7. Richard Falk, *Human Rights Horizons: The Pursuit of Justice in a Globalizing World*, New York: Routledge, 2000.

② Richard Falk, *The Great Terror War*, New York: Olive Branch Press, 2003, p. 186.

③ 例如 Rodney Bruce Hall and Thomas J. Biersteker, eds., *The Emergence of Private Authority in Global Governance*, Cambridge: Cambridge University Press, 2002.

④ 参见 Holton, *Globalization and the Nation-State*, pp. 202 – 203.

够的。很多杰出学者已经强调文化在当今全球化争鸣中的中心地位。社会学家约翰·汤姆林森（John Tomlinson）指出，"全球化位于现代文化的中心，文化实践位于全球化的中心"①。文化全球化学者跨越的主题景观广袤无垠，他们提出的问题数不胜数，难以在这篇短短的研究中加以全面梳理。这部分将不列举相关话题的长串清单，而是聚焦文化全球化学者提出的两个核心问题。第一，全球化增加了文化同质性还是导致更大的多样性和异质性？或者用不太学术化的话来说，全球化使人们更加相似还是更加不同？第二，消费主义主流文化是如何影响自然环境的？

大部分评论员在回答第一个问题之前，都要对全球化过程和当代文化变革之间的关系进行总体分析。比如汤姆林森把文化全球化定义为"现代社会生活中复杂的文化相互联系和相互依赖的密布网络"。他强调，强大的国际媒体公司利用新的通信技术引领全球文化流动来型塑社会和身份。图像和观点可以在两地之间更加简易快捷地传输，它们深刻影响着人们日常生活的体验方式。文化不再束缚于像城镇和国家这样固定的地点，而是获得了全球语境中出现的反映主流主题的新意义。这种由文化全球化促成的互联互通对狭隘的价值和身份形成挑战，因为它逐渐削弱了文化和固定地点之间的联系②。

很多学者声称，这些过程推动了受英美价值体系保护的愈加同质化的全球文化的勃兴。在谈到美国价值观的全球传播、消费者商品以及"美国化"的生活方式时，学者们分析了这些"文化帝国主义"压制弱小文化的方式。例如美国社会学家乔治·瑞泽尔（George Ritzer）创造了"麦当劳化"这个词来描述了快餐店原则正在主导美国社会和世界其他越来越多的地区这一过程。从表面看，这种原则试图以高效、可预见的方式服务于人们的需要，似乎

---

① John Tomlinson, *Globalization and Culture*, Chicago: University of Chicago Press, 1999, p. 1.
② Tomlinson, *Globalization and Culture*, p. 28.

具有合理性。在研究的最后，瑞泽尔才讨论这种过程的规范性影响：当理性体系否定人类创造力和文化差异的表达时，它们就促成了世界上非理性的兴起。从长远看，麦当劳化导致了文化多样性的消隐和社会关系的非人性化[①]。

杰出的美国政治理论家本杰明·巴伯（Benjamin R. Barber）也加入了规范主义领域，他提醒读者反对他称之为"麦当劳世界"的文化帝国主义——一种冷漠无情的消费者资本主义正快速地将世界多元化人群转型为百无聊赖的统一市场。对巴伯来说，麦当劳世界是发端于20世纪五六十年代，并受扩张主义商业利益驱动的、肤浅的、美国大众文化产物："它的模板是美国的，其形式风格（音乐、视频、戏剧、书籍、主题公园）都被作为图像输出而构建，围绕常见的标识、广告口号、明星、歌曲、商标名、广告歌曲和商标而创造一种共同的品味。"[②]

值得称道的是，巴伯的分析并未局限于为麦当劳世界的力量提供一种"价值中立"的描述。他对文化全球化富有洞察力的表述包括下面的重要认识：麦当劳世界的殖民倾向招致以"圣战"形式呈现的文化和政治反抗——拒绝和排斥任何地方出现的西方同质化力量的狭隘冲动。在族裔民族主义和宗教原教旨主义的怒火刺激之下，圣战代表着文化特殊主义的黑暗面。巴伯把圣战看作"对殖民主义和帝国主义以及它们的经济后代——资本主义和现代性的狂热反应"。分别由对立的同质性观点引导，圣战和麦当劳世界在一场为争取民众拥护的激烈文化争夺战中辩证地紧密联系着。巴伯坚持认为，这两种力量最终都和民主的参与形式背道而驰，因为它们都同样倾向于破坏公民自由，并因此阻挠全球

[①] George Ritzer, *The McDonaldization of Society: An Investigation into the Changing Character of Contemporary Social Life*, Thousand Oaks, CA: Pine Forge Press, 1993.

[②] Benjamin R. Barber, *Jihad vs. McWorld*, New York: Ballantine Books, 1996, p. 17. 对全球化的所谓"美国化"进行更具怀疑性的评估，参见 William H. Marling, *How "American" Is Globalization?* Baltimore: Johns Hopkins University Press, 2006。

民主将来的可能性①。

大家可以预料，巴伯的辩证表述受到广泛公众关注是在"9·11"系列事件之后，这些事件促使人们重新接受塞缪尔·亨廷顿（Samuel Huntington）1993年提出的主要涉及西方和伊斯兰世界"文明的冲突"的论点。这个相当粗糙的论断建立在过于宽泛的定义和归纳上，将20世纪90年代以后的世界分成九个"现代主要文明"②。在恐怖主义袭击后的一年内，很多书籍对巴伯和亨廷顿提出的论断进行了各种各样难以穷尽的解读。比如，法律学者蔡美儿（Amy Chua）和哲学家罗杰·斯克鲁顿（Roger Scruton）警醒读者，"市场和民主的全球传播是造成整个非西方世界群体憎恨和民族暴力事态进一步恶化的主要原因""全球化带来了通过人造法律维系的世俗社会的图景，并在没有神的帮助下达到平衡，这使伊斯兰世界陷入危机"③。对于这些评论员来说，从"西方和其他地区"这种冲突中吸取教训显而易见："面对这种'宗教暴力'，西方世界的我们必须……尽力加固民族国家的地位……这意味着我们必须限制全球化进程，这样可以中和全球化是西方对其他地区造成威胁的形象。"④

文化同质论的倡导者为他们的阐释提供了大量实证论据。他们列举了穿着耐克牌运动鞋的亚马孙河流域的印第安人，购买德士古棒球帽的撒哈拉南部居民，以及在拉马拉（Ramallah）市区炫耀芝加哥公牛队运动衫的巴勒斯坦青年。全球媒体和电子通信系统的放宽管制和融合推动了英美文化的传播，将这一个过程记录下来后，

---

① Barber, *Jihad vs. McWorld*, 19. 从新马克思主义视角看全球资本主义单一文化的兴起，参见 Herbert Schiller, "The Global Information Highway: Project for an Ungovernable World", in *Resisting the Virtual Life*, edited by James Brook and Iain A. Boal, San Francisco: City Lights, 1995, pp. 17 – 33。

② Samuel P. Huntington, *The Clash of Civilizations and the Remaking of World Order*, New York: Touchstone, 1997, pp. 26 – 27, 45 – 48.

③ Amy Chua, *World on Fire: How Exporting Free Market Democracy Breeds Ethnic Hatred and Global Instability*, New York: Doubleday, 2003, p. 9; Roger Scruton, *The West and the Rest: Globalization and the Terrorist Threat*, Wilmington, DE: ISI Books, 2002, pp. 157 – 158.

④ Scruton, *The West and the Rest*, p. 159.

一些评论员甚至坚持认为世界上没有能代替"美国化"的可行方案。比如，法国政治经济学家塞奇·拉脱谢尔（Serge Latouche）声称，秉承英美规范和价值、朝向"行星统一性"的媒体炒作的消费主义推动将必然导致世界范围内"生活方式的标准化"。①

文化同质论在某种程度上也仰仗这一观点，即英美文化产业拥有使英语成为21世纪全球通用语的能力。当今，互联网上超过80%的帖子内容是用英语写的，英美大学招收的外国学生数差不多占一半②。然而就此得出英语的全球化趋势不可避免的结论，未免过于天真。正如政治科学家塞尔玛·桑塔格（Selma Sonntag）所言，"全球英语通过自上而下的方式表征全球化，但也不排除自下而上表征全球化的可能性，最有可能体现为对语言霸权的底层抵抗。全球化推动了全球英语霸权，但在此过程中它也创造了自身的对立面"③。认同全球资本主义强大的文化逻辑是一回事，但断言存在于我们星球上的文化多样性注定消亡的说法完全是另一回事。事实上，有几位有影响力的学者提出了相反的看法，把全球化与文化多样性的新形式相联系④。罗兰·罗伯逊（Roland Robertson）有过著名论断：全球文化流动常常为本土文化开创了一片新天地。罗伯逊声称文化全球化总是在本土化语境下发生，他预测，随着本土对全球化力量产生很多独特的文化反应，将会出现一个多元化的世界。结果是，非但不会增加文化同质性，反而出现"全球本土

---

① Serge Latouche, *The Westernization of the World*, Cambridge: Polity Press, 1996, p. 3.
② 参见 Steger, *Globalization*, pp. 82 – 85。
③ Selma K. Sonntag, *The Local Politics of Global English: Case Studies in Linguistic Globalization*, Lanham, MD: Lexington Books, 2003, p. 123.
④ 例如 Arjun Appadurai, *Modernity at Large: Cultural Dimensions of Globalization*, Minneapolis: University of Minnesota Press, 1996, Ulf Hannerz, *Cultural Complexity: Studies in the Social Organization of Meaning*, New York: Columbia University Press, 1992; Ulf Hannerz, *Transnational Connections: Cultures, People, Places*, London: Routledge, 1996. Peter Berger 和 Samuel Huntington 为多样化提供了不同寻常的见解，强调文化全球化"在根源和内容上是美国式"，尽管如此，在世界诸多地区允许以美国文化为主导，"多种变体和亚全球化"，参见 Peter L. Berger and Samuel P. Huntington, eds., *Many Globalizations: Cultural Diversity in the Contemporary World*, Oxford: Oxford University Press, 2002。

化"——一种以文化借用为特征的全球和本土之间的复杂互动①，这些互动导致同质化和异质化这两种冲击力达成错综复杂的交融。

这种文化融合过程通常称为"杂糅化"或"克里奥尔化"，反映在音乐、电影、时尚、语言以及其他的符号表达形式方面。比如社会学家简·尼德文·皮特尔斯（Jan Nederveen Pieterse）认为，探讨"杂糅"问题等于"绘制无人区地图"。对尼德文·皮特尔斯而言，杂糅概念"不排除斗争，但多维度地关注斗争，通过展现斗争双方的多重身份，超越文化和政治领域盛行的'我们和他们'的二元对立"②。乌尔夫·翰纳兹（Ulf Hannerz）也强调由新的杂糅化地带会组成新兴"全球文化"的复杂性。在这些地区，意义衍生于不同的史料，而这些史料最初在空间上互相独立，后来实现广泛融合。因此，地区差异和独特性没有被西方同质化的消费主义力量抹杀，而是演化成新的文化群组和话语体系③。

除了探讨全球化是否导致文化同质性或异质性的问题，像尼德文·皮特尔斯、翰纳兹、罗伯逊这样的学者试图拓展全球化概念，将其描绘成一个多维度"领域"。在他们看来，全球化是物质和心理的双重状态，由社会生活的全球、地区和个人等层面复杂而经常矛盾的互动构成。文化理论家乌尔里希·贝克（Ulrich Beck）和阿尔君·阿帕杜莱（Arjun Appadurai）对这一观点进行了提炼，鉴于常见的解读把全球化视为一种"过程"，而不太刻板的"全球性"概念指"跨越边界的生活和行为经历"④，他们对二者进行了对比分析。阿帕杜莱鉴别出五种概念维度或由全球文化流动组成的"景

---

① Roland Robertson, *Globalization*; Roland Robertson, "Glocalization: Time-Space and Homogeneity-Heterogeneity", in *Global Modernities*, edited by Mike Featherstone, Scott Lash, and Roland Robertson, London: Sage, 1995, pp. 25 – 44.

② Jan Nederveen Pieterse, *Globalization and Culture: Global Melange*, Lanham, MD: Rowman & Littlefield, 2003, p. 117.

③ Hannerz, *Cultural Complexity*, p. 96. 也请参见 Eduardo Mendieta, *Global Fragments: Latinamericanisms, Globalizations, and Critical Theory*, Albany: State University of New York Press, 2007。

④ Ulrich Beck, *What Is Globalization?* Cambridge: Polity Press, 2000, p. 102.

观":族群景观(游客、移民、难民和背井离乡者组成的流动人口),技术景观(推动跨国公司兴起的技术发展),金融景观(全球资本流通),媒体景观(生产和传播信息的电子媒介能力),意识形态景观(国家和社会运动的意识形态)。每一种"景观"都是崭新的"想象世界"的基石,这个"想象世界"由分布在全球的个人和团体在历史语境下的想象拼装而成①。悬浮于一个文化多样性的全球网络中,越来越多的人开始意识到人际关系的密切性。他们在开发和吸收新的文化符号和意义方面提升了的能力与他们日益增加的"无地方"感在一种不安的紧张状态中并存着。贝克和阿帕杜莱聚焦全球文化流动带来的人类感知和意识的变化形式,讨论了通常在分析相互依赖的"客观"关系过程中所忽略的文化全球化的主观形式。

社会学家马丁·阿尔布劳(Martin Albrow)使用"全球性"概念来描述林林总总的个人和群体将全球称为他们观念和行动的框架这一新情形。在分析了构成人们意识上的这种划时代转变的复杂互动网络之后,他总结道,一个曙光初现的"全球时代"正慢慢取代旧的现代性概念框架。要对这个新时代作出正确理解,研究者需要修正关于进步和科学的教条主义启蒙思想,转而接受一种能清楚识别全球化时代不确定性和偶然性的更加审慎和务实的普遍主义。阿尔布劳谈到"全球性"的一种新情形,与现代性的显著不同之处在于它没有假定"控制"占据中心地位。简言之,现代性蓝图已经终结②。

在这个问题上,关于文化全球化的争论与政治社会理论上长期存在一个相关联的争议。该争议为:我们当前的时代是否应被理解为现代性的延伸?抑或是否构成了以身份和知识稳定感的缺

---

① Appadurai, *Modernity at Large*, p. 33.
② Martin Albrow, *The Global Age: State and Society beyond Modernity*, Cambridge: Polity Press, 1996, p. 192.

失为特征的后现代性的一种新情形?① 事实上,文化全球化学者要比政治学或经济学的同行们更乐于投身对全球化规范维度的持续研究中。

同样的情况表现在探讨文化全球化和自然环境之间的联系,特别是日益加剧的全球气候变化问题的研究者身上。毕竟,人们如何看待自然环境很大程度上依赖于他们的文化背景。例如,根植于道教、佛教和各种泛灵论宗教文化通常强调所有生物之间的相互依存——一种呼吁在人类欲望和生态需求之间达成微妙平衡的观点,自然不再被仅仅看成是为满足人类欲望而被工具化使用的"资源"。这种人类中心主义范式最极端的表现反映在消费主义的主流价值和信仰上。美国主导的文化产业试图说服它的全球受众从物质财富的无限积累中可以找到生活的意义和主要价值。

与消费者文化全球传播相关的两个最可怕的生态问题是人类活动导致的全球气候变化,如全球变暖和世界范围内生物多样性的破坏。地球大气层中急剧累积的气体排放,包括二氧化碳、甲烷、氯氟化碳等,大大抬升了地球捕获热量的能力。由此产生的"温室效应"导致全球平均气温升高。事实上,美国忧思科学家联盟(the U. S. Union of Concerned Scientists)提供的数据表明,全球平均气温从1880年的约53.3华氏度升高到2000年的57.9华氏度。全球气温的继续升高可能导致极地冰盖的部分融化,造成全球海平面在2100年前上升高达三英尺——这是将会威胁到世界很多沿海地区的灾难性变化。事实上,气温的急剧上升使极地冰盖融化,海平面升高,随之而来地将导致诸如极地熊的物种灭绝,还有很多太平洋岛屿的消失。这接下来又会造成一系列经济、社会和政治问题,如流离失所的人们去受全球变暖影响不大的国家寻求避难。天气模式和温度的变化也对食物生产和水资源的可利用度产生重大影响。那些

---

① 对这一争论更详细的说明,参见 Scholte, *Globalization*; Tomlinson, *Globalization and Culture*, pp. 32 – 70; Kate Nash, *Contemporary Political Sociology: Globalization, Politics, and Power*, Malden, MA: Blackwell, 2000, pp. 71 – 88。

最可能受到影响的是南半球的居民，而他们是对世界环境危机承担责任最少的人。我们将会预见，全球气候变化和其他生态问题带来的潜在经济和政治后果是极其严重的，特别对于生活在南半球发展中国家的人们而言。关于生物多样性消亡的问题，当今很多生物学家认为我们现在正处于地球45亿年历史中物种大面积灭绝速度最快的时期。环境社会学家弗兰茨·布鲁斯威玛（Franz Broswimmer）承认该问题在自然历史上已不是新鲜事，但他指出全球化时代的人类以惊人的速度破坏着物种和它们的栖息地。布鲁斯威玛担心多达50%的植物和动物物种（大部分分布在南半球）将会在21世纪末之前消亡[1]。

然而，政府、企业和政府间组织仅在过去几年里才开始意识到全球化的生态挑战所导致的重大经济后果。2006年，世界银行前首席经济学家尼古拉斯·斯特恩爵士（Sir Nicholas Stern）发布了一份关于气候变化对经济和生态影响的全面而震撼的报道。《气候变化经济学的斯特恩报告》使用正式的经济模型，估计如果全球社会现在不采取行动解决气候变化问题，那么结局等同于现在和以后每年的全球GDP损失5%，损失更为严重的可能会达到20%以上。相比之下，如果现在采取行动减少和抵消气候变化导致的最严峻影响，总损失将不到全球GDP的1%[2]。其他关于气候变化对经济影响的报告，主要包括由于高于往常的气温和变化的降雨模式影响到水资源、动物和农业，并造成基本食物和水供应的成本上升；相关行业如旅游业也会受到气候变化的影响，如滑雪胜地降雪量减少，自然旅游景点的冰川融化；诸如2005年美国的卡特丽娜飓风和2008年缅甸的特强气旋风暴纳尔吉斯等自然灾害也有可能由气候变

---

[1] Franz J. Broswimmer, *Ecocide: A History of Mass Extinction of Species*, London: Pluto Press, 2002. 对全球气候变化事实与数据的全面综述参见 S. George Philander, ed., *Encyclopedia of Global Warming and Climate Change*, London: Sage, 2008. 更为通俗易懂的记录参见 Al Gore, *An Inconvenient Truth*, New York: Rodale Books, 2006。

[2] Nicholas Stern, *The Economics of Climate Change: The Stern Review*, Cambridge: Cambridge University Press, 2007.

化引起，其频率、强度和持续时间也有所增加，政府在预防和应对这些灾害影响方面增加开支，更不用说这些变化给个人生命和整个人类造成的巨大破坏。当今世界正在经历与全球气候变化相关的多重经济影响，这些影响在今后有可能加剧，因为全球平均气温在持续上升，降雨模式变得越来越反复无常。

全球化的经济、政治、生态三个维度有个有趣的交叉现象，就是使用基于市场的政策工具来处理环境问题，诸如碳"交易"和生物多样性"银行"这样的倡议正出现在国家和全球层面对全球变暖、物种灭绝、人口过多等问题的政策讨论中。然而，使用这些基于市场的政策工具，隐含的是它仍然受新自由主义意识形态假设的驱动，也就是说，市场可以调节和解决所有问题，基于资本主义的消费主义是一种可持续的生活方式，甚至是解决资本主义过度消费产生的生态问题的首选方式。

尽管对糟糕的生态消息进行了一连串冗长的叙述，我们在全球化的阳光面或许可以找到持审慎乐观主义态度的理由——针对环境方面的国际条约和协议不断增多，如1997年抑制全球变暖的《京都议定书》（*Kyoto Protocol*），2002年的约翰内斯堡（Johannesburg）世界首脑会议，2007年的联合国巴厘岛（Bali）气候变化大会，都致力于解决像二氧化碳排放标准、跨边界污染和生态持续性问题。然而不幸的是，这些纷至沓来的协议大多数缺乏有效的国际执行机制。而且，制造环境污染的主要国家如美国、俄罗斯和中国还未批准某些关键协议。

全球化和意识形态：对全球主义的批判性审视

本章介绍了有关全球化学术争鸣的一些主要分析视角。不过这种概览仍然没有涵盖全球化日益扩大的话语体系的所有话题。除了探讨全球化的经济、政治和文化维度，学者们还提出了许多其他话题：跨国移民流动的结构和方向、不断涌现的跨国社会运动如妇女运动等、全球疾病传播、跨国犯罪以及与国防生产跨国化相联系的军事技术全球化①。事实上，战争和军事行动的全球化在全球反恐战争的后"9·11"辩论中受到了特别关注。安全专家和雇佣兵领取报酬早已不是新奇事了，全球新的"安全产业"一直保持持续增长势头，主要为财力雄厚的私人公司提供先进的军事服务，从简单的武器培训到给整个部队提供装备。以总部设在伦敦的一家安全公司（防御系统有限公司）为例。这家公司雇佣前克格勃特工、一位前白宫安全顾问以及来自众多国家的前军官，将其制造伤亡和破坏的专业技能出售给"石化公司、矿业和矿产开采公司及其子公司、跨国公司、银行、大使馆、非政府组织、国家和国际组织……人们在动荡不安、充满敌意的环境中工作"②。

　　本章的目的并非要详尽描述学术争鸣的各个方面，而是要表明学者们至今在全球化研究方面没有形成统一的概念框架，学界对全球化的存在和范围的现有实证证据的有效性尚且存在分歧，更遑论全球化的规范和意识形态。比如弗雷德里克·詹姆逊（Fredric Jameson）曾质疑将全球化这样复杂的社会现象强制纳入单一的分析框架是否有用③。他认为，这种尝试经常导致进一步的分歧，或者把一种偏颇的观点上升为不容置疑的真理和对该问题的定论。尽管在全球化方面一直存在学术分歧，但不容否认的是，近年来学者们达成一定程度的共识④，并且全球化的分析研究项目推动了知识的进步，这极有价值。严肃认真的学者都不会否认概念清晰度和构想精确度的重要性，但是人们往往一时冲动，把全球化的社会学研究同意识形态、规范问题分离开来，将会在全球化定义和方法论差

---

① 对该问题的最全面的调查之一可见于 Held et al., *Global Transformations*。
② Alan Golacinski, cited in Barbara Lochbihler, "Militarism a Facilitator for Globalization", undated paper, (http://www.wilpf.int.ch/_wilpf/globalization/paper1.htm).
③ Fredric Jameson, "Preface", in *The Cultures of Globalization*, edited by Fredric Jameson and Masao Miyoshi, Durham, NC: Duke University Press, 1998, pp. xi – xii.
④ 关于五个新兴共识的讨论参见 Manfred B. Steger, ed., *Rethinking Globalism*, Lanham, MD: Rowman & Littlefield, 2004, pp. 1 – 4。

异方面乏味的争论继续下去。伊恩·克拉克（Ian Clark）指出，"人们都不会反对全球化的精确定义，但定义不应被允许用来解决实质性和历史解读的潜在问题①"。

所有社会学的概念，同时也是分析性和规范性的，任何关于全球化的过于客观化的方法都注定会忽略这一洞见。概念的这个二重地位意味着概念绝不仅仅描述其指代的事物，而且也必然介入意义构建的规范过程中②。然而很多学者认为，主要发生在公共领域的全球化论争本质上是规范的和意识形态的，而这一本质实际上干扰和阻碍了对全球化进行更加"客观"和"价值中立"的描述。学者们对意识形态"污染"的这种本能恐惧部分程度上源自于学术机构的历史使命。今天的大学，就像它们19世纪的前身一样，赞同"通过人类理性的均衡运作，原则上讲，世界是可知的，并且可以控制的"这样一种观点。这意味着学者们被鼓励在客观性和中立性的既定参数内开展研究，以达到对所讨论现象的清晰理解。意识形态问题，特别是一个人的政治和道德取向往往会影响到研究项目的科学诚信。因此，意识形态的规范维度通常被排除在学术界理解全球化的尝试之外。

事实上，对该现象规范和意识形态维度的讨论通常被视为不科学的"新闻工作"。然而，这种观点忽略了全球化作为公共话语的动态性。围绕全球化的公共辩论主要发生在学术圈之外，这反映了该现象本身的重要一面。正如几次实证研究所示，媒体中的"全球化"术语"似乎与多重意识形态参照系相联系，包括'金融市场'、'经济效益'、'负面效果'以及'文化'"③。如果研究者想了解争论引发的物质层面和思想层面的利害关系，那么这些使公众

---

① Clark, *Globalization and International Relations Theory*, p. 39.
② 参见 Claus Offe, *Modernity and the State: East, West*, Cambridge: Polity Press, 1996, p. 5。
③ 参见 Mauro F. Guillen, "Is Globalization Civilizing, Destructive or Feeble? A Critique of Five Key Debates in the Social Science Literature", *Annual Review of Sociology* 27, no. 1, 2001: p. 237。

能对全球化的意义和可能后果形成判断的"多重意识形态参照系"就成为一个重要的研究主题，因此研究者必须涉足承载价值观的意识形态领域。这项任务不再局限于对"全球化"这头大象的组成部分进行客观的分类，而是要对组成现象本身的全球化语言进行批判性评估。全球化公共辩论的主要参与者表现出对规范性的偏好，并开展修辞辩论，这些不但没有被当作主观性论调的不和谐杂音遭到摒弃，反而成为研究者批评任务的重心。

在我看来，全球化研究者脱离自己的意识形态和政治框架来解读公共话语实际上是不可能的。尽管这种举措内在地存在明显的危险，顾及自己的信念和价值观不一定会造成研究项目无效。德国哲学家汉斯—格奥尔格·伽达默尔（Hans-Georg Gadamer）指出，解读者的动机和偏见限定着每一次理解行为[1]。因此，认为研究者的价值观和先入之见只会阻碍对社会过程的正确理解的看法是错误的。事实上，解读者不可避免的规范性介入正好促成了理解行为。所以，作为真实生活现象的全球化研究必然包括我所说的"全球主义"意识形态工程研究。

幸而，将意识形态、规范性问题与分析性的关注隔离开来的倾向越来越受到很多学者的诟病，学者们拒斥以一种狭隘的科学主义方法来研究全球化。比如，斯蒂芬·吉尔（Stephen Gill）和罗伯特·W. 考克斯（Robert W. Cox）的著作探讨市场新自由主义理念对全球化公共辩论影响的程度[2]。我自己的著述也根植于一种理解社会现象的更具阐释性的方法，不回避规范和意识形态问题。我努力避免对全球化（物质过程）进行总体上泛泛的讨论，而会正确认识到全球化与各种各样的全球主义（意识形态）不可避免地交织在

---

[1] Hans-Georg Gadamer, *Truth and Method*, New York: Seabury Press, 1975.

[2] Robert W. Cox, "A Perspective on Globalization", in Mittelman, *Globalization*, pp. 21 – 30; Stephen Gill, "Globalization, Democratization, and the Politics of Indifference", in Mittelman, *Globalization*, pp. 205 – 28; Stephen Gill, "Globalisation, Market Civilisation, and Disciplinary Neoliberalism", *Millennium: Journal of International Studies* 24, no. 2, 1995; pp. 399 – 423. 来自五大洲的学者共同参与全球化意识形态维度的讨论，参见 Steger, *Rethinking Globalism*。

一起。我认为，除了在公共领域提出的现行意识形态主张之外，学术界把握全球化本质的努力有意或无意地强化了占主导地位的市场全球主义体系，该体系交替地掩盖和传播新自由主义世界观，因而使得现存权力利益更容易摆脱批判的审视。阿兰·斯科特（Alan Scott）注意到，将分析性关注同意识形态、规范问题隔离开来蕴藏着一种危险，即科学的客观公正精神可能会无意中服务于带有政治动机的企图，为人们提供"具有说服力的论断，大意是：在这些恢宏的经济、政治和社会发展面前，人们几乎无能为力"[①]。为避免这种危险，本书的下一章将介绍市场全球主义的主要主张，并展示它们在后"9·11"时代军国主义语境下的演变过程。

---

① Alan Scott, "Introduction: Globalization: Social Process or Political Rhetoric?" in *The Limits of Globalization: Cases and Arguments*, edited by Alan Scott, London: Routledge, 1997, p. 2.

第三章

从市场全球主义到帝国全球主义

市场全球主义和美利坚帝国

在对市场全球主义的中心论断作出批评性话语分析之前，让我们首先考量一下更为宏大的政治和历史语境。第一章我们粗略地提到，20世纪80年代和90年代市场全球主义的问世与新自由主义政治力量在美国这个世界上唯一幸存的超级大国中不断积累的财富息息相关。然而在新千年的头十年，美国在三个方面的相关进展推动市场全球主义朝着更加军事化的方向迈进，从而修改了它的意识形态核心主张，并且改变了它的形态。首先，2001年美国总统的任职深受一小部分经济和军事精英的影响，而这部分精英以总统核心集团中的新保守主义顾问为典型代表。其次，在基地组织对美国权力最鲜明的标志性建筑发起袭击的"9·11"事件之后，美国开始穷兵黩武。再次，"美利坚帝国"随后的"全球反恐战争"明显是有意识地或单方面地在全球范围内施行其亘古绝伦的权力。

术语"帝国"（empire）和"帝国主义"（imperialism）派生自"最高权力"（*imperium*），这一拉丁名词意指"权力"和"掌控"。恺撒·奥古斯都（Caesar Augustus）的漫长统治标志着罗马共和国在公元1世纪之前的覆灭，此后，"最高权力"意味着帝王执行法律的权限，而这一功能常常习惯性地委派给他属下的主要军事首脑和国民法官①。罗马人在希腊式文化框架内继承了斯多葛学派的理念：帝国因带有普遍理性而具有普适性，并在所有社会中合法化。因此，"最高权力"的概念暗示了向世界其他地区"传播文明"的普遍人道主义使命。罗马人相信，对居住在帝国边境之外的"野蛮人"唯有进行彻底征服和教化才会最终促成世界各民族在罗马统治下的和谐联盟，从而在全世界建立和平、公正和秩序②。

这种以普遍性的名义构建政治统治的传统理想仍然有人附庸风雅。研究该话题的现代学子把"帝国"定义为"一些政治社群对其他政治社群的有效主权施加的政治控制关系"，把"帝国主义"定义为"建立和维持帝国"③ 的政治和意识形态工程。毋庸置疑，政治主权可能受到多种方式的侵犯，如：外交手段、经济施压、军事行动等，但古代和现代任何帝国政体的本质仍然保持不变，即为政治统治和臣服的持久关系④。

随着自由资本主义民主以及它所宣扬的自由、平等和民族自决等理念在现代社会的传播，"帝国"获得了政治压制和胁迫这种负面含义，该指控受到那些名至实归的国家的强烈反对。第二次世界大战后随着殖民时代的终结，世界上的两个超级大国声称寻求有利的影响，而非统治。美国和苏联领导人迫切地尝试去证实他们的断言：他们的各自国家并未卷入"帝国主义"图谋，理由是两国都缺少帝国的标志——对正式吞并或合并的外部领土施行直接或间接的政治统治。

然而在20世纪50年代，罗纳德·罗宾逊（Ronald Robinson）、约翰·加拉格尔（John Gallagher）以及其他在帝国主义研究方面的

---

① George Lichtheim, *Imperialism*, New York: Praeger, 1971, p. 13, p. 25.
② 参见 Robert Folz, *The Concept of Empire in Western Europe: From the Fifth to the Fourteenth Century*, London: Edward Arnold, 1969, pp. 4 – 5。
③ Michael W. Doyle, *Empires*, Ithaca, NY: Cornell University Press, 1986, p. 19; Herfried Munkler, *Empires: The Logic of World Domination from Ancient Rome to the United States*, Cambridge: Polity Press, 2007.
④ Lichtheim, *Imperialism*, p. 9.

学术先驱们认为，当代帝国主义的含义不应该仅仅理解成正式的吞并和殖民活动或者间接的政治统治，它必然也包括对别国更为"非正式"的统治方式——主要通过经济手段。然而这些学者同时又很乐于承认，他们的"非正式帝国主义"或"自由贸易帝国主义"理论并非旨在将帝国主义和资本主义等同起来。毕竟，如果政界高层没有用高压手段将之前的封闭市场"开放"为西方竞争式资本主义的所谓"自由"经营市场，帝国主义将不复存在。罗宾逊和加拉格尔认为，政治和经济之间的关系错综复杂，往往在不同的历史节点赋予帝国主义以不同的表现形式。这两位英国政治经济学家集中研究维多利亚时期的英国帝国统治，其结论指出英国通常倾向于非正式统治，只有当经济利益受到威胁时才会诉诸正式的政治统治①。

显然，这种"非正式帝国主义"理论不仅适用于19世纪的不列颠帝国，也适用于由单个超级大国主导的21世纪世界中不断变化着的市场全球主义。今人对美国是否已经成为非正式或其他形式的"帝国"存有热烈的争论，这种争论的起源远早于当今全球化时代是对帝国主义和资本主义，以及政治和经济之间确切关系的理论争议②。

---

① Ronald Robinson and John Gallagher, "The Imperialism of Free Trade", Economic History Review 6, 1953: pp. 1 – 15. 有关非正式帝国主义和对 Robinson 及 Gallagher 理论的精彩论述，参见 Wolfgang J. Mommsen, Theories of Imperialism, New York: Random House, 1980, pp. 86 – 93; Doyle, Empires, pp. 32 – 34。

② 后911时期，有关"美利坚帝国"的文献篇目庞多且数量在不断增加，如 Chalmers Johnson, The Sorrows of Empire: Militarism, Secrecy, and the End of the Republic, New York: Metropolitan Books, 2004; Chalmers Johnson, Nemesis: The Last Days of the American Republic, New York: Holt, 2008; David Ray Griffin and Peter Dale Scott, eds., 9/11 and American Empire: Intellectuals Speak Out, New York: Olive Branch Press, 2006; Carl Boggs, The New Militarism: U. S. Empire and Endless War, Lanham, MD: Rowman & Littlefield, 2004; Emmanuel Todd, After Empire: The Breakdown of the American Order, New York: Columbia University Press, 2003; Michael Mann, Incoherent Empire, London: Verso, 2003; Ellen Meiksins Wood, Empire of Capital, London: Verso, 2003; David Harvey, The New Imperialism, Oxford: Oxford University Press, 2003。例如 Michael Walzer 认为后911时期美帝国是"新的野兽"，其特征是"统治较为松散，较帝国主义而言更为民主，更依赖于同其他国家的协议"。同时，Walzer 认为"乔治·沃克·布什的单边主义是一种不妥协的霸权；或许他认为美国在世界上扮演着至高无上，抑或是救世主的角色"。参见 Michael Walzer, "Is There an American Empire?" Dissent (Fall 2003): pp. 27 – 31。

在 20 世纪的头几十年，马克思主义知识分子，如鲁道夫·希法亭（Rudolf Hilferding）、罗莎·卢森堡（Rosa Luxemburg）、列宁（V. I. Lenin）等人认为帝国主义代表了资本主义发展的"最高阶段"，因此像美国这样的新兴资本主义大国必然会从事帝国主义活动。这意味着：由于帝国主义是资本主义历史发展自然而然的结果，马克思主义者赋予政治以次要地位。帝国主义的核心内涵——政治统治——唯有退居二线。这种"社会主义派别"遭到以约翰·霍布森（John A. Hobson）、约瑟夫·熊彼特（Joseph Schumpeter）和约翰·梅纳德·凯恩斯（John Maynard Keynes）为首的一批自由主义思想家的反对，他们把帝国主义视为对资本主义的一种不幸的歪曲，这种原本可以避免的歪曲拜一小撮资本主义精英们所赐，他们在国外拥有庞大的投资机遇和丰厚的既得利益，为实现其罪恶目的而成功地操纵国家机器。为了证明其民主合法性，这些精英们大肆进行意识形态控制，设法在狂热的爱国主义旗帜和军国主义口号下赢得民众的支持。换言之，这些"自由主义派别"的思想家认为任何对帝国主义运行机制的系统性理解都必须以政治和意识形态为核心。

即使我们赞成自由主义者关于资本主义不一定转变为帝国主义的观点，我们仍然必须承认，在过去的两个世纪里自由主义和帝国主义在很多场合联袂携手。至于美国，杰出的历史学家如沃尔特·拉菲伯（Walter LaFeber）、威廉·阿普尔曼·威廉斯（William Appleman Williams）借鉴罗伯逊和加拉格尔的作品，将美国帝国主义称为自 17 世纪定居北美洲以来一种持续的、大体上非正式的过程，该过程定期采用政治威慑手段和更加"正式"的表现形式。或许美国帝国主义历史上这些好战时期最明显地体现在：在 19 世纪末短短八个月时间里强占了夏威夷群岛（Hawaiian Islands）、关岛（Guam）、萨摩亚（Samoa）部分地区、菲律宾群岛（Philippines）

以及波多黎各（Puerto Rico）①。印第安纳州参议员阿伯特·J. 贝弗里奇（Albert J. Beveridge）在 20 世纪初发表过一篇激情澎湃的演讲，完美地把握了美利坚帝国的军国主义和种族主义精髓：

> 难道 1000 年来上帝对说英语的条顿民族没有丝毫馈赠吗？只让他们徒劳无功和无所事事地沉思默想和孤芳自赏吗？不！上帝让我们成为世界的主人和组织者，哪里有混乱横行，哪里就需要建立体制……他让我们成为政府的行家里手，能管理野蛮和衰老民族的政府……他垂青于美国人，最终让这个民族来引导世界的复兴。这是美国的神圣使命……我们将不负上帝重托，绝不摒弃自己在种族使命和世界文明方面的角色②。

借助于政治科学家和前国防部助理部长约瑟夫·奈（Joseph Nye）的分类，可以说美利坚帝国总是在"软实力"和"硬实力"之间来回穿梭，前者指说服别人要自己想要的东西，后者指强迫别人服从自己的愿望③。克林顿总统的前经济顾问、世界银行首席经济学家约瑟夫·斯蒂格利茨（Joseph Stiglitz）认为，这种软实力动力学是由处于"喧嚣的 90 年代"时期非正式的美利坚帝国催生的。斯蒂格利茨坦言，新自由主义的克林顿政府出现了异常的"全球化管理不善"，并指出美国的贸易全球化进程在非正式帝国主义的外观设计下，一贯运用"双重标准"："美国推

---

① Walter LaFeber, *The New Empire: An Interpretation of American Expansion 1860 - 1898*, Ithaca, NY: Cornell University Press, 1963; William A. Williams, *The Contours of American History*, Chicago: Quadrangle Books, 1966. 关于美西战争在美帝国全球化中所起作用的深入探讨，参见 Thomas Schoonover, *Uncle Sam's War of 1898 and the Origins of Globalization*, Lexington: University Press of Kentucky, 2003。

② Albert J. Beveridge, cited in Tristram Coffin, *The Passion of the Hawks: Militarism in Modern America*, New York: Macmillan, 1964, pp. 1 - 2.

③ Joseph S. Nye, *The Paradox of American Power*, Oxford: Oxford University Press, 2002; Joseph S. Nye, *Soft Power: The Means to Success in World Politics*, New York: Public Affairs, 2005.

动其他国家朝向我们的强项领域开放市场,如金融服务领域,然而对换取我们回报的企图将会卓有成效地加以抵制。"在斯蒂格利茨看来,克林顿总统偏向于依靠软实力策略:"当我们需要一套说辞来为我们想要做的事提供合理解释时,我们谈及自由市场,然而当自由市场不利于美国的公司发展时,我们谈及各种'管制贸易'或'公平贸易'。"

比如在农业方面,美国政府坚持让其他国家减少对美国产品的贸易壁垒并取消对竞争产品的补贴。同时斯蒂格利茨肯定地说,美国对"发展中国家生产的产品可谓是壁垒森严",并且持续对美国农民发放大量补贴。斯蒂格利茨指出,这种"双重标准"还可以从专利权和版权等知识产权中反映出来。克林顿政府甚至加强了对美国药品公司有利的政策保护,即使这些措施将会束缚新产品的研发并"阻碍创新步伐"。作为对市场全球主义极端形式的严正控诉,斯蒂格利茨强调"在美国的自由贸易说辞与实际做法之间存在巨大分歧",这使美国在其他国家面前成为一个伪善的超级大国。斯蒂格利茨在作最终分析时,以发人深省的语言剖析了美国的非正式帝国主义,与一个世纪以前自由主义派别的评价形成怪异的呼应:

> 美国的国际政治经济在各种特别利益驱动下,运用其日益增加的全球主导力来迫使其他国家按照美国的条款对美国产品敞开市场。美国政府抓住了新的后冷战时期所赋予的机遇,然而却以一种狭隘的方式服务于特定的经济和企业利益[①]。

如果说美国在20世纪90年代试图建立基于市场"无形的手"的自由贸易帝国,主要进行软实力运作,从而隐藏它的帝国主义野心,那么在"9·11"事件之后,这个愤怒的巨人决然而然地扔掉

---

① 所有的直接引用均摘自 Stiglitz, *The Roaring Nineties*, 第9章第202—240页。

拳套，露出铁拳了。布什总统准备好诉诸硬实力策略来保护"自由、民主和自由市场"免遭"恐怖主义罪恶"侵害，他放弃了在2000年大选中倡导的温和的孤立主义立场，采纳新保守主义鹰派人物如迪克·切尼（Dick Cheney）、唐纳德·拉姆斯菲尔德（Donald Rumsfeld）、保罗·沃尔福威茨（Paul Wolfowitz）和理查德·珀尔（Richard Perle）等人的好战主张。在某种程度上，"9·11"事件标志着对里根—撒切尔时代新保守主义的回归和延续，不同之处在于敌人不再是"邪恶帝国"，而是由构成所谓"邪恶轴心"的三个无赖国家支持的恐怖主义"歹徒"。随着苏联的让路，没人能阻止唯一的超级大国的全球野心。

考虑到本书的宗旨，需要记住关键的一点：美国的新自由主义和新保守主义不是意识形态的对立体。实际上，它们代表了同一意识形态主题上的变异，它们的相似点往往大于不同点。美国当代新保守主义者并不像18世纪思想家如埃德蒙·伯克（Edmund Burke）所定义的那样保守，伯克之流崇尚贵族美德，抱怨激进的社会变革、鄙弃共和原则、怀疑进步和理性。相反，美国新保守主义者支持与詹姆斯·麦迪逊（James Madison）、西奥多·罗斯福（Theodore Roosevelt）和罗纳德·里根（Ronald Reagan）相关的某种强力自由主义。一般来说，新保守主义者认同新自由主义者对自由市场和自由贸易的重视，但更倾向于在不干预大企业的同时，打着公共安全和传统价值观的旗号对普通公民进行侵扰治理。在国外事务方面，新保守主义者比新自由主义者更果断全面地倡导运用经济和军事力量，从表面上看是为了促进世界范围的自由和民主。这些看法似乎暗示了对普遍主义原则的恪守，然而有评论员这样指出：

> 不像自由的威尔逊主义者那样，新保守主义者提升民主不是为了民主和人权本身。相反，民主的提升旨在加强美国国家安全并抬高美国在世界的卓越地位；这与美国的国家利益切实

相关。新保守主义者标榜普遍主义原则,但他们的政策却非如此,而是绕开国际组织,奉行民族主义和单边主义①。

1989年之后美利坚帝国的外交政策规划基于三个基本支撑点——世界范围内凸显美国国家利益、单边主义、军国主义。1992年第一次拟定了《国防规划指南》(Defense Planning Guidance)草案,该草案由后来的国防部副部长保罗·沃尔福威茨(Paul Wolfowitz)起草。这项方案提议阻止潜在的竞争对手(甚至美国的传统西欧盟友)"雄心勃勃追求更大的地区或全球角色"。② 同样的观点在1997年《新美国世纪计划》[Project for a New American Century (PNAC)]的原则声明中得到重申,该《计划》的联署人是以切尼、拉姆斯菲尔德和沃尔福威茨为首的有影响力的新保守主义团体。"9·11"事件之后,奉行单边主义的美利坚帝国对那些他认为妨碍"自由的胜利"的国家实施全球打击和先发制人策略,这种军国主义图谋正式成为国家政策,分别写进2001年发布的《四年一度国防评估报告》(Quadrennial Defense Review),2002年的《核态势评估报告》(Nuclear Posture Review),尤其是2002年的《美国国家安全战略》(National Security Strategy of the United States of America)(2006年更新)。

虽然布什总统声称"美国无意于帝国的扩张和乌托邦的构建",却苦心孤诣地"通过传播美国价值观来扩大自由和繁荣带来的益处",从而实现领导世界的"伟大使命"。布什将这种策略称为"反映了美国价值观和国家利益相融合的美国特色的国际主义",他喜欢用宗教胜利主义的语言向世界宣告,美国决心用"无与伦比的力量和影响力"来完成其崇高使命:"我们历史性的义务一清二楚:

---

① Adam Wolfson, "Conservatives and Neoconservatives", The Public Interest (Winter 2004), (http://www.thepublicinterest.com/current/article2.html?) 也请参见 Michael Lind, "A Tragedy of Errors", The Nation, February 23, 2004, pp. 23 – 32。

② 引自 Mann, Incoherent Empire, p. 2。

回应'9·11'袭击，并且扫除世界邪恶势力①。"

"9·11"事件之后新保守主义转向的意识形态含义在恐怖袭击发生不久就变得不言而喻了。如果新保守主义要想在这个全球战争的新时代继续成为主流意识形态，就必须"加强"市场全球主义。正如美国致力于从非正式帝国到正式帝国的转变（明显体现为伊拉克战争期间建立临时领土的帝国以及随后的占领），市场全球主义已然转变成帝国全球主义了。如同军国主义和市场在"悍马化"话语景观中实现了融合一样，新保守主义者和新自由主义者在全球化的公共辩论中携手发出最强的呼声。汤姆·巴里（Tom Barry）和吉姆·勒贝（Jim Lobe）表示，这场辩论的焦点"不再纠结于全球经济的社会和环境标准方面"，而转向"获取美国国家利益，特别是能源资源，从而确保美国经济的持续优越地位"②。大卫·哈维（David Harvey）关于美国帝国"一切为了石油"的见解可能过于夸大事实，但他重点关注的是，代表经济部门利益的一小撮资本主义精英对政治和意识形态加以操纵，这无疑完全正确，并与一个世纪以前论述帝国主义的自由主义理论家的观点不谋而合③。实际上，就像19世纪晚期美国帝国主义表现的那样，当今的帝国需要打着实力、安全、公正、和平、民主、发展、自由市场和自由贸易等冠冕堂皇的旗号，构建一个更加军事化的意识形态来维系全球经济和政治霸权的双重目标④。

---

① George W. Bush, "Remarks", National Cathedral, September 14, 2002, (http://www.whitehouse.gov/news/releases/2001/09.html.) 2002国家安全战略的完整版可上网搜索 http://www.white house.gov/nsc/nss.html. 对布什说教语言的颇具启发性的哲学分析，参见 Peter Singer, *The President of Good and Evil: Questioning the Ethics of George W. Bush*, New York: Dutton, 2004。

② Tom Barry and Jim Lobe, "The People", in *Power Trip: U. S. Unilateralism and Global Strategy after September 11*, edited by John Feffer, New York: Seven Stories Press, 2003, pp. 39–49.

③ Harvey, *The New Imperialism*, 第1章。

④ George W. Bush, "Securing Freedom's Triumph", *New York Times*, September 11, 2002, A33. 对新美帝国主义意识形态及宗教组成的颇具启发性的讨论，参见 Claes G. Ryn, "The Ideology of American Empire", *Orbis* (Summer 2003): pp. 383–397。

赢得民心

在第一章开篇我们提及，布什政府将"9·11"之后新自由主义全球化的兜售与针对圣战全球主义以"赢得意识形态斗争胜利"的新保守主义全面战略联系起来。通过大规模广告宣传来提升美国的全球形象，这种策略主要用来阻止世界上很多人对美国的傲慢狂妄和侵略性单边主义的强烈抵制。布什政府没有认真努力去修正外交政策立场，反而提出一套理想化的"美国价值观"版本作为后"9·11"世界唯一合适的意识形态框架。美国政府不愿加入真正的多元文明之间的对话，而这种对话是有助于建立基于人权、全球财富和技术再分配的世界秩序的。相反，美国选择了独白式的帝国主义意识形态，把净化过的美国主导的全球性形象强加给世界各国。于是，激烈的全球反恐战争和旨在兜售自由和自由市场的声势浩大的市场全球主义运动同步展开了。

为达成目的，布什政府发起了一场前所未有的麦迪逊大街式的广告运动，旨在给它的"普世价值观"打上品牌烙印，并兜售给中东和世界其他冥顽不灵的地区。起初，这些推销"美国品牌"的努力是在世界十大顶尖广告公司中的智威汤逊广告公司（J. Walter Thompson）和奥美广告公司（Ogilvy & Mather）的首席执行官夏洛特·比尔斯（Charlotte Beers）的带领下实现的。比尔斯在"9·11"事件之后不久即就任国务院负责公共外交和公共事务的副国务卿，她的主要目标是利用5亿多美元的预算资金来修补美国在国外日益恶化的公众形象。公共外交行动虽然在冷战期间极其重要，但在1989年之后被大幅废止。十年后，就连令人敬畏的美国新闻署（U. S. Information Agency）也被取缔。然而，在"9·11"事件之后，公共外交再一次获得了优先发展的地位。除了在美国国务院创建比尔斯办公室之外，布什政府还设立国防部领导的办公室来不择手段地影响公众的全球观念——包括故意制造假消息来取得国外支持，这种努力是注定徒劳无功的。2003年1月，布什总统下达总统令，建立第二个公共政策机构——白宫全球传播办公室。

有人指责说不应该将政治经验欠缺的广告管理人员任命到这样一个重要岗位，不过比尔斯的老板，国务卿科林·鲍威尔（Colin Powell）反对这种批评，他说："委派一个知道如何推销东西的人是没有错的。""毕竟"，他接着说道："我们正在出售一个产品。我们需要能重塑对外政策和外交的人。而且，夏洛特·比尔斯说服我买了本叔叔的大米。"① 因此，比尔斯将诸如自由、多样性、多元化的"美国价值观"看作单纯需要向世界其他地区更有效地销售的消费者"产品"，她签署的各种项目被设计用来展示"由民主化、卓越管理和开放市场带来的全球机遇"②。或许她最有名的项目是在2002年3月创立中东广播网"萨瓦"（阿拉伯语"一起"），面向三十岁以下的听众。节目形式以音乐为主，每小时两次播放五到十分钟的新闻，一天二十四小时不间断播出，宣传美国政府对于重要政治问题的观点。此外，她与总部设在加利福尼亚的全球电视台合作，资助参与交流活动的阿拉伯和美国记者，包括"早上好 埃及"节目的著名女主持人。最终，比尔斯办公室对成千上万名在过去几十年参加美国政府赞助的交流项目的国外专业人士、学生和艺术家进行了一次系统的跟踪调查，以期他们能迫于压力在各自的国家充当美国的"微大使"。

比尔斯确信在广告业中摸爬滚打的40年为她的新职位奠定了完美的基础，她把自己看作是首席推销员，向穆斯林世界的"目标受众"兜售美国的"无形财产——诸如美国的信仰体系和价值观"。于是，一种混合了武力、消费主义图像和隐喻的帝国杂糅式

---

① Colin Powell cited in Naomi Klein, "Failure to Brand USA", *In These Times*, 2002, _ (http://www.inthesetimes.com.)

② Beers cited in Robert Satloff, "Battling for the Hearts and Minds in the Middle East: A Critique of U. S. Public Diplomacy Post-September 11", *Policywatch* 657, 2002年9月17日, (http://www.washingtoninstitute.org/watch/Policy watch/policywatch2002/657.htm.)

独白应运而生了。简·尼德文·皮特尔斯（Jan Nederveen Pieterse）提醒我们，"新自由主义帝国是消费者便利与新自由主义的联姻，体现在对新自由政策不一致的运用，试图在商业不景气时期将热心于商业的美国与热心于战争的美国融合起来"①。事实上，对比尔斯而言，公共外交和商业广告按照同样的市场逻辑联系着："你会发现，所有大品牌引以为傲的资本是品牌的情感基础——或者说人们在使用产品时的所思所想。我很认可这一维度，在以前的工作中我有过切身体会。"②

2003年3月，比尔斯意外辞职（貌似是健康原因），评论员们联合发起对她的政治运动的负面评价。毕竟，世界舆论调查显示反美情绪日益加剧。伊拉克战争和盟军的强行占领使事态更加恶化。即便在英国这个美国最亲密无间的伙伴国，对美国的好感也从2002年7月的75%降至2004年3月的58%。③ 这些数字在随后几年没有改变。2007年，60%的澳大利亚人对美国的世界角色持否定观点④。虽如此，比尔斯的继任者玛格丽特·塔特怀勒（Margaret Tutwiler）和凯伦·休斯（Karen Hughes）还是因袭帝国全球主义模式来执行美国的公共外交政策。

从市场全球主义到帝国全球主义：
理念和观点分析

从政治和政策宏观层面考察了市场全球主义向帝国全球主义的

---

① Jan Nederveen Pieterse, *Globalization or Empire*? New York: Routledge, 2004, p. 45.
② Charlotte Beers 接受 Alexandra Starr 采访，见 "Building Brand America", *BusinessWeek online*（2001年12月10日）。
③ 皮尤人物与新闻研究中心民意调查，2004，3月16日，(http://www.people-press.org/reports.)。
④ 数据均取自2007年BBC在全球范围内开展的服务/年龄民意调查。参见 Michael Gordon, "Global Backlash against America", The Age, 2007年1月23日. 对在布什政府时期任命的三名副国务卿领导下的美国公共外交政策的不偏不倚的批判，参见 Carnes Lord, *Losing Hearts and Minds? Public Diplomacy and Strategic Influence in the Age of Terror*, Westport, CT: Praeger, 2006。

转变之后,现在让我们从观点和概念的微观层面探讨这些意识形态问题。在介绍完我认为是市场全球主义的核心主张后,我将它们纳入"批评话语分析"中。这种方法根植于阐释学、批评理论和后结构主义研究,用来系统地探讨意识形态话语模式。迈克尔·弗里登(Michael Freeden)指出,"话语"是意识形态借以推行的交际实践行为,这种批评话语分析的中心思想就是"把语言想象成一套交际互动行为,通过它可塑造和传播社会文化信念和理解"[1]。

因此,这种方法借助现代媒体识别交际的重要性,注重对口语和书面语连贯单元的阐释,并将其置入历史和政治语境中。安德鲁·查德威克(Andrew Chadwick)指出,通过对公共领域文本的细察,批评话语分析特别适于帮助研究者理解在生产和加强维系社会政治身份特定形式的不对称权力关系的过程中,语言使用所发挥的作用。查德威克认为在"真实政治"领域和"理念"之间没有鲜明的分界,政治实践分析如果脱离其赖以存在的周边话语,将是不完善的[2]。然而,这不意味着所有意义只是语言的产物。相反,弗里登表示,"意识形态意义是制定者分析严密度、语言形式灵活度和历史语境的共同产物"[3]。由此看来,我们在对市场全球主义进行批评话语分析时,既要认真考虑全球化的概念和语言维度,又要认识到政治和经济等物质因素的重要性。

让我们转向分析"9·11"前后市场全球主义有影响力的倡导者的话语、言论和著作。正如我们在第一章所说,这些全球权力精英俨然是意识形态的编纂者,他们把全球化概念渲染上有助于霸权

---

[1] Michael Freeden, *Ideology: A Very Short Introduction*, Oxford: Oxford University Press, 2003, p. 103.

[2] Andrew Chadwick, "Studying Political Ideas: A Public Political Discourse Approach", *Political Studies*, 48 2000: pp. 283 – 301. 对批判性话语分析工具的介绍,参见 Norman Fairclough, *Analyzing Discourse: Textual Analysis for Social Research*, New York: Routledge, 2003; Jan Blommaert, *Discourse: A Critical Introduction*, Cambridge: Cambridge University Press, 2005; Gilbert Weiss and RuthWodak, eds., *Critical Discourse Analysis: Theory and Interdisciplinarity*, Houndsmill: Palgrave Macmillan, 2007; Teun van Dijk, *Discourse and Power*, Houndsmill: Palgrave Macmillan, 2008。

[3] Freeden, *Ideology*, p. 109.

主义美利坚帝国的自由市场原则在全球传播的价值观、信念和意义。虽然这些意义在公共领域经历了不断的争议和再造，掌控这场意识形态斗争的一方必然有优势将其主张变成广泛共享的理解框架的基础。因此，市场全球主义的核心主张是集体和个人身份的重要来源①。

一些批评家可能认为我以下的讨论试图给观众呈现一种对全球主义太过夸张的描述，还有人可能反对我的论述，认为它只是建造一个很容易拆解的稻草人工程。迈克尔·维塞斯（Michael Veseth）在关于经济全球化的深刻研究中，对这种如出一辙的批评作出回应，指出这种人造的稻草人事实上是全球主义者们自己制造出来的②。换言之，全球主义者自己构建这些主张见解来推销他们的政治蓝图。也许真的没有哪一种市场全球主义言论或著作包含下文讨论的所有论点，但毫无疑问会包括某一些论点。

论点一：全球化是市场的自由化和全球一体化

关于市场全球主义的第一个论点植根于"自我调节的市场是未来全球秩序的规范性依据"这一新自由主义理想。从该视角看，自由市场的重要功能：理性、效率以及所谓能带来更大社会融合度和物质进步的能力，只有在重视和保护个人自由的民主社会中才能实现。对弗里德里希·哈耶克（Friedrich Hayek）及其新自由主义追随者而言，自由市场代表了一个自由的国度，一个"人人能运用自己的知识服务于自身目的的国度"③。因而，要维持个人自由，就需要国家不去干预市场的私人空间。自由主义思想家如以赛亚·柏林（Isaiah Berlin）把这种对政府干预行为的限制称为"否定的自由"。

---

① 参见 Chadwick, "Studying Political Ideas", pp. 290 – 292。
② Michael Veseth, *Selling Globalization: The Myth of the Global Economy*, Boulder, CO: Lynne Rienner, 1998, pp. 16 – 18.
③ Friedrich Hayek, *Law, Legislation, and Liberty*, 3 vols. London: Routledge & Kegan Paul, 1979, vol. 1, p. 55.

这个概念捍卫了保护私人生活领域的立场，认为一个人在私人生活领域"正着手或应该被允许做他所能做的事或成为他所能成为的人，别人不应该干涉"①。新自由主义者声称自由市场依赖于一套平等适用于社会所有成员的理性规则，因此它既体现了公正，又体现了精英管治。虽然市场的存在取决于人类行为，它产生的利益和责任却不是人类设计的产物。换句话说，市场互动行为的具体结果既不是蓄意而为的，也不是可以预见的，而是亚当·斯密（Adam Smith）有名的比喻"无形的手"运作的结果。

1900年至1975年，西方工业国家加大政府对经济的干预，20世纪90年代的全球主义者对此表示反对，呼吁"市场自由化"——解除对国家经济的管制。在他们看来，这些新自由主义政策不仅会催生一体化的全球市场，也会为全世界公民带来更大的政治自由。米尔顿·弗里德曼（Milton Friedman）指出，"直接提供经济自由（亦即竞争资本主义）的经济组织也会促进政治自由，因为它将经济权力从政治权力中分离出来，并以此方式使两种权力相互补充"②。这句话凸显了新自由主义的关键假设——政治和经济是相互分离的两个领域。经济构成了一个基本上非政治的私人空间，必须受到保护以免遭政治权力的压制。政府应该以合同的形式，为自愿性协议的达成提供合适的法律和制度保障。

《商业周刊》一篇社论中有一段话含蓄地传达出新自由主义对政治权力的怀疑，是以市场的术语来定义全球化的："全球化是市场对政府的胜利，其提倡者和反对者一致认为，市场是当今社会的驱动力，正在收买政府的角色。一个不争的事实是，相对于无处不在的经济来说，政府的规模正在缩减。"③ 英国的《金融时报》记者马丁·沃尔夫（Martin Wolf）向他的广大读者传达了一个相似的

---

① Isaiah Berlin, "Two Concepts of Liberty", in *Four Essays on Liberty*, Oxford: Oxford University Press, 1969, pp. 121–122.
② Milton Friedman, *Capitalism and Freedom*. Chicago: University of Chicago Press, 1962, p. 9.
③ Editorial, *BusinessWeek*, December 13, 1999, p. 212.

视角：正是市场的自由化"使得全球化得以发生"。他认为全球化"标志着肇始于50年前西欧马歇尔计划的经济自由化在世界范围内的传播"。英国记者彼得·马丁（Peter Martin）对这一"最宝贵的民主权利和独处的权利"表示庆贺，他把沃尔夫的论断向前推进了一步："自由市场经济本质上是全球的，它是人类努力的顶峰。值得我们引以为傲的是，通过我们的工作和投票表决，我们已经以集体和个人的形式对全球化作出了贡献。"① 简而言之，市场全球主义者将当前的全球化视为一种自然的经济现象，其基本特质是全球市场的自由化和一体化，以及减少政府对经济的干预。私有化、自由贸易、不受约束的资本流动被描绘成实现个人自由和世界物质进步的最佳和最自然方式。

全球主义者通常认为，全球化是以道义要求和理性命令方式呈现的市场自由化和全球一体化。比如，布什总统在2002年和2006年的《美国国家安全战略报告》（NSSUS）中声称，"'自由市场'在成为经济的支柱之前，其概念就作为一种道德原则而产生了"②。前总统克林顿的美国贸易代表查伦·巴尔舍夫斯基（Charlene Barshefsky）劝告美国和南半球的听众要认识到：全球化需要一种理性的承诺，即"重组公共企业，加速关键部门如能源、交通、基础设施、通信的私有化，从而促进市场推动下的竞争和放宽管制"③。国际货币基金组织总干事米歇尔·康德苏（Michael Camdessus）断言道，实现"动态、开放的经济"是"全球化的根本要旨"，为了"优化利用机遇并减少全球化的风险，我们必须建立一

---

① Martin Wolf, "Why This Hatred of the Market?" pp. 9 – 11; Peter Martin, "The Moral Case for Globalization", pp. 12 – 13, 均出自 *The Globalization Reader*, 3d ed., edited by Frank J. Lechner and John Boli, Oxford: Blackwell, 2007.

② George W. Bush, *The National Security Strategy of the United States*, 2002/ 2006 (*NSSUS*), http://www.whitehouse.gov/nsc/nss/2006/.

③ Charlene Barshefsky, cited in Mark Levinson, "Who's in Charge Here?" *Dissent* (Fall 1999): p. 22.

个开放和一体化的资本市场"①。

或许关于新自由主义主张"全球化是市场自由化和全球一体化"的最为雄辩的阐述可以在托马斯·弗里德曼（Thomas Friedman）的几本相关畅销书中反映出来，包括《凌志车和橄榄树》（*The Lexus and the Olive Tree*），以及更近些时候的《世界是平的：21世纪简史（内容升级和扩充版3.0）》（*The World Is Flat* 3.0：*A Brief History of the Twenty-First Century*）。实际上有很多评论员将弗里德曼看作是当今美国"全球化的官方代言人"②。虽然这位屡获殊荣的《纽约时报》记者声称他不想被当成"全球化的推销员"，他还是热切地叮嘱他的读者们要承认现有的全球化现实这个既成事实，并要"像全球主义者一样思考"③。对弗里德曼而言，这意味着人们应该接受如下有关全球化的"真理"。

全球化背后的驱动思想即为自由市场资本主义——你让市场力量主导得越多，你的经济向自由贸易和竞争开放得越多，你的经济运转也就越高效。全球化意味着自由市场资本主义向着世界上绝大多数国家传播流动。因此，全球化也有着它自己的一套经济规则——围绕着开放、解除管制和经济私有化的规则，旨在使得一国经济对外国投资更具吸引力和竞争力④。

弗里德曼作出史上第一次这样的断言，"几乎世界上每个国家都有着同样的基本硬件——自由市场资本主义"，并预测道，全球化将创造出单一的全球市场。他告知读者，这种丰功伟绩的实现渠道是"黄金紧身衣"（Golden Straitjacket）——"全球化时代量身

---

① Michael Camdessus, cited in Levinson, "Who's in Charge Here?"; Michael Camdessus, "Globalization and Asia: The Challenges for Regional Cooperation and Implications for Hong Kong"，香港金融管理局发表，香港，1997年3月7日，（http://www.imf.org/external/np/speeches/1997/MDS9703.html.）。

② 例如 William Bole, "Tales of Globalization", *America* 181, no. 18（December 4, 1999）: pp. 14 – 16。

③ Thomas L. Friedman, *The Lexus and the Olive Tree: Understanding Globalization*, New York: Farrar, Straus & Giroux, 1999, p. xii, pp. 23 – 24.

④ Friedman, *The Lexus and the Olive Tree*, p. 9.

定做的政治——经济服"①。这件黄金紧身衣由英美新自由主义政治家和商业领袖缝制而成，勒令世界所有国家采用同一套经济规则：

> 使得私有部门成为经济增长的首要引擎，维持低通货膨胀率和价格稳定，缩减国家官僚机构，财政预算如果做不到盈余也要尽可能维持平衡，消除和降低进口商品的关税，解除对国外投资的限制，摈除定额和国内垄断，增加出口，对国有工业和基础设施实行私有化，放宽对资本市场的管制，使货币可兑换，开放工业，解除经济管制以尽可能促进国内竞争，尽量清除政府腐败及乱发补贴和酬金，银行业和电信系统向私有制和竞争制开放，允许民众从一系列竞争性的养老金制度以及国外经营的养老体系和互助基金中自主选择养老保险。当你把所有这些碎片缝合起来时，你就拥有了黄金紧身衣②。

弗里德曼在结束他关于市场自由化和全球一体化的宣传论述时指出，今天的全球市场系统是"宏大的历史力量"产生的结果，这种力量催生了世界上一种新的动力源——"电子游牧族"。电子游牧族由全球成百上千万坐在电脑屏幕旁不露面的股票、债券和货币交易人构成，它也包括大型跨国公司的执行官，他们把生产地址转移到更高效、成本更低的生产者那里。为了在全球化新时代大获成功，各国不仅需要穿上黄金紧身衣，也必须取悦电子游牧族。弗里德曼解释说，"电子游牧族对黄金紧身衣钟爱有加，因为它体现了族群成员想在一国看到的自由主义和自由市场规则。穿上黄金紧身衣的国家获得了族群投资资金的回报，而那些不想穿的国家受到族群的惩罚——族群要么避免与该国经济往来，要么撤回投资"③。

虽然市场全球主义者和他们的左翼意识形态挑战者们都承认

---

① Friedman, *The Lexus and the Olive Tree*, p. 104, p. 152.
② Ibid., p. 105.
③ Ibid., pp. 109–110.

"9·11"之后的帝国全球主义转向,但也都强调市场自由化和全球一体化工程的持续可行性。比如,印度作家和社会活动家阿兰达蒂·洛伊(Arundhati Roy),作为对公司全球化最雄辩的批评家之一,认为"打开不同市场"的新自由主义工程只得到当前全球反恐战争中更为开放的美国军事支持,声称"世界上没有一个国家不在美国巡航导弹的瞄准之下和国际货币基金组织的支票簿之上",洛伊坚持认为那些有着最多自然资源储备的国家最具风险性:"除非他们心甘情愿地把资源交给公司机器,否则就会滋生国内动荡或者引发战争。"[①]

托马斯·弗里德曼在对"恐怖主义时代"全球化的最新表述中从对立的意识形态视角探讨这个话题,不过他同意洛伊的看法,即作为市场自由化和全球一体化的新自由主义"全球化体系"在后"9·11"时代仍然"盛行不衰":"9·11"事件不仅不会被认为终止全球的金融、贸易和技术一体化,反而可能会给反全球化运动带来一定制约。然而弗里德曼又认为,也许全球化盛行不衰的最重要原因是世界上两个大国印度和中国长期以来超越了"国家是否应该全球化"的问题。援引印度《金融快报》(*Financial Express*)编辑桑贾伊·巴鲁(Sanjay Baru)、国大党(Congress Party)首席经济顾问杰拉姆·拉梅什(Jairam Ramesh)等主要全球主义者的观点,弗里德曼得出结论:鉴于世界多数国家"强烈希望参与经济扩大化过程"[②],可见它们仍然赞成全球化。

弗里德曼强烈要求西方世界为他的全球主义工程加入军事力量的因素,他声言,恐怖主义袭击事实上使得美国和它的盟友更加坚定地致力于将世界上最为臭名昭著的专制政府转变为"多元化的自由市场民主国家"。然而与此同时,弗里德曼坚持认为,由于消灭

---

① Arundhati Roy, "The New American Century", *The Nation* (February 9, 2004): p. 11.
② Thomas L. Friedman, *Longitudes and Attitudes: The World in the Age of Terrorism*. New York: Anchor Books, 2003, pp. 222–223;也请参见 Thomas L. Friedman, *The World Is Flat 3.0: A Brief History of the Twenty-First Century*, New York: Picador, 2007,特别是第10章。

恐怖主义仅仅等同于废弃一件"工具",全球反恐战争不是"真正意义上的战争"。弗里德曼重申了布什政府的路线观点——"真正意义上的战争"是"思想的战争",他结论道,在意识形态领域将会打响决定性的战役:"我们正努力奋战以打败宗教极权主义这种意识形态……宗教极权主义的对立面是多元主义的意识形态。"①

诚然,对布什总统在"9·11"事件前后的公共话语的细致分析可以很大程度上佐证弗里德曼的断言——美国政府的帝国全球主义转向没有真正影响新自由主义对市场自由化和全球一体化的推动。布什在2000年总统大选期间,一直承诺"坚持不懈开放全球市场","终结关税并彻底打破所有贸易壁垒,以使全世界在自由状态下开展贸易"②。在恐怖主义袭击发生之前的几个月里,布什总统以正式文件的形式通过了这项提议——将北美自由贸易组织扩展为美洲国家的自由贸易区,然后计划在2009年之前惠及34个国家和8亿人。甚至在"9·11"事件之后,布什承诺"通过自由市场和自由贸易引发全球经济增长的一个新领域"。他在《美国国家安全战略》中坚决肯定"向商业和投资开放社会"的重要性,以几页纸的篇幅不厌其烦地阐述新自由主义倡议的内容。这份文件融合了市场话语和安全口号,以帝国全球主义的信条完美收官:"自由市场和自由贸易是我们国家安全战略的关键点。"③ 的确,美联储主席本·伯南克(Ben Bernanke)最近称颂了全球贸易和金融的持续拓展,附议道,"当今的全球化步伐比世界历史上任何时期都更加迅猛激烈和势不可当"④。布什总统在"9·11"事件之后作出撬开市场新自由主义工程的承诺,一些国家领导人在类似讲话中对这种承诺给予高度责任感的响应,这些领导人有加拿大财政部长保罗·马

---

① Friedman, *Longitudes and Attitudes*, p. 78.
② 布什在西哥伦比亚发表的共和党辩论,2000年1月7日,(http://www.issues2002.org/Background_Free_Trade.htm.)。
③ *NSSUS*, (http://www.whitehouse.gov/nsc/nss/2006/.)。
④ Ben Bernanke, cited in Edmund L. Andrews, "Fed Chief Sees Faster Pace for Globalization", *New York Times*, August 25, 2006.

丁（Paul Martin）、南非总统塔博·姆贝基（Thabo Mbeki）、新加坡总理吴作栋（Goh Chok Tong）。确实如此，吴作栋总理盛赞了中国、日本和美国"贸易自由化谈判蒸蒸日上的良好势头"，并认为这种现象反映了"区域战略平衡在朝着更富于创造性和建设性的方向迈进"。①

市场全球主义者声称，全球化是市场的自由化和全球一体化。要对这一观点作批评话语分析，就需要对比一下新自由主义关于自由的说辞与弗里德曼借助于黄金紧身衣或更为糟糕的单边主义军事行动来对全球化的描述。首先，如果贸易和市场的自由化依赖于美国及其盟友的强制措施，那么这种形式的自由正危险地靠近让·雅克·卢梭（Jean-Jacques Rousseau）所提到的情形——只有服从"普遍意志"（甚至在胁迫之下），一个人才会真正自由。然而，按照这位法国哲学家的观点，要使"普遍意志"成为真正意义上的普遍表达，它必须来源于所有公民，而不仅仅是来自带有派性的电子游牧族，或者是致力于将自己的意识形态强加给世界其他地区的超级强国政府。

在将自己的意愿作为普遍意志予以出售的过程中，市场全球主义者们摒弃经济管理的其他方式。他们的"开放经济"工程作为一种普遍适用性的努力而得到提倡，因为它被认为反映了普遍意义上人类自由的要求。因而，它必须被运用到所有国家，无须考虑当地公民的政治和文化取向。布什总统表示，"进一步加强市场激励和市场机制的政策与所有经济体都密切相关——无论是工业国家、新兴市场还是发展中国家"②。然而，这种缝制新自由主义放之四海而皆准的经济紧身衣的努力似乎与旨在促进世界范围内传播的自由、

---

① Goh Chok Tong, cited in Jennifer Lien, "Open Trade Doors in East Asia", *Business Times Singapore*, May 9, 2003. 非洲政治领袖作出的相似评价，参见 Eric E. Otenyo, "Local Governments Connecting to the Global Economy: Globalization as Catalyst in Governance of East African Cities", *Public Organization Review* 4 2004: pp. 339 – 360。

② *NSSUS*, (http://www.whitehouse.gov/nsc/nss/2006/.)

选择和开放的全球化过程格格不入。

其次,弗里德曼承认,只有通过策划自由市场的政治工程才能实现市场的自由化和全球一体化。为了推进他们的宏图,市场全球主义者们必须借助政府的力量来削弱和消除那些遏制市场发展的社会政策和体制。因为只有强硬的政府才能承担起这项改变现有社会布局的伟大任务,所以市场自由化的成功实现取决于中央集权国家的干预和介入。那种认为政府只要置身事外就能促进市场自由化的主张显然是对意识形态的曲解。这些表述反映了对政府限制性角色的新自由主义理想化,与政府在实际社会生活中的角色形成鲜明对比。事实上,市场全球主义者确实希望政府在实施政治议程方面发挥非常主动的作用。20世纪80—90年代期间,美国、英国、澳大利亚和新西兰诸国新自由主义管理的激进特征证实了在规划自由市场过程中强有力的政府行为的重要性[1]。诚然如此,亲市场的政府是"自上而下的全球化"必不可少的催化剂。在追求市场自由化和一体化过程中,新自由主义和新保守主义的权力精英们都违背了自己关于分权、有限政府和消极自由的原则。

最后,新自由主义关于全球化是市场的自由化和全球一体化的主张把一个偶然的政治提议固化为"事实"。市场全球主义者之所以大行其道,因为他们说服大众相信,他们对全球化新自由主义的描述代表了一种客观的或者至少是中立的诊断,而非直接呈现它试图分析的具体情形。无疑,新自由主义者可能真的能够为市场"自由化"提供一些"实证证据"。但是市场原则之所以能真正传播,真的因为在全球化和扩大市场之间存在一种固有的形而上学的联系吗?或者因为全球主义者拥有政治和话语权来按照下面的意识形态公式形塑世界?

---

[1] 对这些新自由主义政策的详细探讨,参见 John Micklethwait and Adrian Woolridge, *A Future Perfect: The Challenge and Hidden Promise of Globalization*, New York: Crown Publishers, 2000, pp. 22 – 54; John Ralston Saul, *The Collapse of Globalism: And the Reinvention of the World*, London: Penguin, 2005。

自由化 + 市场一体化 = 全球化

这种对全球化的经济主义—客观主义表述偏离了全球化的多维特征。全球化的生态、文化和政治等维度仅仅被作为依赖于全球市场流动的从属过程而加以讨论。即使我们接受全球化经济维度的中心地位，也没有理由认为这些过程必然与市场的解除管制相联系。相反，另一种观点由正义全球主义者们提出，建议创立一个全球监管框架，使市场对国际政治机构承担更大的责任。

政治议程的成功制定总是伴随着齐心合力在大众中间推广对特定思想体系的普遍需求。市场全球主义也不例外。像所有其他意识形态一样，它的价值观和信念通过很多辩护性的主张而得到传达，通常从一种提出现象是什么的主张开始。正如国际关系专家爱德华·卢特瓦克（Edward Luttwak）指出，"涡轮资本主义"的惊人发展伴随着公共领域关于全球化的众说纷纭是完全在情理之中的。全球化既能把个体从政府控制中释放出来，又能解放和整合全球市场，这能最大限度地赢取大众支持，更好地开展针对主流精英认为束手束脚的法律和体制的市场—全球主义做斗争[①]。通过在全球媒体公司支持下谋求大众认可，全球主义者很少采取公然的胁迫手段。黄金紧身衣和美国领导的全球反恐战争将会出色地将反对意见维持在最低限度。对于那些仍然持怀疑观点的人，市场全球主义者还有另一套意识形态方面的锦囊妙计：为什么要怀疑一种具有历史必然性的社会进程呢？

论点二：全球化是不可避免和不可逆转的

乍一看来，关于全球化的历史必然性的观点似乎并不符合建立基于新自由主义原则的全球主义意识形态。毕竟，在整个20世纪，马克思主义的决定论主张一直饱受自由主义者和保守主义者的诟

[①] Edward Luttwak, *Turbo-Capitalism: Winners and Losers in the Global Economy*, New York: HarperCollins, 1999, p.152.

病，因为这种决定论贬低人的自由选择权，轻视非经济因素塑造社会现实的能力。特别值得一提的是，马克思主义者将历史看作按照"不可抗拒的规律"展开的目的论取向过程，此定律加速资本主义灭亡，并最终导致全球范围内无阶级社会的产生。而新自由主义者对这种观点大加抨击。

然而，对有影响力的市场全球主义者的话语加以仔细分析即可发现，他们对历史必然性的叙述也沿袭了一种类似的单一归因的、经济主义的思路。虽然不同意马克思主义者关于历史发展终极目标的观点，但他们同样偏爱使用诸如"不可抗拒的""不可避免的""不可逆转的"这样的术语来描述预期的全球化路径。乌尔里希·贝克（Ulrich Beck）指出，"在某种程度上，新自由全球主义很像它的头号敌人马克思主义，它是马克思主义作为一种管理意识形态的新生"[①]。通过聚焦技术和市场的"逻辑"，市场全球主义者极力贬低人类能动性和个人选择的作用——而这正是从约翰·洛克（John Locke）、约翰·斯图尔特·密尔（John Stuart Mill）到米尔顿·弗里德曼（Milton Friedman）等人自由主义思想的核心所在。

根据市场全球主义观点，全球化反映了技术革新驱动下的不可逆转的市场力量的传播，从而使国家经济的全球一体化成为大势所趋。事实上，市场全球主义几乎总是与一种根深蒂固的观念密切联系着，该观念认为市场比其他途径更有能力使用新技术来更好地解决社会难题。[②] 当20年前，英国首相玛格丽特·撒切尔抛出著名的"别无选择"的言论时，她意思是说，没有一种理论和实践途径可以替代市场的扩张主义逻辑。实际上，她指责那些标新立异之辈仍然胆敢另起炉灶，竟至于愚蠢地仿效落伍的社会主义幻想，这暴露出他们在解决经验现实问题上的无能。政府、政党和社会运动除了"适应"全球化的必然趋势之外别无选择。他们唯一剩下的任务就

---

① Ulrich Beck, *What Is Globalization?* Cambridge: Polity Press, 2000, p. 122.
② 参见 Robert W. McChesney, "Global Media, Neoliberalism, and Imperialism", *Monthly Review* 2001 年 3 月，http://www.monthlyreview.org/301rwm.html。

是推动国家经济在新的全球市场中实现一体化。因此，国家内部和国家间的制度应该保证市场逻辑的顺利运行。① 诚然，全球主义的多重声音一如既往地向公众传达了"必然性"的信息。下面试举几例加以说明。

在一次关于美国外交政策的演讲中，克林顿总统告诉听众，"今天我们必须拥护全球化的必然性逻辑——我们生活中的一切，从我国经济实力到城市安全到人民健康，都不仅仅依赖于我国境内的事件，也依赖于异国他乡的事态发展"②。在另一场合他强调说，"全球化是不可逆转的。保护主义只会使事情变得更糟"③。斯图亚特·艾森斯塔特（Stuart Eizenstat）响应道，"全球化是我们生活中不可避免的元素。我们不能阻止它，就像不能阻止波浪冲刷河岸一样。支持贸易自由化和开放市场的主张果断而坚决，这主张出自你们中很多人，我们对那些意见不同的人不能只是彬彬有礼地反对，要敢于和他们交涉"④。

美国联邦快递集团主席兼总裁弗雷德里克·史密斯（Frederick W. Smith）表示，"全球化不可避免，势不可当，而且正在加速推进……全球化正在到来，必将到来。无论你赞成还是反对，都无关大局"⑤。托马斯·弗里德曼得出类似的结论："全球化很难逆转，因为它一方面受到人类追求更高生活标准的强大意愿所引导，另一方面受到将我们越来越融为一体的高度发达的技术所驱动。这些都

---

① 对 Thatcher 实验的批评性评估，参见 John Gray, *False Dawn: The Delusions of Global Capitalism*, New York: New Press, 1998, pp. 24 – 34。

② Bill Clinton, "Remarks by the President on Foreign Policy", San Francisco, 1999 年 2 月 26 日，http://www.pub.whitehouse.gov/urires/12R? urn: pdi://oma.eop.gove.us/1999/3/1/3.text.1.html。

③ President Clinton, cited in Sonya Ross, "Clinton Talks of Better Living", Associated Press, 1997 年 10 月 15 日，(http://more.abcnews.go.com/sec tions/world/brazil1014/index.htm l.)。

④ Stuart Eizenstat, "Remarks to Democratic Leadership Council", 1999 年 1 月 19 日，http://www.usinfo.org/wf/990120/epf305.html。

⑤ Economic Strategy Institute Editorial, "International Finance Experts Preview Upcoming Global Economic Forum", 1999 年 4 月 1 日，http://www.econstrat.org/pctranscript.html。

不以个人意志为转移。"① 但弗里德曼只是坚定地相信技术对新自由主义体制有着内在需求。比如，他从未认为新信息技术能像在商业营利性企业那样被用来提升公共服务媒体的质量。这种选择取决于施加在特定社会秩序上的政治意志的本质。

非西方国家的新自由主义精英们也忠实地回应市场全球主义关于"必然性"的言论。比如，一位印度大实业家拉胡尔·巴贾吉（Rahul Bajaj）坚持认为，"我们需要更多的自由化以及对印度经济更多的放宽管制，没有一位明智的印度商人会反对这个建议……全球化不可避免。没有更好的选择"。他接着说道，"印度和印度公司必须意识到全球化力量是不可逆转的。我认为印度的当务之急不是了解全球化是否已经来临，而是知道要做些什么，知道人际网络和联盟的意义是什么"②。菲律宾众议院发言人曼努埃尔·维拉（Manuel Villar Jr.）表示认可："当然，我们不能单纯地回避全球化进程，它是现代社会的一个现实，全球化过程不可逆转。"③ 日本央行行长速水优（Masaru Hayami）有着相同意见："全球化的实质就是世界范围内市场的一体化和各种相互依赖关系的深化……因而，全球化进程是一个无法避免的现实，也不可能被逆转。"④

新自由主义者将全球化描绘成某种自然力量，就像天气和引力一样，这更易于使市场全球主义者说服人们必须顺应市场准则，以求得生存和发展。于是，"必然性"这一观点具有了很多重要的政治功能。首先，它通过对全球化公共话语的去政治化，抵消了另类全球主义反对派的挑战：新自由主义政策高于政治，因为它们完全

---

① Friedman, *The Lexus and the Olive Tree*, p. 407.

② Rahul Bajaj, "Interview with the Rediff Business Interview", 1999 年 2 月 2 日, http://rediff.com/business/1999/feb/02bajaj.html 以及 http://www.ascihyd.org/asci701.html。

③ Manuel Villar Jr., "High-Level Dialogue on the Theme of the Social and Economic Impact of Globalization and Interdependence and Their Policy Implications", 该演讲发表于联合国，纽约，1998 年 9 月 17 日, http://www.un.int/philippines/villar.html。

④ Masaru Hayami, "Globalization and Regional Cooperation in Asia", Tokyo, 2000 年 3 月 17 日, http://www.boj.or.jp/en/press/koen049.html。

在执行大自然的圣谕。这种观点言下之意是，人们不是根据一系列自我选择去行动，而仅仅是在执行世界市场要求消除政府管控的法令。在经济和技术力量的自然运行面前，人们无能为力；政治团体应该默然接受并充分利用这一无法改变的局势。既然建立在市场价值至高无上基础上的新世界反映了历史的金科玉律，那么任何抵制行为都将是反常的、荒唐的、危险的。

前美国驻马来西亚大使约翰·马洛特（John Malott）指出，"有人认为关于全球化的论争就是关于它是好是坏的判断。对我而言，全球化是客观现实。我们阻止不了它。我们必须欣然接受并积极适应它。那些适应这个变化的国家、公司和人民将会获益，而那些持抵制态度者将会受损"。对马洛特而言，"适应"指实施解除管制政策，允许"对商业决策实行更少而非更多的政府管控和影响"[①]。因此，市场全球主义者利用全球化历史必然性的观点来更好地推进他们实施新自由主义经济政策这一彻头彻尾的政治工程。针对普通大众，市场全球主义者则指示人们要在必然规律面前保持政治被动的态度，这使得市场全球主义者更易于劝告大众"共同承担全球化的义务"。简而言之，市场全球主义意识形态在非政治外衣之下构建高级政治。

其次它通过把市场转变为自然力量，市场全球主义者暗示说，人类受到他们无法控制的外部命令的支配。新自由主义经济学家阿雷恩·李佩兹（Alain Lipietz）强调，现代市场经济是一个独立自主的王国，它"由不变的经济定律、行为和趋势加以界定"[②]。这种策略似乎在起作用。甚至亲劳工的人士，如劳联——产联（AFL-CIO）公共政策主任戴维·史密斯（David Smith），已经接受了全球主义者关于不可避免性和不可逆转性的观点："全球化是一个既成事实……我们不会逆潮流而动，我们也不应该悖逆潮流；即使我们

[①] John R. Malott, "Globalization, Competitiveness, and Asia's Economic Future", 演讲发表于马来西亚吉隆坡，1998 年 3 月 13 日，http://www.csis.org/pacfor/pac1198.html。

[②] Alain Lipietz, *Towards a New Economic Order*. Oxford: Oxford University Press, 1993, p. x.

有这个心，也是无能为力了。"①

在一篇发表于《大西洋月刊》（*Atlantic Monthly*）的简洁易懂的文章中，神学家哈维·考克斯（Harvey Cox）声称，市场不可避免性的论点明显地类似《创世记》（*Genesis*）、圣保罗《罗马书》（*St. Paul's Epistle to the Romans*）以及圣奥古斯丁《上帝之城》（*St. Augustine's City of God*）中的宗教叙事。根据考克斯的观点，关于人类起源和堕落的基督教故事以及关于原罪和救赎的教义在新自由主义话语中当代表现形式，如财富创造、中央集权制的诱惑力、经济周期的束缚以及最终通过全球自由市场的降临而得到拯救。这两种叙事都由一种共同的信念维系着，那就是相信由一种不可改变的超验力量掌控意志决定了人类历史的内在意义。全球主义者赋予"市场"无所不能、无所不知、无所不在的神圣属性，分配给市场"一种在过去只有诸神才能拥有的全面智慧……市场已经跃居这些半神和地府神灵之上，成为今天的主宰力量"。当然，"市场"的这些神性对于凡人来说不总是显而易见的，但必须得到新自由主义信仰的托付和肯定。"再走远一点，"一首老福音歌曲唱道，"我们会知道缘由的"②。

然而市场并非脱离历史、亦非脱离社会地去展示超越人类理解的隐蔽的自然力量。市场是人类交往的创造物，它不支配政策。全球经济一体化不是一个自然过程，而是受到旨在消除资本和商品跨境流动壁垒的政府决策的驱动。召集在强大社会群体中的人们推动着新自由主义全球化的进程，他们以"市场"的名义要求政府实施有利于他们自身利益的经济政策。

最后，全球化不可避免和不可逆转的论断内嵌在更为宏大的进

---

① David Smith, "Putting a Human Face on the Global Economy: Seeking Common Ground on Trade", DLC 年度会议, 华盛顿特区, 1999 年 10 月 14 日, http://www.dlcppi.org/speeches/99conference/99conf_panel1.html.

② Harvey Cox, "The Market as God: Living in the New Dispensation", *Atlantic Monthly*, 1999 年 3 月, pp. 18–23。也请参见 Thomas Frank, *One Market under God: Extreme Capitalism, Market Populism, and the End of Economic Democracy*. New York: Doubleday, 2000。

化发展话语中，这种话语优待那些率先将市场从政府控制中"解放"出来的国家。比如，世界最大的水泥生产商墨西哥西麦斯集团（CEMEX Corporation）总经理洛伦佐·赞布拉诺（Lorenzo Zambrano）强烈支持这种观点："我同意全球化是不可避免的，而且它是文明发展过程的固有产物，得益于能实现即时通信的电信业的进步。"①

一些美国全球主义者比赞布拉诺带有更明确的文化取向，对他们而言，美国及其自由市场资本主义哲学引领着这一开创全球"市场文明"不可避免的历史进程。弗朗西斯·福山在这个问题上表达了一种极端的观点。他坚持认为，全球化确实是一个代表不可逆转的世界美国化的委婉语："我认为它必须是美国化的，因为在某些方面，美国是当今世界上最发达的资本主义国家，所以它的体制代表了市场力量的逻辑发展。因此，如果说市场力量是全球化的驱动力，那么美国化就必然与全球化相伴相生。"② 弗里德曼也在其畅销书《凌志车和橄榄树》的结尾颂扬了美国在全球化世界中的独特角色："那就是为什么美国充其量不只是一个国家，美国还是一个精神价值和角色的典范……那就是我为什么如此笃定地相信要使全球化可持续发展，美国必须处于鼎盛状态——今天，明天，永远，美国不仅有能力成为，而且必须成为整个世界的灯塔。"③

这些表述揭示了在市场全球主义者关于必然性的论断和美国对全球文化霸权的追求之间存在着密切的联系。正如约翰·格雷（John Gray）所观察的那样，新自由主义力量成功地"盗用了美国

---

① Lorenzo Zambrano, "Putting the Global Market in Order", http：// www. globalprogress. org/ingles/Mexico/Zambrano. html.

② Merrill Lynch Forum, "Economic Globalization and Culture: A Discussion with Dr. Francis Fukuyama", http：// www. ml. com/woml/forum/global2 . html.

③ Friedman, *The Lexus and the Olive Tree*, pp. 474 – 475. 也请参考 Friedman 在第294页所写："今天，无论是好是坏，全球化是一种在世界各地传播美国幻想的手段……全球化就是美国化。"

作为普世文明典范的自我形象,以服务于全球自由市场"①。历史总是善待"山巅上的光辉之城",它一直在倾听市场的声音。作为回报,客观的市场力量选择让美国为所有其他国家指明正确的方向。美国过时的"天命论"主题似乎有了市场—全球主义的新版本,在这个版本框架内,美国政界和商业领导向世界其他地区宣告,"采用我们美国的价值观以及新自由主义政策吧,如此一来,你们也会变成'美国'"。

通过激活利科(Ricoeur)所称的一体化的意识形态功能,市场全球主义者提倡构建一个美国风格的市场身份,以遮蔽个人、集体或阶级身份中的大部分其他组件的特征。史蒂文·克莱恩(Steven Kline)指出,全球市场化特别注重为年轻人提供一种"正在消费中的全球青少年"身份。可口可乐、李维·斯特劳斯、麦当劳和迪士尼"已经成为在市场全球化民主进程中众多解放年轻人运动的源头"②。为什么纯粹的消费者应该热衷于加强公民之间的联系,并投身不会带来利润的全球正义运动呢?如果"我们",即消费者,不断地被告知可以拥有一切,为什么还要表现出道德约束和团结意识呢?本杰明·巴伯(Benjamin Barber)强调,通过广泛地支持购物和消费带来的幸福感,这种市场身份带有鲜明的文化特征,因为"美国"和"美国文化"是全球市场的畅销商品。美国电影、美国电视、美国软件、美国音乐、美国快餐连锁店、美国汽车和摩托车、美国服装以及美国体育,聊举的几例文化商品正在充斥全世界,以至于普通的印度尼西亚人深信用喝可乐替代喝茶会让人变"酷";在布达佩斯(Budapest),人们在屏气凝神地观看《考斯比一家》(The Bill Cosby Show)的电视重播;俄罗斯版的《幸运之轮》(Wheel of Fortune)节目为幸运的获胜者奖励索尼影碟,以供

---

① Gray, *False Dawn*, p.131.

② Steven Kline, "The Play of the Market: On the Internationalization of Children's Culture", *Theory, Culture and Society* 12, 1995: p.110.

他们存储盗版的美国流行电影①。

因此，市场全球主义力量似乎重振了19世纪赫伯特·斯宾塞（Herbert Spencer）和威廉·格雷厄姆·萨姆纳（William Graham Sumner）鼓吹的英美先锋主义范式。古典的市场自由主义的主要元素在市场全球主义中都能找到。我们发现了偏爱西方文明的自然定律、完美竞争的市场自我调节经济模式、自由企业的优点、国家干预的缺点、自由放任式原则、趋向适者生存的不可逆转的进化过程。今天的市场全球主义者把一个果断的全球想象转化为具体的政治议程。运用历史必然性这种类似马克思主义的语言，市场全球主义者期望着全球范围的自由市场乌托邦能够最终实现。他们深信，即使在全球化过程中固然会出现一些不容否认的风险和冲突，人类历史依然会走向积极的一面。

诚然，有些风险在2001—2002年美国公司丑闻中变得格外明显，其中涉及的主要公司有安然（Enron）、世界通信（WorldCom）和安达信（Arthur Andersen），此外，2007—2008年的次贷危机严重破坏了世界金融体系。于是瞬息之间，预期出现的市场自我调节神话破灭了，而通过建立监管体系来防止责骂之声的努力远远不能抵御恶毒的政治压力影响。其他的风险在"9·11"时变得显而易见，以至于一些评论员过早地宣称"全球化时代的终结"。从某种程度上说，恐怖主义袭击削弱了全球化不可避免性和不可逆转性论断的说服力。知名的新自由主义经济学家罗伯特·J.萨缪尔森（Robert J. Samuelson）在其广为阅读的《新闻周刊》专栏里写道，之前的全球化过程被一些灾难性事件延搁了，如1914年奥地利弗朗茨·斐迪南大公（Franz Ferdinand）在萨拉热窝（Sarajevo）遇刺。②

---

① 参见 Benjamin R. Barber, *Jihad vs. McWorld*, New York: Ballantine Books, 1996, pp. 119-151。Barber 近期对消费主义的分析，参见他的 *Consumed: How Markets Corrupt Children, Infantilize Adults, and Swallow Citizens Whole*, New York: W. W. Norton, 2008。

② Robert J. Samuelson, "Globalization Goes to War", *Newsweek*, Febrary 24, 2003, p. 41.

另外，布什政府在全球反恐战争中重新编造市场全球主义的决定论语言，挑衅地宣称与"邪恶"势力对阵，"正义"必胜。总统承诺美国及其盟友必将在反恐战争中取得决定性胜利，将"本·拉登（Osama bin Laden）从巢穴中熏出来"。在新的对军事必然性硬实力描述中，旧的经济必然性软实力话语再次闪亮登场。全球媒体格局中不断回荡着美国及其盟友对全球反恐战争必然胜利的承诺。布什总统在 2003 年对英国国事访问时强调了两国之间的政治和文化联系，展望了"自由力量"必然实现的愿景，因为两国"在世界上承担的共同使命超越了势力均衡或纯粹追逐利益的层面"①。来自康涅狄格州的共和党国会议员、众议院国家安全小组委员会主席克里斯托弗·谢斯（Christopher Shays）表达了类似观点："打击全球恐怖主义"必将促成一个以"广泛的自由表达和自由市场"为特征的"更加安全的世界"。谢斯补充道，毕竟恐怖主义分子"剧毒般的狂热""只能被市场力量打败，因为自由人士对共同事业中文明的自我利益的追求具有无情的必然性"②。

论点三：无人掌控全球化

市场全球主义的决定论语言提供了另一种带有修辞色彩的优势。如果"市场"的自然规律事实上已经注定了历史的新自由主义进程，那么全球化反映的就不是一个特定社会阶层或团体的主观意志。换言之，市场全球主义者不过是在执行一个远比狭隘的党派利益宏大的超验力量所发出的不可更改的指令。人类没有掌控全球化，而市场和技术在掌控着。某些人类行为可能加速或延缓全球化，但归根结底（转述的正是弗里德里希·恩格斯的话），市场的无形的手总是会维护市场本身的超智慧。高盛国际公司（Goldman

---

① George W. Bush 在伦敦发表的有关伊拉克及中东演讲的记录副本载于《纽约时报》，2003 年 11 月 19 日。

② Christopher Shays, "Free Markets and Fighting Terrorism", *Washington Times*, June 10, 2003.

Sachs International）副主席罗伯特·霍马茨（Robert Hormats）赞同道："全球化伟大的魅力在于无人控制。全球化不受任何个人、政府或机构的控制。"①

在《凌志车和橄榄树》的前面部分，弗里德曼设想自己与马来西亚前总理马哈蒂尔·穆罕默德（Mahatir Mohamad）进行一次别开生面的辩论，后者曾指责西方大国在1997—1998年亚洲金融危机期间为了摧毁其海外竞争对手活跃的经济而操纵市场和货币。弗里德曼向读者讲述了他是如何回应马哈蒂尔·穆罕默德总理的指控的：

> 喂，打扰下，马哈蒂尔，请问你住在哪个星球？你谈论起参与全球化就好像你能作出选择似的。全球化不是一个选择，它是现实……全球化最基本的事实是：无人掌控它……我们想当然地认为有人掌控并承担责任。但今天的全球市场是一个电子游牧族，它是通常由匿名的股票、债券和货币交易商及跨国投资者通过电脑屏幕和网络联结起来的群体②。

当然，从正式意义上看，弗里德曼言之成理。没有哪一种邪恶势力有意识策划来削弱亚洲国家的力量。然而这意味着无人掌控全球化吗？全球市场的自由化和一体化真的能在人类选择范围之外进行吗？全球化是否因此就能免除商业和公司的社会责任？对弗里德曼论述的批评话语分析可以发现，他利用一种现实主义叙述来向读者推销全球化的新自由主义版本。他暗示道，谁要是认为全球化涉及人类选择，谁要么是天真得不可救药，要么就是彻头彻尾的危险分子。也许这种人最好能申请永久居住在穆罕默德总理的外星上。

---

① Robert Hormats, "PBS Interview with Danny Schechter", 1998年2月，(http://pbs.org/globalization/hormats1.html.)。

② Friedman, *The Lexus and the Olive Tree*, pp. 112–113.

弗里德曼认为，全球市场的真正玩家是电子游牧族。但他从不向读者展示该族群身份的清晰画面。纵观其著作，他把该族群描绘成一群不露面的追求利润最大化的人们，他们的身份隐约藏在电脑屏幕后面。显然，这些贸易商和投资者仅仅对挣钱感兴趣，他们似乎不隶属于任何可识别的政治或文化团体。虽然行使着庞大的权力，他们却不掌控全球化。嗨，伙计！请问你的描述有什么"现实意义"呢？

斯图尔德·布兰德（Steward Brand）在书中论及脱离束缚的金融市场在新兴全球经济秩序中的重要性。作为总部位于加利福尼亚的全球商业网络公司的联合创立人，他也坚信"无人掌控全球化"。他认为，"不存在某种政策性机构或者某种达成共识的理论性机构能限制世界市场的活动；游戏持续快速地开展着，选手们甚至都不知道新规则是什么[①]"。请注意这种陈述如何否定了那些倡导市场规范化的另类全球主义挑战者的存在。而且，布兰德的论断暗示了全球化"游戏"的"选手们"自己不制定规则。想必是，他们只需要适应从市场演进的客观逻辑中必然产生的新规则。

新马克思主义思想家迈克尔·哈特（Michael Hardt）和安东尼奥·奈格里（Antonio Negri）提醒读者，重要的是要意识到存在于意识形态这条光谱对立两端的两个极端的"全球权威"概念。其中之一是"无人掌控"的市场—全球主义概念，鉴于全球化某种程度上是从世界市场的隐形的手的自然运行机制中自发产生的。另一种观念认为，有某种邪恶势力按照某份处心积虑而又一览无余的阴谋计划强行向世界推出其全球化设计[②]。这两种概念都是曲解。

一些新自由主义评论家甚至承认，对世界市场一体化和解除管制的市场—全球主义倡议是通过不对称的权力关系来维系的。由于

[①] Steward Brand, "Financial Markets", Global Business Network Book Club, 1998 年 12 月, http://www.gbn.org/public/services/bookclub/reviews/ex_8812.html。

[②] Michael Hardt and Antonio Negri, *Empire*, Cambridge, MA: Harvard University Press, 2000, p.3.

得到北半球强国的支持，诸如世贸组织、国际货币基金组织和世界银行这样的国际机构享有制定和实施全球经济规则的特权地位。在为发展中国家提供急需的贷款之后，国际货币基金组织和世界银行要求他们的债权国以实施新自由主义政策作为酬报，这可进一步提升北半球国家的物质利益。这些政策于20世纪90年代在发展中国家推行，常被称为"华盛顿共识"（Washington Consensus）。这份包含十个要点的方案最初由国际货币基金组织顾问约翰·威廉姆森（John Williamson）在20世纪70年代设计编制。该方案主要针对背负20世纪70—80年代遗留的沉重债务的国家，旨在改革这些国家的内部经济机制以便于它们能够更好地还债。在实践中，该方案的条款明确显示了一种新型的殖民主义。威廉姆森定义的华盛顿共识的十个领域要求第三世界国家政府执行下列改革：

1. 保障财政纪律，遏制预算赤字
2. 减少公共开支，特别是军事和公共管理方面的支出
3. 税务改革，旨在创建一个具有广泛基础和有效执行力的体系
4. 金融自由化，利率由市场决定
5. 实行有竞争力的汇率以支持出口导向型增长
6. 贸易自由化，废除进口签证和削减关税
7. 促进外国直接投资
8. 国有企业私有化，从而提升管理效率和绩效
9. 解除经济管制
10. 保护知识产权[①]

该方案被称作"华盛顿共识"应该不是偶然。美国是目前世界

[①] 引自 Richard Gott, *In the Shadow of the Liberator: Hugo Cha'vez and the Transformation of Venezuela*, London: Verso, 2000, pp. 52 – 53。

上最具主导性的经济强国，全球最大的跨国公司总部设在美国。英国记者威尔·哈顿（Will Hutton）指出，克林顿总统在 1993 年创立的经济安全理事会的主要目标之一是令十个国家向美国开放贸易与金融。这些"目标国家"大都位于亚洲和中东地区①。这不是说美国完全控制了全球金融市场，并因而绝对主导全球化的宏大进程。然而这的确表明，经济全球化的实质和方向在很大程度上由美国的国内外政策塑造着。我们将在帝国—全球主义的新论点六中看到，这种情形在"9·11"之后表现得尤为突出。美国不断增强的霸权正是在弗里德曼这样的观察者那里得到了证实。他在著作的后面章节出人意料地提出了与之前所谓无领导的、匿名的电子游牧族的陈述相矛盾的观点。在热情洋溢地谈论美国的全球领导地位时，他突然之间就承认了掌控全球化这艘轮船的船长的存在：

> 美国和英国制作了"黄金紧身衣"。电子游牧族是由美国华尔街的买方领导的。迫使其他国家为自由贸易和自由投资开放市场的最强代理人是山姆大叔（美国的昵称，译者注）。美国的全球武装力量使得这些市场和海上航线为全球化时代而开放，正如英国海军在 19 世纪为当时的全球化时代所做的那样②。

弗里德曼在著作最后部分甚至采用更加明确的语气："诚然，如果没有美国空军 F-15 的设计者麦克唐纳·道格拉斯（McDonnell Douglas），麦当劳就不会繁荣兴盛。为硅谷技术蓬勃发展提供安全国际环境的隐形拳头就是美国陆军、空军、海军和海军陆战队。这些作战部队和机构由美国纳税人资助。"③ 换言之，全球自由

---

① Will Hutton, "Anthony Giddens and Will Hutton in Conversation", in *Global Capitalism*, edited by Will Hutton and Anthony Giddens, New York: Free Press, 2000, p. 41.
② Friedman, *The Lexus and the Olive Tree*, p. 381.
③ Friedman, *The Lexus and the Olive Tree*, p. 464.

主义并非盲目依赖市场自我调节的无形的手。在紧要关头，全球主义似乎更青睐美国军事主义那并非深藏若虚的拳头。

然而弗里德曼并非唯一一个在主张"无人掌控"和承认"美国掌控"这两种观点之间摇摆不定的全球主义者。天合公司（TRW Inc.）[一家总部设在克利夫兰（Cleveland）的高科技产品制造和服务公司]的董事长兼首席执行官约瑟夫·戈尔曼（Joseph Gorman）向美国国会一个小组委员会透露，全球化在一个中立的竞技场中进行着，"很多选手"都可以参与进来，然后他敦促听众们要强化美国的领导角色。他洋洋洒洒十页纸的陈述可以分成几部分，分别以下列标题冠名：

- "为在全球经济中取胜，美国必须引领自由主义化运动。"
- "仍然需要签订国际贸易和投资协议，来给美国公司及工人们打开国外市场。"
- "如果美国不参与，比赛将无法进行，更何谈胜利。"
- "在全球经济中大获成功对于美国经济、公司及其工人来说至关重要。"
- "全球经济是个真实存在的实体，美国是其中的一部分。"
- "因为美国是世界上最具竞争力的国家，我们从全球经济、贸易和投资自由化中获益最多。"
- "发展中国家尤其具有光明前景。"①

若对戈尔曼的证言作一番批评话语分析，几乎有无数种可能的解读。世界被设想成一张只有最佳"选手"能参与进来的赌桌，这

---

① Joseph Gorman 在贸易小组委员会上关于方法和手段的发言，1997 年 3 月 18 日，http://fasttrack.org/track/congress/gorman.html。

和他从"有前景的"发展中国家那里套取利益的新帝国主义企求一样形象生动。就意识形态的整合功能及身份赋予功能而言，戈尔曼的证言试图说服听众，一个人对市场原则的忠诚使他既能成为一个捍卫美国利益的爱国者，又能成为一个市场全球主义者。虽然阶级冲突仍然是日常的商品生产世界中存在的真实现象，戈尔曼的市场修辞术却在人们脑海中唤起一幅和谐的共同身份的画面。世界上的商人、工人和农民都团聚在你的消费者身份的周围！

但是，如果无人掌控全球化，为什么戈尔曼煞费苦心地维护美国的领导地位呢？一个明显的答案即为，关于全球化过程无人引领的主张不能反映社会现实。"无人掌控"的观点服务于捍卫和拓展美国全球霸权的新自由主义政治议程。就像历史必然性的市场—全球主义言论那样，关于全球化过程无人引领的描述试图对该话题的公共辩论"去政治化"，并遣散全球正义运动组织。由不受控制的市场规律驱动的技术进步的决定论语言将本属于政治范畴的问题转变成管理方面的科学问题。一旦大部分民众接受了"全球化这辆重型卡车能按自己的跑道自我引导"的全球主义形象，要想挑战安东尼奥·葛兰西（Antonio Gramsci）所称的"霸权集团的力量"就变得极其艰难了。由于普通人不再相信选择其他社会安排的可能性，市场全球主义增强了建构被动的消费者身份的能力，这种趋势在全球化为世界所有地区带来繁荣的宽慰话语之下得到进一步强化。

然而在"9·11"之后，维系"无人掌控全球化"的断言变得更加困难。很多企业领导仍然条件反射地谈论"无领导的市场"，亲近布什政府的帝国全球主义者公开宣称，全球安全和全球自由主义秩序"依靠美国这个'不可或缺的国家'来行使其权力"[1]。毕竟，如果美国能引领体现普遍原则的事业，它就有义务确保这些价值观的传播不受意识形态相左意见的阻碍。诚然，布什总统在其《美国国家安全战略报告》的序言末尾吹捧了美国的领导地位：

---

[1] Robert Kagan, "The U. S. – Europe Divide", *Washington Post*, May 26, 2002.

"今天，人类手中握有机会来进一步促进自由力量对所有这些（恐怖主义）仇敌的胜利。美国愿意承担领导这项伟大使命的责任。"①换言之，在拓展美国在全世界的影响方面，美帝国的意识形态与市场话语有了共同点。

以军事为后盾的美国世界霸权不仅对商业有利，特别是美国军事—工业复合体更具有各种政治意义。"9·11"对话语体系的改变表现在，新保守主义者能够在大众面前明确展示他们的全球野心，而大众遭遇恐怖主义袭击的创伤，因而易受布什政府"新雅各宾精神"的影响，"新雅各宾精神"是美国国家人文研究所主席克莱斯·瑞恩（Claes Ryn）提出的。很多市场全球主义者表示愿意适应这种新的战斗状态，法国雅各宾派毕竟也想要更大的经济自由②。

由此产生的朝向帝国全球主义的行动意味着"无人掌控全球化"的论点必须被抛弃了，且必须被布什关于全球领导地位的侵略性宣言取代。然而，英美全球领导地位更具侵略性的宣言取代论点三不应该被解读成市场全球主义在意识形态方面的弱点。相反，它反映了其概念上的灵活性以及对一系列新政治问题作出反应的不断提高的能力。的确，像所有成熟的政治信念体系一样，市场全球主义越来越带有"概念家族"的印记，足以涵盖20世纪90年代的经济主义变体以及后"9·11"时期更加军事主义的表现形式。

论点四：全球化造福所有人

这是全球主义的核心论点，因为它对全球化现象是"好"还是"坏"这个关键的规范性问题给出了一个肯定的答案。全球主义者经常将他们赞同全球市场一体化的论断与所谓从世界贸易自由化和扩张中收获的利益联系起来。1996年在法国里昂（Lyon）举行的七国集团峰会上，七个主要的工业化民主国家的首脑们签署了一份

---

① NSSUS.（全称：National Seucrity Strategy of US）
② Ryn, "The Ideology of American Empire", pp. 384 – 385.

联合公报，包含以下段落：

> 在当今这个相互依存的世界中，经济发展和进步与全球化进程息息相关。全球化不仅为我们的国家，而且为其他所有国家的未来发展提供了巨大机遇，其诸多积极方面包括：投资和贸易方面前所未有的拓展；向世界上人口最多地区的国际贸易开放，为更多发展中国家提高生活标准创造机遇；信息的日益快速传播，技术革新，以及技术岗位的激增。这些全球化的特征引发世界财富的大幅增长和整体繁荣。因此我们确信，全球化进程是未来希望之源[1]。

上面的概括与全球化主流话语相呼应。下面再举一些例子加以说明。1999 年，时任美国财政部长的罗伯特·鲁宾（Robert Rubin）声称，自由贸易和开放市场提供了"在美国和全世界创造工作岗位、刺激经济增长、提高生活水平的最好前景"[2]。国际贸易和经济中心以及传统基金会的贸易政策分析师丹尼斯·弗罗宁（Denise Froning）认为，"提升经济自由的社会能创造它们自己的动力机制，并能培植造福每一位公民的繁荣之源"[3]。美联储前主席艾伦·格林斯潘（Alan Greenspan）坚持认为，"全球金融的深刻变革在总体上毫无疑问会有利于推动全世界经济结构和生活水平的显著改善"[4]。布什总统在对印度海得拉巴（Hyderabad）一带的高科技产业中心进行访问时强调指出，"全球化带来了巨大机遇"[5]。

---

[1] Economic Communique', Lyon G–7 Summit, 1996 年 6 月 28 日, http://library.utoronto.ca/www/g7/96ecopre.html。

[2] Robert Rubin, "Reform of the International Financial Architecture", *Vital Speeches* 65, no. 15, 1999: p. 455.

[3] Denise Froning, "Why Spurn Free Trade?" *Washington Times*, September 15, 2000.

[4] Alan Greenspan, "The Globalization of Finance", 1997 年 10 月 14 日, http://cato.org/pubs/journal/cj17n3–1.html。

[5] George W. Bush, cited in Elisabeth Bumiller, "Bush, in High-Tech Center, Urges Americans to Welcome Competition from India", *New York Times*, March 4, 2006.

然而，上面提到的发言者中没有一位谈及他们关键概念背后的意识形态假设。确切地讲，"每个公民"指的是谁？"巨大机遇"指什么？正如在第四章将更详细讨论的那样，持不同意见者认为，近年来国家间的收入差距事实上比以往任何时候拉开得更快[1]。两份对全球收入分配最透彻的科学评估报告得出了完全冲突的结果。哥伦比亚大学经济学家夏威尔·萨拉·伊·马丁（Xavier Sala i-Martin）根据他的数据认为世界上个体之间的不平等程度在下降，而世界银行经济学家布兰科·米拉诺维奇（Branko Milanovic）认为世界不平等程度稍微有所上升[2]。美国纺织品贸易及产业雇工联盟（U. S. Union of Needletrades, Industrial, and Textile Employees）主席杰伊·玛佐（Jay Mazur）认为，"全球经济的收益不成比例地落入一小部分制定规则和形塑市场的国家和公司手中……全世界最大的100个经济体中，51家是公司。私人资金流动长期以来超过公共开发援助项目，并继续保持高度集中化"[3]。

有很多迹象表明，追逐全球利润实际上使得穷人更难享受到科技革新带来的益处。思考一下下面的故事。美国的一组科学家提醒公众，经济全球化可能是预防撒哈拉南部非洲寄生虫疾病传播的最大威胁。他们指出，总部位于美国的药品公司正在取缔很多抗寄生虫药物的生产，因为发展中国家买不起这些药物。比如，一种美国治疗血吸虫病（一种造成严重肝损伤的寄生虫疾病）的药品生产商由于持续下滑的利润已经停产——尽管这种疾病据说影响到全世界2亿人。另一种对抗肝吸虫损伤的药物自从1979年以来一直没有生产，因为第三世界的"客户群"没有足够的"购买力"[4]。

市场全球主义者通常承认不平等的全球分配模式的存在，然而

---

[1] 例如，数据收集可见 Christian E. Weller and Adam Hersh, "Free Markets and Poverty", *The American Prospect*, (Winter 2002): A13 – 15。

[2] 参见 Laura Secor, "Mind the Gap", *Boston Globe*, January 5, 2003。

[3] Jay Mazur, "Labor's New Internationalism", *Foreign Affairs* (January/February 2000): pp. 80 – 81。

[4] "Tropical Disease Drugs Withdrawn", *BBC News*, October 31, 2000.

他们坚持认为市场自身最终会纠正这些"不规则现象"。美国公共安全协会主席约翰·米汉文（John Meehan）表示，虽然这些"阵发性的错位"在短期内是"必要的"，但它们将最终让位于"生产力的突飞猛进"[1] 前众议院议长纽特·金里奇（Newt Gingrich）承认，由这些"错位"导致的全球和国内不平等问题构成了一种"合情合理的担忧"，但他马上接着说道，"在每个人的生活标准都得到普遍提升时"，全球化的"现实"显而易见。金里奇一面认可全球不平等的存在，一面又把"所有人"都视为全球化的受益者，却不理会这种明显的矛盾，并在其代表作中大肆曲解市场—全球主义：

> 那就是总体上人们要比以前更加富裕的原因——但短期看来，在巨大转型期内，那些更加成功的人士能够华丽转身，甚至以更快的速度变得更加富有。然而历史发展的模式是，每个其他人都将迟早赶超上。我想如果你了解你所从事的事情，你就不会变成一个"穷人"，而如果你不了解你所从事的事情，向你传送福利也无济于事。我们必须找到一种方式让更多人理解信息时代并参与其中[2]。

最后金里奇辩称，人类为全球化投入的真正成本是为经济自由化付出的短期代价。这种意识形态表述通过本杰明·巴伯（Benjamin Barber）所称的利润导向的"信息娱乐远程行业"向广大受众传播。电视、广播和网络将现存的经济、政治和社会现实置于新自由主义框架内，通过无处不在的正面形象和实况片段来支撑全球化

---

[1] 公共证券协会主席 John J. Meehan, "Globalization and Technology at Work in the Bond Markets"（演讲发表于亚利桑那州凤凰城，1997年3月1日）（http://www.bondmarkets.com/news/Meehanspeech final.shtml.）。

[2] 1998在瑞士达沃斯的世界经济论坛上 Newt Gingrich 采访 Danny Schechter（http://www.pbs.org/globalization/newt.html.）。

造福所有人的论点。正如一则流行的电视商业广告所示,"整个世界是福特的国度"。市场全球主义意识形态似乎成了"视频形态",商业利益驱动下的大众文化产品催生了"视频形态"这一产物,这种大众文化不断向受众灌输迎合市场扩张的价值观、需求和期望[1],而所谓的全球化利益也在电视、网络和电影中得到大肆吹捧。购物商场和主题公园美化新的全球市场,称其能促进消费者选择,并推动个人价值自我实现。过去几年中,有关名人的"八卦市场"大幅升温,给观众和读者展示了全球名人,如帕丽斯·希尔顿(Paris Hilton)、林赛·罗韩(Lindsay Lohan)、布兰妮·斯皮尔斯(Britney Spears)、玛莎·斯图尔特(Martha Stewart)、科比·布莱恩特(Kobe Bryant)引人入胜的私人生活和令人心碎的烦心事。这些故事与贫困、不平等、错位和环境恶化的持续存在比起来,显得更真实,更值得报道。

事实上,经济和社会状况无足轻重;操纵全球信息和传播的跨国公司可以唤起人们脑海中全球村理想世界的形象,在这个全球村里居住着长寿的优雅人士,他们过着漫不经心的消费者生活。实际上,像弗里德曼这样的市场全球主义者假装确定无疑地知道发展中国家的穷人渴望假冒西方消费者的身份:"让我们分享一个我从与第三世界国家老百姓交谈中了解到的小秘密:我无意冒犯具有革命精神的理论家,但这些'地球上受苦的人'想去迪士尼世界——而不愿受到封锁压制,他们想要魔幻王国,而不是悲惨世界。"[2]

市场全球主义者关于全球化造福所有人的主张在21世纪头十年一直非常稳定。正如著名经济学家贾格迪什·巴格沃蒂(Jagdish Bhagwati)在其畅销书《保卫全球化》中指出的,"经济全球化总体上表现出一种温和的社会态度"[3]。"9·11"和全球反恐战争对

---

[1] 参见 Barber, *Jihad vs. McWorld*, pp. 77–87。
[2] Friedman, *The Lexus and the Olive Tree*, p. 364.
[3] Jagdish Bhagwati, *In Defense of Globalization*, New York: Oxford University Press, 2004, p. 30.

市场全球主义者的论点四并没产生太多影响；事实上，恐怖主义袭击似乎促使市场全球主义者们更加热情洋溢地宣扬从市场的快速自由化和全球一体化中积累预期利益。诚然，克林顿和布什在他们各自的任期内，都一贯声称，"自由贸易和自由市场已经证明它们有能力把整个社会从贫困中解脱出来——所以美国将会和单个国家、整个地区和整个全球贸易共同体一起构建一个自由贸易的世界，并在其中繁荣发展"[①]。

论点五：全球化促进民主在全世界的传播

这个市场—全球主义论点立足于新自由主义认为自由、自由市场、自由贸易和民主是同义词的断言。这些概念可以互换，这一直被视作常识，在公共话语中也往往无人质疑。为获取大众支持在民主和市场之间画等号，新自由主义者和新保守主义者用的最明显的策略就是诋毁传统主义和社会主义。他们很轻松地就赢得了与传统主义（包括前资本主义和反资本主义，如封建主义）比赛的胜利，因为人民主权和个人权利的政治制度一直被尊奉为现代市场经济中技术和科学进步的关键催化剂。然而与社会主义的斗争却要棘手得多。直至20世纪70年代，社会主义对自由民主社会的精英主义和阶级本位的特征大张挞伐，反映出资本主义社会尚没有在实质意义上达到民主。然而自从东欧共产主义解体以来，意识形态的优势一方决定性地转向新自由主义观点的捍卫者，他们强调经济自由化与民主政治政体诞生之间存在密切联系。

比如弗朗西斯·福山（Francis Fukuyama）就断言，一国的经济发展水平和出色的民主之间存在明显的相互联系。虽然全球化和资本主义发展不会自动产生民主，"全球化催生的经济发展水平有益于创建一个拥有强大中产阶级的复杂公民社会。正是中产阶级和

---

① NSSUS.（全称：*National Seucrity Strategy of US*）

社会结构才推动了民主"①。但福山的论断围绕着对民主的狭隘定义展开,强调如选举之类的正式程序,这就以牺牲广大群众对政治和经济决策的直接参与为代价。这种对民主的"肤浅"定义部分程度上反映了威廉·罗宾逊(William I. Robinson)指出的在发展中国家"推行多头政治"的英美新自由主义工程。对于批判的政治经济学家而言,多头政治的概念与"大众民主"的不同之处在于后者假定民主既是一种过程,又是一种达到目的的手段——一种将政治和经济权力从少数精英手中移交给大众的工具。相反,多头政治是应用于"低强度"和"正式的"市场民主的一种有组织的精英主义模式,它不仅限制了选举中的民主参与投票,而且要求那些当选者免受民众压力的干扰,以便于他们能"有效统治"②。

在这种选举行为中,平等仅仅在形式上具有说服力。强调这种选举行为,就容易让人看不清现存社会不对称权力关系中不平等现象产生的条件。正式选举的一个重要功能是使主流精英的统治合法化,这样就使得挑战精英统治的民众运动更难开展。关于全球化会促进民主在世界传播的论点主要建立在对"民主"的狭隘和拘泥形式程序的理解之上。因此,新自由主义经济全球化和第三世界多头政体的战略推行是同一枚意识形态硬币的两面,是使一个成熟的世界市场合法化的系统前提。推行多头政治为市场全球主义者提供了意识形态便利,使他们能以一种表面上支持世界"民主化"的语言开展其经济重组的新自由主义工程。

另一个关于这种意识形态操纵的鲜明例子是弗里德曼对全球化的民主潜力的讨论。他向读者信誓旦旦地肯定道,全球化倾向于在不民主的国家实行民主标准(如投票选举),并声称:印尼和中国等国家融入全球资本主义体系表明,全球市场向专制政体强行实施

---

① Merrill Lynch Forum, "Economic Globalization and Culture: A Discussion with Dr. Francis Fukuyama" (http://www.ml.com/woml/forum/global2.html.).

② William I. Robinson, *Promoting Polyarchy: Globalization, U. S. Intervention, and Hegemony*, Cambridge: Cambridge University Press, 1996, pp. 56–62.

了其国内不能产生的基于规则的商业实践和法律标准。弗里德曼创造了"全球化革命"这个术语来指称今天的"革命进程",借助于此,强大的电子游牧族对建造"民主的基石"作出贡献:

> 电子游牧族将会整体上加强民主化的压力,是出于三点关键原因:灵活性、合法性和可持续性。解释如下:族群演化得越快越庞大,全球经济就会越顺畅越开放,你就需要变得更灵活,以便从该族群中最大限度地获益并保护自己免受其害。虽然有人总能找到例外,我仍然相信这是个普遍的规则:你的治理越民主、越负责、越开放,你的金融系统遭遇不测的可能性就越小①。

不难注意到,弗里德曼的论断中带有工具主义的论调。由于缺乏实质上的道德精神和公民意识,弗里德曼所说的民主仅仅是市场指令的最佳外壳而已。他使用的术语"责任"几乎不能与参与式民主的理念相呼应。相反,他把"责任"等同于创建服务于电子游牧族利益的社会和经济结构。更有甚者,他使用"灵活性"一词作为"解除管制和私有化"的暗语,只不过对资本主义精英有利,却威胁到普通公民的经济安全。劳工市场的"灵活性"也许是吸引国外投资的一个重要因素,但该词语不等于在发展中国家成功创建大众—民主机构。

"9·11"之后,布什政府充满争议的安全议程中充分体现了市场自由化和一体化会促进民主在世界传播的主张,最有力的说明莫过于著名的"布什主义"针对潜在敌人实行"先发制人"手段的合法化。诚然如此,"9·11"袭击发生一年之后,这位总统在《纽约时报》评论文章"确保自由的胜利"中直言不讳地说:"当我们维护和平时,美国也有机遇将自由和进步的果实播撒到缺少它

---

① Friedman, *The Lexus and the Olive Tree*, p. 187.

们的国家。在我们寻求和平的地方，压迫、怨恨、贫穷将被民主、发展、自由市场和自由贸易的希望所取代。"① 几个月之后，布什重申了这种"自由的前瞻性战略"，指出美国坚定不移地把"在全球推广民主的承诺"作为美国"世界和平和安全愿景"的"第三支柱"。布什在 2005 年就职演说中又重点阐述这一观点："我们这个世界和平的最大希望就是把自由扩展到全世界……因此美国的政策是在每一个国家和文化中寻求并支持民主运动和民主制度，最终目标是结束世界上的专制统治。"② 事实上，布什将全球化定义成"跨越国界的人类自由的胜利"，这在"9·11"之前和之后都保持未变，然而他的侧重点从自由"将世界几十亿公民从疾病和贫穷中解救出来的承诺"转向一种军事化的安全陈述③。诚然，美国通过领导全世界政治和经济的"民主化"运动，进而将反恐战争的军事目的和新自由主义议程联系起来，这种观念成为帝国全球主义的概念特征。理查德·福尔克（Richard Falk）指出："这种设计将盛行于'9·11'之前经济全球化相关的美国主导的理念同 21 世纪初期反恐大气候相关的更加军事主义的理念结合起来……在不丢弃新自由主义全球化意识形态准则的情况下，布什政府打着安全旗号强烈倡议建立自由市场，其对他国政府将资源投入到非军事行动的建议也很不靠谱"④。

文化理论家威廉·桑顿（William Thornton）赞同道："大帝国拥有全球化的所有主要特征，还有一点：它时刻准备以古老的方式实施市场优惠待遇……然而需要强调的是，强权经济并没有

---

① George W. Bush, "Securing Freedom's Triumph", *New York Times*, September 11, 2002.
② George W. Bush 就职演说副本，《纽约时报》，2005 年 1 月 20 日。
③ Bush, cited in David Stout, "Bush Calls forWorld Bank to Increase Grants", *New York Times*, July 17, 2001. Bush 的"三大支柱演讲"（Three Pillar speech）摘自他在伦敦发表的有关伊拉克及中东演讲的副本，《纽约时报》，2001 年 11 月 19 日。
④ Richard Falk, "Will the Empire Be Fascist?" The Transnational Foundation for Peace and Future Research Forum, 2003 年 3 月 24 日（http://www.transnational.org/forum/meet/2003/Falk_FascistEmpire.html.）.

让位于复苏的强权政治。相反，二者在共同的帝国大业中携手同行。"①

所以，市场全球主义者传播自由和民主的声音俨然成为布什政府及其国会支持者们通过结合军事干预和市场自由化来获取和扩大全球影响和权力的一个省事的说法。诚然，"扩张"就是将军事干预和市场自由化两个维度汇聚在一起的逻辑。这些操作等同于克莱·瑞恩（Claes Ryn）所说的美国"以军事为后盾的世界霸权"，美国的帝国主义意识形态拥护者们将它付诸实践，并试图说服自己和别人：美国的涡轮资本主义和军事力量是人类史上保障自由的伟大力量②。在打击恐怖主义邪恶势力方面，美国及其盟友在践行普适原则的事业中身先士卒——当然，民主和自由市场在这些普适原则中居于首位。

论点六：全球化需要反恐战争

关于这一点不难理解，为什么在后"9·11"语境下全球主义势力有必要往他们现有的话语军火库中添加上这个论点。如果被理解为市场自由化和全球一体化的全球化想要作为一项可行的工程持续存在下去（正如新自由主义者希望的那样），那么一国必然倾其全部威慑力量来对付那些构成威胁的国家——包括持不同意见的正义全球主义者和圣战全球主义者。无疑，代表公司利益的大规模国家干预与经典自由主义中心信条形成明显的矛盾，然而很多市场全球主义者在这一点上愿意达成妥协，只要这种政治干预不但能让他们进入现有市场，而且能在世界人口众多和资源丰富的地区开辟新市场。

---

① William H. Thornton, *New World Empire: Civil Islam, Terrorism, and the Making of Neoglobalism*, Lanham, MD: Rowman & Littlefield, 2005, p. 19.

② Ryn, "The Ideology of American Empire", p. 384. 在 Richard Falk 的文章"美国会变成法西斯吗（Will the Empire Be Fascist）"中，他也认为"美国对911的反映大大地加快了其成为全球霸主地位的进程，尽管反恐的大旗成为了它的掩护"。

正如之前指出的,对有碍民主传播和自由市场的"恐怖分子"和其他"激进势力"实行"必要清剿",这使"无人掌控全球化"的观点站不住脚了。布什政府昭告天下,反恐战争将是美国的长期承诺,美国将责无旁贷地保护自由市场免遭意图破坏西方文明的新野蛮势力的侵害。用于处理无限期的全球冲突的必要军事设施已在集结待命。政治科学家查莫斯·约翰逊(Chalmers Johnson)对美帝国作冷静分析后指出,美国目前在全世界至少有725个军事基地,在联合国189个成员国中有153个国家保留有美国的驻军[1]。

全世界的权力精英们提出,全球化需要在众多场合和语境下开展全球反恐战争。让我们思考一下美国领导的持续战争在必要时捍卫企业主导的全球化的三种版本形式。第一种来自里根总统的前国家安全顾问、新保守主义老将罗伯特·麦克法兰(Robert McFarlane)。在2003年3月美国公然对伊拉克发起"震慑与畏惧"军事行动后不久,现任一家华盛顿能源公司主席的麦克法兰与一家国际股票基金管理公司的总裁迈克尔·布雷泽(Michael Bleyzer),联合为《华尔街时报》写了一篇披露性的社论文章。文章带有暗示性的标题"对伊拉克实行私有化",称颂了在伊拉克的军事行动是建立地区安全和稳定的"必要手段"。根据这个帝国全球主义二人组合的观点,全球反恐战争为"建立促进民主的基本体制"[2] 这一有利可图的事业铺平了道路。

再看第二种版本。罗伯特·卡普兰(Robert Kaplan)作为一位屡获殊荣的记者和有影响力的五角大楼业内人士,思考了"威震全球的美利坚帝国"在"9·11"之后应该如何"管理这个桀骜不驯的世界",他很快得出"全球化需要全球反恐战争"的结论。声称

---

[1] Chalmers Johnson, *The Sorrows of Empire: Militarism, Secrecy, and the End of the Republic*, New York: Metropolitan Books, 2004, pp. 24, 288.

[2] Robert McFarlane and Michael Bleyzer, "Taking Iraq Private", *Wall Street Journal*, March 27, 2003.

自由市场如果没有军事力量的保障就无法拓展，这位畅销书的作者建议布什政府借鉴公元 2 世纪时罗马异教徒的尚武精神。他为美帝国的扩张提炼了"十条规则"，包括：外国出生的士兵快速加入美国国籍为帝国而战；训练特种部队成为"此刻的致命杀手和下一刻的人道主义者"；运用军事来促进民主；预防军事任务不受外交政策的斡旋；下定决心"在各条战线上战斗"，愿意基于有限的证据对潜在的敌人施行先发制人式打击；"更加严格地"应对媒体；打压国内不同政见者，特别是正义全球主义者和反战的示威游行者①。

因而，现时代最紧迫的难题不是世界超级大国是否应对，而是怎么应对所谓的危机地区——也就是说，在军事行动的战术层面。卡普兰提醒读者，军事问题不能再脱离经济问题而区别对待，反之亦然：

> 美国施行权力的目的并不是权力本身；自由主义的根本目的是维系一个秩序井然的世界的关键特征。这些特征包括：基本的政治稳定、基于实际构想的自由理念、对财产的尊重、经济自由、文化上能被理解的代议制政府。在历史的此时此刻，唯有美国权力才可作为自由主义民权社会全球拓展的组织原则②。

卡普兰建议的"十条原则"似乎最典型地反映在这个观点上——维护和扩张美帝国的最佳方式是采纳公元 2 世纪罗马的异教徒尚武精神。然而在他慷慨激昂的辩论中，他似乎忘记了图拉真（Trajan）皇帝和哈德良（Hadrian）皇帝都不带有自由主义倾向。换言之，卡普兰关于自由的"务实"概念最终使得概念本身流于空

---

① Robert D. Kaplan, *Warrior Politcs: Why Leadership Demands a Pagan Ethos*, New York: Vintage, 2003.

② Robert D. Kaplan, "Supremacy by Stealth", *Atlantic Monthly*, 2003 年 7—8 月, http://www.theatlantic.com/issues/2003/07/kaplan.htm。

洞。这当然是新自由主义向新保守主义妥协带来的终极危险：一旦帝国操纵了全球主义，它也许会将其变成一个迥然不同的意识形态产物。

至于建立"文化上能被理解的代议制政府"，卡普兰明白无误地表示，他所关心的是在世界其他地区推行的美国模式。卡普兰乐于接受新自由主义"推销"美国价值观和外交政策的方法，明确指出这项任务只有通过广泛的军事支持才能完成。据他观察，世界上差不多有200个国家和成千上万个非政府组织，代表了林林总总的兴趣取向。如果没有一个伟大而利己的自由主义强国进行强有力的组织，人类的整体利益得不到保障。

卡普兰是怎样假装了解"人类利益"并贸然假定美国文化和政治体制具有普遍适用性呢？注意到这一点很重要。我们再次目睹了古老的罗马—斯多葛叙事的复活，该叙事彰显一个代表秩序和理性并适用于所有社会形态的普世性帝国。旨在实现政治统治的利己行为被解读成向世界其他地区"传播文明"的普遍人道主义使命。军事在这个过程中扮演关键角色，因为使命的成功完成取决于彻底消灭敌对势力，特别是居住在"非全球化地区"的恐怖分子（今天的"野蛮人"）。难怪卡普兰在文章的末尾歌颂了温斯顿·丘吉尔（Winston Churchill）以及丘吉尔对美国的恭维"不列颠帝国的忠实继承者，一个将继续执行英国自由化使命的国家"[①]。

无独有偶，2008年共和党总统候选人鲁迪·朱利安尼（Rudy Giuliani）的外交政策顾问诺曼·波德霍雷茨（Norman Podhoretz），呼吁将美国领导的全球反恐战争升级为全面的"第四次世界大战"（显然，"第三次世界大战"以苏联战败而告终）。波德霍雷茨对后"9·11"时代遍布各种"敌人"的世界版图做调查后发现，主要的两种敌对势力是"伊斯兰法西斯主义"和对美国伊拉克军事行动持批评态度的被误导的西方左翼知识分子。在这位美国新保守主义

---

① Kaplan, "Supremacy by Stealth".

元老看来，只有通过布什政府"强硬的""无情的"方法才能最终成功地将恐怖主义和政治背叛"斩草除根"，并为自由主义民主和自由市场的全面全球化提供保障①。

第三种或许是新帝国全球主义关于"全球化需要全球反恐战争"主张中最有创新性的版本，它出自托马斯 P. M. 巴奈特（Thomas P. M. Barnett）笔下。巴奈特是一家全球安全公司的常务董事，之前在美国海军战争学院（U. S. Naval War College）任军事战略教授。作为五角大楼军队转型办公室（Pentagon's Office of Force Transformations）战略未来部门的前助手，这位有着哈佛教育背景的战略家向国防部长唐纳斯·拉姆斯菲尔德（Donald Rumsfeld）和美国情报界内部人士作定期汇报，同时与美国军方各部门成千上万的高级官员保持定期互动。巴奈特的畅销书《五角大楼的新地图》对美国国家安全进行了重新审视，结合了作者的军事才能与他长期对经济全球化的关注②。这本书展现了一个直截了当的主题：在全球化时代，美国的国家安全与持续的全球市场一体化以及贸易、资金、理念、跨国界人员的不断流动息息相关。自"9·11"以来，可以很清楚地发现，将全球化片面地等同于"经济规则集"的做法必须得到补充完善，即同时把全球化理解为对跨国恐怖主义网络及其包庇国强制执行毁灭性打击的"安全规则集"。

巴奈特认为这两套"规则集"都规范性地建立在个人自由、民主、多元文化主义和自由市场的普适价值观之上。然而，这些规范也具"美国特色"，因为它们在 18 世纪美国试行"合众国"（united states）的扩大化民主联盟时，史上第一次找到了它们的政治表

---

① Norman Podhoretz, *World War IV*: *The Long Struggle against Islamofascism*, New York: Doubleday, 2007.

② Thomas P. M. Barnett, *The Pentagon's New Map*: *War and Peace in the Twenty-First Century*, New York: G. P. Putnam's Sons, 2004. 该书的续编为 *Blueprint for Action*: *A Future Worth Creating*, New York: G. P. Putnam's Sons, 2005。

达形式①。巴奈特力排众议，将美国国家利益和全球利益结合起来，这违背了美国国防部以国家为中心的思维套路，但他展示出了一个作为"全球化意识形态源泉"的美国，这个美国注定为世界带来它的公民已经享有的一切："在有法律保护而无冲突的稳定自由市场环境下对幸福的个人追求。"在这位战略家看来，美国利益从定义上就是全球利益，完全是因为这个国家是建立在自由和民主的普遍理想基础之上，而非受限于狭隘的种族或民族身份。作为世界上第一个真正的多民族国家，美国是全球化的化身。而且，美国宪法核心中的普适价值观指引美国政府以对与错、善与恶的普适说辞来判断世界其他地区："给予美国权利（作出这些判断）是基于这个事实：我们是全球化的教父，是它的源代码，它的原始模型。"所以貌似通过人类设计和历史命运，美国成为多元文化"世界系统"的进化引擎，向着更高的层次（如互通性、规则限制的行为、财富、安全和幸福）攀升。虽然巴奈特有可能考虑到这一过程，但他承认没有亘古不变的事，从而否认历史决定论。显然，基地组织和其他致力于"某种永久的文明方式的种族隔离"的"反全球化势力"有能力使全球化偏离个人主义、民主和自由市场的轨道。因而，"9·11"标志着在人类历史的一个关键节点上，作为"全球化源代码"的美国被号召来引导世界其他地区向着"普遍包容性"和"全球和平"的神圣目标迈进。美国的重任就是不惜一切手段"使得全球化在真正意义上是全球的"②。当然可以说，这是"全球化需要全球反恐战争"主张的出发点。为了打败那些对"全球互相依存"持反对意见的敌人，五角大楼必须设计一种新战略，一劳永逸地摒弃过时的"国际思维"。21 世纪的国家安全必须以全球化的术语重新想象为：对所有"与世隔绝"力量的无情摧毁，以及培植

---

① 在 Walter Russell Mead 所倡导的"美国项目（美国在世界上寻求构建的宏大战略构想）"中可以找到这一辩论较为温和的版本。参见 *Power, Terror, Peace, and War: America's Grand Strategy in a World of Risk*, New York: Knopf, 2004, p.7。

② Barnett, *The Pentagon's New Map*, pp.31-32, 294-302.

"政治和安全互通的网络,该网络适应了所有国家之间真实存在于全球经济发展高度一体化进程中的相互依赖关系"。简言之,五角大楼的新全球战略需要一份新地图——在认知和地理的双重意义上,将地球划分为三个明显不同的地区,它不像冷战时期三个世界那样的排序,整个世界现在都是美国军事行动可以猎取的猎物。

巴奈特把五角大楼新地图上第一个地区称为"功能核心",即"充满网络互通、金融交易、自由主义媒体流动和集体安全的全球化"。这个地区有着稳定的民主政府、政策透明度高、生活水平不断提高、死于谋杀的人数低于死于自杀的人数,在地理构成上包括北美、欧洲大部、澳大利亚、新西兰、拉美的一小部分,在很大程度上可能还包括像印度和中国这样的"新核心"国家。相反,他把那些"全球化薄弱或完全缺席"的地区称作"尚未融合的边缘"。这个地区被专制的政体、禁锢的市场、大规模屠杀以及普遍的贫穷和疾病困扰着。巴奈特认为这些边缘地区是滋生"全球恐怖分子"和其他"分裂势力"的危险温床,这与"全球化这个经济和安全规则集"势不两立。该地区包括加勒比海沿岸国家,几乎涵盖整个非洲、巴尔干半岛、高加索地区、中亚部分国家、中东和东南亚部分国家。这位军事战略家把边缘地区"血腥的边界"一带称为"接界国家",如墨西哥、巴西、南非、摩洛哥、阿尔及利亚、希腊、土耳其、巴基斯坦、泰国、马来西亚、菲律宾和印度尼西亚。这些国家由于缺乏核心地区那种高层次的互通和安全保障,逻辑上就成为恐怖分子图谋袭击的入口点①。

虽然"9·11"事件造成惨绝人寰的伤亡,巴奈特把"9·11"视为必要的"警钟",它迫使美国作出一个向边缘地区"输出安全"的长期军事承诺。核心地区必须将整个边缘地区视为"战略威胁环境"。按兵不动或者过早从伊拉克和阿富汗撤军都将破坏建立在美国普适价值观之上的羽翼未丰的世界秩序。巴奈特认为,全球

---

① Barnett, *The Pentagon's New Map*, 第 3 章与第 4 章。

反恐战争必须扎根于"军事—市场结合体"这样一个"基本现实"——"商界的商业文化"依赖于军事的"武士文化":

> 我用"全球化十大戒律"来表达（军事和市场之间的）这种关系：①寻找资源，你就会发现，但……②没有稳定，就没有市场；③没有发展，就没有稳定；④没有资源，就没有发展；⑤没有基础设施，就没有资源；⑥没有资金，就没有基础设施；⑦没有规则，就没有资金；⑧没有安全，就没有规则；⑨没有庞然大物（美国军事力量），就没有安全；⑩没有（美国）意志，就没有庞然大物。理解军事和市场之间的联系不仅对做生意有利，而且利于国家安全战略。①

最后，巴奈特提出建立在三个基本原则上的"全球交易战略"。首先，美国必须快速有效地对类似"9·11"的"系统扰动"作出反应，从而提高核心地区的"免疫系统能力"。其次，美国必须对"接界国家"施压，"保护核心地区免遭边缘地区恶意出口"，比如恐怖活动、毒品、传染病等。最后，美国必须一如既往地致力于全球反恐战争，其首要目标是"收缩边缘地区"，不能有丝毫妥协或动摇。全球化的敌人必须被清除，边缘地区必须融入核心地区。巴奈特强调，"我认为由美国来领导全球反恐战争具有绝对的重要意义，因为我担心一点：一旦分裂势力有机可乘而占据上风并随意扰乱整个系统的话，那么我们的世界将会发生什么？"②

对巴奈特的帝国全球主义作一番批评话语分析，就可发现其中有很多可疑的假设和遗漏。比如，边缘地区的"出口安全"这个短语。"安全"显然意味着核心国家发动的大规模军事干预。动名词"出口"（exporting）用来表示在安全和类似出口汽车、毛衣、电脑

---

① Barnett, *Blueprint for Action*, p. xvii.
② Barnett, *The Pentagon's New Map*, p. 245.

等的商业活动之间存在某种联系。换言之，在核心国家"收缩边缘"并防止接界国家"脱离全球化潮流"的斗争中，美国领导的军事干预变成了一件必不可少的商品。也可以说，不管喜欢与否，这件出口产品的接受者应该认为自己"幸运地"看到美国的军队前来"恢复秩序"。

然而巴奈特没有告诉读者的是，"出口安全"与其他商品交易的不同之处在于它会给无数的血肉之躯和他们的财产带来迅速的伤亡、流离失所和其他形式的伤痛。很多受害者并不是恐怖分子及其同伙，而是碰巧遭遇到美国出口商品的炮火袭击。同样，"收缩边缘"这个术语揭示出的冰冷的工具主义掩盖了这样一个事实："边缘"地区的居住者同样对未来怀有希望和梦想，与全世界其他地方的居民毫无二致。事实上，新自由主义市场语言和军事术语的融合构成了帝国全球主义残暴的话语核心。

最后，巴奈特用军事术语将全球化描绘成与集体安全紧密融合的市场互通，这解释了为什么全球化需要反恐战争。在"9·11"之后，巴奈特坚持认为，扩张核心地区的工程不能再仰仗基于温和的克林顿式多边主义的美国柔性霸权，不能靠利用国际经济机构来推行市场模式，而是要将军事力量的铁拳牢牢地藏在全球主义的天鹅绒手套里。巴奈特声称，在恐怖主义新时期需要有意识地转向基于单边主义和先发制人战略的"硬实力"战术，不管世界其他国家持何种看法。如果其他国家赋予美国"帝国"这个贬义的标签，随它去吧；美国应该把它当作荣誉的徽章。

结论

本章讨论的六个论点表明，市场全球主义充分系统地达成了一种综合的政治意识形态。然而在"9·11"袭击之后严酷的政治气候中，很多市场全球主义者不遗余力地维护他们主张的可行性。一个明显的解决方案就是强化他们的意识形态主张，以适应依靠军事力量绝对优势的温和美帝国的新保守主义愿景。如此一来，市场全球主义演变为帝国全球主义。论点一（全球化是市场自由化和全球一体化）和论点四（全球化造福所有人）是市场全球主义的支柱，总体上仍能自圆其说，但需进行硬实力整修。论点二的决定论语言在美国对恐怖分子军事胜利"必然性"的声明中找到了新的表达形式。不过论点三（无人掌控全球化）已被抛弃，赞成布什公然宣称的美国全球领导地位。论点五（全球化促进世界民主传播）伴随着在边缘地区"建立民主"的硬实力使命而上升到新的高度。新保守主义对诸如自由、安全和自由市场等"美国价值观"的承诺使得有必要把论点六（全球化需要反恐战争）引入全球化的话语库中来。正如罗伯特·卡普兰（Robert Kaplan）所说，"你也必须拥有军事和经济实力作为支撑，否则你的理念将无法推广"[①]。

这种修订过的意识形态构造保留了原始构造的绝大部分。帝国全球主义承诺通过持续的全球反恐战争来获得物质福利和集体安全，这种承诺旨在政治统治方面达成一致安排。声言后"9·11"时代市场全球主义已经从软实力叙事转向硬实力帝国话语并不意味着它拥有了无可争辩的意识形态主导地位。关于全球化仍有很多其他立场，这些立场的目的也是解释全球化究竟是什么。结果，市场全球主义和帝国全球主义的意识形态主张受到政治左翼的正义全球主义者和政治右翼的圣战全球主义者的挑战。接下来的两章将审视由我们全球化时代主流意识形态的挑战者们提出的相对立的观点。

---

① Robert D. Kaplan, "The Hard Edge of American Values", *Atlantic Monthly Online*, 2003年6月18日, http://www.theatlantic.com/unbound/interviews/int2003-06-18.htm。

第四章

来自政治左翼的挑战：
正义全球主义

在本书第一章，我提出意识形态表征思想、价值观和信仰体系，简化政治主张。不同社会群体把某种具体议题置于公众面前予以讨论，力图提起他们对这个议题的别样兴趣。我也强调意识形态不应当沦为一种含糊不清的概念，虚无缥缈地悬浮在物质政治或经济过程之上。理想、权益、物理实体在观念和物质的具体社会实践中交汇。当今全球化时代下的市场全球主义以及帝国主义的改良版，应运而生成为一种主流意识形态。这一意识形态逐渐凿刻在世界各地许多人的思想中，形成了一种对全球化的独特理解，继而得到了亲市场政府的支持和确认。

尽管如此，也没有任何一种社会形态居绝对统治地位。当主流诉求和言论中的纪律模式遭遇顽抗的社会环境抵制时，即使是最强大的意识形态体系也有使之分崩离析的小缝隙。这种主张与普通人生活之间日益增大的差距将引发一场霸权主义的长期危机。但与此同时，这种霸权主义危机也给这些意见相左的社会群体提供了良机，他们可以去宣传他们的新思想、信仰、制度和实践。

正如我们第三章中看到的，对市场全球主义批评的言论在20世纪90年代末全球化公共话语中开始愈加突出。人们越来越深刻地意识到，极端的商业利润战略导致财富和福利的全球差距不断加大，于是批评市场全球主义的论断又增强了发展势头。一股新的政治左翼势力与新兴"全球化正义性运动"相结合，开始在世界各大城市以街头示威的方式对市场全球主义发起挑战。无论是从西雅图到布拉格，从清迈到墨尔本，抑或从火奴鲁鲁到热那亚，抗议者们都积累了宝贵的实践经验，这些经验可以帮助他们去完善其意识形态计划，从而强调社会正义、平等、与穷人团结和生态可持续性的价值观念。但在我们详细考察这种正义全球主义的政治语境和观念结构之前，让我们简单回顾一下政治左翼和右翼传统区分的持久关联性。

左翼与右翼的区分

政治左翼和右翼的区分源于18世纪末大革命初期的法国国民会议。那些主张社会朝着更加平等的方向进行彻底变革的议员，通常坐在会议厅左侧，或称"左翼"；而支持传统、维持现状的议员坐在会议厅的右翼；支持温和变革的议员则坐在中央位置。1789年之后，世界政治形势发生剧变，用旧的左右翼对当代意识形态进行划分的方法遭到了强烈的批评，这在1991年苏联解体之后尤甚。

英国社会学家安东尼·吉登斯（Anthony Giddens）有意识地将他对左右翼划分的重新评估与苏联解体这一重大事件相联系，他在20世纪90年代早期提出"右翼"和"左翼"在不同社会和地理语境下其意义不一样。他还特别指出，将市场全球主义加上右翼意识形态标签会带来诸多问题。毕竟，新自由主义计划常常会通过支持由市场不断扩张所引起的激进变革来削弱传统和习俗的神圣地位。另外，新自由主义的合法性取决于某些传统价值观的持久性，在宗教、性别和家庭观方面与保守规范的依附关系尤为明显。吉登斯同样指出，政治"左翼"和"右翼"的模糊界限也反映在新社会运动如环保主义和女权主义的折中价值结构中，最后他总结道：左翼和右翼隐喻在当代政治话语中的有效性很有限：

毋庸置疑，左右翼的划分，从一开始便有争议性，且这种争议会继续存在于党派政治的实际语境中。鉴于新自由主义右翼开始提倡市场规则，而左翼则更多地青睐于公共供应和福利，至少在许多社会里，该划分的意义已与其过去大相径庭，我们知道，横跨于左翼和右翼之间的是其他政党，这些政党有时候会与各种社会运动相联系。但当左右翼的划分剥离正统政治的单调环境时，它是否还保留其核心含义呢？答案是肯定的，但它只限于一种宽泛的层面。大体上，右翼相对于左翼，更乐于容忍不均等的存在，更倾向于支持强势一方，而非弱势一方。这种差异很真实，且具有重要意义，但要将其推广，抑或将其作为一种重要原则可谓是困难重重①。

然而，就在吉登斯作出评论的同时，意大利学者诺伯托·博比奥（Norberto Bobbio）在《左翼和右翼》一书中发表了对这种划分的持续性意义的著名辩驳。该书是一部成功之作，在欧洲国家有几十万册的销量。这位经验丰富的政治思想家认为正是政治团体对于平等理想的态度构成了区分左右翼最重要的标准。依据博比奥的观点，政治左翼分子在历史上都支持政治和社会制度是由社会构建的观点。因此，他们强调，人的理性能够设计出一些可行的方案来减少诸如权力、财富、教育机会等方面的社会不平等。但是，博比奥认为这并不意味着所有的左翼分子都认可彻底废除所有形式的不平等，只有极左分子才会持这种激进立场。

相反，政治右翼的代表往往不太愿意支持那些减少现有社会不平等的政策。在博比奥看来，政治右翼之所以认为这些不平等具有合法性，是因为他们将这种不平等根植于一种不可更改的"自然秩序"中。尽管政治右翼对人能理性地变革社会秩序而不严重影响社

---

① Anthony Giddens, *Beyond Left and Right: The Future of Radical Politics*, Stanford, CA: Stanford University Press, 1994, p. 251.

会稳定的能力表示怀疑,但他们承认基于习俗、传统和旧势力的现有社会秩序。只有右翼极端分子才会反对任何社会变革,其他右翼分子同样支持变革,但前提是这种变革必须是在相当长一段时间内的一种缓慢的、渐进的过程。鉴于此,博比奥指出,左右翼的区分是基于价值观的,而极端主义和折中派则在社会变革方法上存在差异①。

这位意大利思想家承认,虽然左右翼划分总随着历史环境的变化而改变,但这种区分根植于有关平等的两种截然不同的观点。这种区分在全球化时期仍具有重要意义:

> 左翼共产主义者并不是唯一的左翼分子,在资本主义范围内,另一种左翼早已存在,且会一直存在下去。这种划分具有很长的历史,可追溯至资本主义与共产主义对立形成之前。这种划分方式现在依然存在,并非像某些人玩笑中揶揄所言的"只是在路标上而已"。它以一种近乎荒诞不经的方式渗透于报纸、广播、电视、公众辩论,以及关于经济、政治、社会学话题的专业杂志中。如果你去查阅文献中"左"和"右"出现的频次,甚至仅仅只检索在标题中的出现频次,相信你会大有收获。②

2008 年,阿兰·诺埃尔(Alain Noel)和简·菲利浦·泰瑞恩(Jean-Philippe Therien)就左右翼划分问题发表了一篇高深的辩驳论文,该文将博比奥的论点延伸至全球政治范畴。这两位加拿大政治科学家利用 1999—2001 年"世界价值观调查"数据库——该数据库涵盖了 78 个国家的文化和政治倾向——发现左右翼划分法不仅始终如一地在全球公共领域引起共鸣,而且与一些关于平等、正

---

① Norberto Bobbio, *Left and Right: The Significance of a Political Distinction*, Chicago: University of Chicago Press, 1996, pp. 60 – 71.

② Bobbio, *Left and Right*, p. 90.

义和社会保护的独到见解遥相呼应。因此，他们得出结论：左右翼的划分历经了过去两个世纪阶级结构的变迁，也经历了当今先进民主下兴起的新后物质主义价值观时期。简言之，这种划分会继续帮助全世界人民将他们对政治的态度和观点融进一个连贯统一的模式。①

在接下来的两章中，我将依据左右翼的划分，对市场全球主义的挑战者进行分类。我的分类实际上得益于博比奥、诺埃尔和泰瑞恩的洞见。我特别赞同他们关于当今冲突的政治观的中心论点，尤其关于全球平等的问题，这种冲突政治观为左右翼的划分提供了恰当依据。在全球化时代，这两大阵营的现存区别对于区分两种主要的另类全球化主义者具有深远意义：这两种另类全球化主义者分别是左翼正义全球主义者和右翼圣战全球主义者。正如我将在第五章中解释的，民族民粹主义者也构成了右翼全球化评论家中有影响力的一个团体。然而，与圣战全球主义者不同的是，民粹主义者不会将新兴的全球想象转变为具体的意识形态议程。民族民粹主义者固执于正在衰退的国家想象，是唯一重要的全球化诋毁者，持有真正的反全球化思想，而不是另类全球化观点。

从恰帕斯到西雅图

20世纪90年代初，世界上的左翼社会激进分子对苏联解体的反应可谓是五味杂陈，沮丧、窘迫，又夹杂宽慰。虽然他们乐于看见独裁的苏联模式永远退出历史舞台，但他们还是希望米哈伊尔·戈尔巴乔夫（Mikhail Gorbachev）的经济重建和开放政策能将俄罗斯的极权主义转变为一种斯堪的纳维亚式的社会民主模式。很显然，苏联模式的各继承国会遭受来自欧美国家新自由主

---

① Alain Noel and Jean-Phillipe Therien, *Left and Right in Global Politics*, Cambridge: Cambridge University Press, 2008, 特别是第 2 章。

义精英资本主义冲击疗法的羞辱，左翼民主派发现自身处于一种意识形态的窘境，这似乎证实了撒切尔夫人的著名论断：除市场全球主义以外，别无选择。在探索新观点的同时，左翼开始从事社会运动专家西德尼·塔罗（Sidney Tarrow）所指的"全球化架构过程"。"全球化架构过程"是一种灵活的全球思维模式，将地区和国家的不满与"全球正义""全球不平等"和"世界和平"的大背景联系起来。塔罗认为可以将大部分左翼激进分子描述成"根深蒂固的世界主义者"，因为他们囿于国内环境，同时却在与其他国家持同样想法的个人和组织不断接触中形成了一种全球意识。① 这种在全球和多问题架构过程中共同形成的组织性产物是一种更广泛、更折中的"全球正义运动"，这种运动通过反对市场全球主义的方式开始凝聚意识形态。

大多数运动领导者随后将矛头指向一连串事件，这些事件对正义全球主义意识形态的构成具有积极的影响。1994年1月1日起，《北美自由贸易协定》（NAFTA）生效，一小股自称萨帕塔国家解放军（Zapatista Army of National Liberation）的游击组织在墨西哥南部的恰帕斯（Chiapas）州发起了一场暴动。萨帕塔主义者利用切·格瓦格（Che Guevara）、埃米莉亚诺·萨帕塔（Emiliano Zapata）、土著玛雅文明和天主教的解放神学等信仰和价值观，将他们的反叛表述为一种针对政府自由贸易政策的大众化抗争行为，并将其缝合成一个解释性框架。该组织的领袖、副司令马科斯（Subcomandante Marcos）还参与了一些卓有成效的全球化架构过程，并向世界宣布恰帕斯的本土斗争具有全球性意义："我们将会为我们这种特殊的斗争和抵抗建立一个集体网络，这是一种洲际之间的网络，可以抵制新自由主义，捍卫人权。"② 萨帕塔主义者信守诺言，

---

① Sidney Tarrow, *The New Transnational Activism*, Cambridge: Cambridge University Press, 2005, pp. 40–60.
② Subcomandante Marcos, "First Declaration of La Realidad", 1996年8月3日, (http://www.apostate.com/politics/realidad2.html.)。

成功地把他们的信息传达给了世界其他先进力量组织。他们的影响力在1996年举办的第一届洲际维护人性、反对新自由主义大会时达到顶峰，这次会议的举办地为恰帕斯丛林，有来自近30个国家的4000多名参会者，会议还启动了进一步的行动计划，使数百万人开始意识到由市场全球主义政策给南半球贫困的农民带来的深重灾难。确实，全球性"萨帕塔团结网"（Zapatista solidarity network）的成立给发誓要从底层挑战"新自由"全球化的其他数十个同盟起到了示范作用。

前面几章简单地提到了1997年亚洲经济危机，这场破坏性极强的危机是"全球正义运动"及与之对应的意识形态形成的另一副重要催化剂。20世纪90年代初，泰国、印度尼西亚、马来西亚、韩国和菲律宾等国政府为了吸引更多的国外直接投资，逐步放弃了对国内资本流动的控制。他们意图创造一种稳定的货币环境，于是提高国内利率，并将本国货币与美元价值挂钩。紧接着，随着国外投资的涌入，整个东南亚地区出现了股票飞涨和楼市暴涨的现象。然而，到了1997年，许多投资者们认识到通胀过于严重，商品的价格远超其实际价值。恐慌的投资者们数日内从这些国家撤资1050亿美元，这一形势迫使这些地区的政府放弃与美元挂钩。由于无法阻止本国货币的自由暴跌，这些政府几乎用光了所有的外汇储备，其结果是经济产量下降，失业率上升，工资水平下降，境外银行和债权人减少新的贷款申请，并拒绝延长已有贷款的期限。到1997年末，整个东南亚地区陷入了金融危机的阵痛期，并危及全球经济。国际社会紧急救助，并以超底价将商业资产出售给国外企业，这种联合方案才算勉强使东南亚避免了这一场灾难。这次经济危机除了在接下来数年内对区域经济造成严重破坏外，还对意识形态造成了严重破坏：权力精英和普通民众都对不受约束的市场全球主义原则下的世界有一种不祥的预感。

最终，1995年和1998年法国爆发了令人震惊的系列大罢工，这促使了与"全球正义运动"有关的概念链的形成。参加罢工的有工人，还有一些公职人员，他们抗议政府的政策，因为这些政策使失业率上升，而社会服务减少，罢工行为得到了这些新左翼网络势力的大力支持。工会和环保主义者形成了持久的联盟，很多新的多议题联盟也诞生了。其中一个新的组织网络是"课征金融交易税以协助公民组织"[Association for the Taxation of Financial Transactions for the Aid of Citizens (ATTAC)]。该组织由《世界外交》月刊的一些学者和知识分子创立，这份多语种左翼月刊在全球发行量超过100万份。"课征金融交易税以协助公民组织"开始起草大量提案，用以清除离岸公司避税港，全面免除发展中国家债务，并对包括国际货币基金组织和世界贸易组织在内的国际经济机构进行重建，但其核心要求是与"托宾税"保持一致。这一税种以美国经济学家詹姆士·托宾（James Tobin）的名字命名，他获得过诺贝尔经济学奖。托宾税是关于短期国际金融交易的税种，其实际收益进入南半球国家。如果在全球范围内推行托宾税，向世界金融交易征税0.1%—0.25%，那么税金可以高达2500亿美元。"课征金融交易税以协助公民组织"数年内发展成为引人注目的全球网络，拥有几万名会员，在50多个国家都有自主运营的分支机构。

自从1998年"课征金融交易税以协助公民组织"初创以来，它成为反对"新自由全球化"的重要声音，在挫败《多边投资协议》[Multilateral Agreement on Investment (MAI)]中起了很重要的作用。《多边投资协议》是七国集团成员国秘密协商的一个国际投资立法提案，该提案旨在惠及跨国企业和全球投资者。"课征金融交易税以协助公民组织"和巴西、亚洲的全球正义网络一起促成了2001年世界社会论坛[World Social Forum (WSF)]在巴西阿雷格里港（Porto Alegre）的创立。从我们后面的详细讨论可知，世界社会论坛成为成千上万正义全球主义者的核心组织。这些正义全球主义者乐于以其"反峰会"（"countersummits"）的姿态参加每年一月举办的市场全球主义者世界经济论坛。该论坛只在瑞士的滑雪胜地达沃斯（Davos）举办。

一些全球正义组织，例如"课征金融交易税以协助公民组织"，不愿意把正统马克思主义范畴作为所有左翼政治的共同意识形态特征，他们以一种去中心化、不分层级、跨国"网中网"的形式组成回应节点。由于市场全球主义具有意识形态连贯性和政治上的支配地位，它使得全球正义运动的各个团体紧紧地凝聚在一起，分享组织的专业技能、策略和观点。这种多元的"运动中的运动"置身于国内框架却又不囿于这种框架，它学会利用以信息通信技术为媒介的商品、服务和思想流动，它们的对手正好把这些与"不可避免的"市场全球化相关联。一些有名的运动积极分子，例如苏珊·乔治（Susan George）、娜欧米·克莱因（Naomi Klein）、华登·贝罗（Walden Bello）等人，逐步制定出一套原则来引导全球正义运动与国际机构、政府和其他私有或公共组织之间的互动。学术观察员玛丽·卡尔多（Mary Kaldor）等人宣称"全球公民社会"已经诞生。"在全球公民社会里，社会群体、网络、运动通过在全球范围内个体协商、再协商社会契约和政治交易来形成机制"①。这些跨国积极分子和世界遥远地区文化成员建立了近距离接触，他们跨越地理和网络空间，寻找新的方法将他们对全球正义、平等、多样化以及多元化的理想付诸实践。尽管20世纪90年代的全球正义运动吸纳了女权主义者、环保主义者以及其他20世纪六七十年代"新社会运动"积极分子所青睐的议题，但是它重新调整并反复强调了他们对"全球化"核心概念的关注。

全球激进主义的壮大和市场的完败为起步中的全球正义运动开启了更大的话语和政治突破口。全球正义运动已经具备足够的自信去号召其广大成员参加一些国际官方举办的具有争议的"平行峰

---

① Mary Kaldor, *Global Civil Society: An Answer to War*, Cambridge: Polity Press, 2003, p. 78. 其他关于全球文明社会和跨国激进主义的文献层出不穷，例如 Kevin McDonald, *Global Movements: Action and Culture*, Oxford: Blackwell, 2006; Donatella della Porta, Massimiliano Andretta, Lorenzo Mosca, and Herbert Reiter, *Globalization from Below: Transnational Activists and Protest Networks*, Minneapolis: University of Minnesota Press, 2006; Donatella della Porta and Sidney Tarrow, eds., *Transnational Protest and Global Activism*, Lanham, MD: Rowman & Littlefield, 2005。

会"（parallel summits）和"反峰会"。这些会议一般都由一些知名度较高的市场全球化机构举办，比如国际货币基金组织（IMF）、世界银行（World Bank）、七国集团（G-7）[1998年之后为八国集团（G-8）]、世界经济论坛（WEF）或世界贸易组织（WTO）等。有明显的迹象表明市场全球主义与其左翼挑战者之间即将爆发一场大规模冲突。1999年6月，各种劳工组织、人权组织和环保团体举行了全球抗议行动，被称为"J18"，它与当时在德国科隆（Cologne）召开的八国集团经济高峰论坛刚好重合。欧洲和北美城市的金融区发生了一些精心策划的直接行动，如大规模游行示威，大型企业计算机系统遭到10000多次黑客的入侵。在伦敦，一个2000名的抗议者队伍采取了暴力行动，致使数十人受伤，同时导致了巨大财产损失。但是，全球正义运动的初次亮相却是在此半年之后的美国西雅图。

"西雅图之战"及其后果

1999年11月底到12月初，大约5万人参加了西雅图反世界贸易组织抗议活动。虽然抗议者多来自北美，但是国际抗议者的数量也非常多。其实，西雅图游行示威的跨国性特征也是其区别于近来大规模抗议活动的一个主要特征。抗议活动的一些积极分子，比如若泽·博韦（José Bové），一位很有感召力的法国养羊的农场主在破坏了一家麦当劳门店之后成了一个国际名人。他还与印度的农民和菲律宾农民运动的领导者们肩并肩参加游行示威活动。这个折中联盟明确宣称对正义全球主义者的关切，它由各方势力组成，包括消费者维权积极分子、劳工维权人士（包括反对血汗工厂的学生）、环保主义者、动物权益保护者、第三世界债务减免提倡者、女权主义者和人权提倡者。这个引人注目的游行队伍代表了超过700多个机构和组织，包括直接行动网络（Direct Action Network）、加州捣乱协会（Ruckus Society）、国际金融集团（IFG），全球交流网络

(GEX)和雨林行动网络(Rainforest Action Network)等,它们尤其谴责了世界贸易组织关于农业、多边投资和知识产权的新自由主义提议。这些组织传递的主要信息是世界贸易组织在制定全球规则问题上做得太过头了,这些规则以牺牲发展中国家、穷人、环境、工人以及消费者的利益来支持企业利润。① 接踵而来的"西雅图之战"受到了广泛的媒体关注,成为美国和世界其他地区报刊的新闻头条。本书的目的是对这一系列事件做简要概述。

大部分评论者认为世界贸易组织和华盛顿政府官员们严重低估了抗议者们数量之众的力量和他们非凡的组织能力。世界贸易组织会议开幕当天,大批游行示威者阻断了市中心的交通,并用人链堵住了通往会议中心的主通道。很多游行示威者接受过非暴力抵抗的训练,他们按照一种非暴力的策略呼吁封锁住主要的十字路口和通道,这样使得会议还未开始,就被迫休会。与会代表们争先恐后地赶往会议中心,西雅图警方也努力给街道清障,他们戴着防毒面具,穿着特种兵靴子,绑着护腿,穿着战斗护甲,带着一次性塑料手铐,手上戴着防砍击手套,握着防暴警棍,配发橡胶弹机尾炮和催泪弹,头上戴着防弹头盔,穿着防弹衣,全副武装的模样着实让人惊恐。警方很快就向人群投放催泪弹,一些静坐在大街和人行道上的人们也受到了催泪弹的袭击。接下来,警方向一些抗议者射击橡胶子弹。由于下午之前警方没有完成任务,他们开始对留下来的游行示威者使用防暴警棍和胡椒粉喷雾手枪。

虽然示威者们都采取非暴力方式游行,但仍有 200 人拒绝这种

---

① 见 Alexander Cockburn, Jeffrey St. Clair, and Allan Sekula, *Five Days That Shook the World: Seattle and Beyond*, London: Verso, 2000; Martin Khor, "Seattle Debacle: Revolt of the Developing Nations", in Danaher and Burbach, *Globalize This*! 48; Mary Kaldor, "'Civilising' Globalisation? The Implications of the 'Battle in Seattle'", *Millennium: Journal of International Studies* 29, no. 1 2000: pp. 105–115。诸多反全球化团体的左翼观点,可参见 Eddie Yuen, George Katsiaficas, and Daniel Burton Rose, eds., *The Battle of Seattle: The New Challenge to Capitalist Globalization*, New York: Soft Skull Press, 2002; Robin Broad, ed., *Global Backlash: Citizen Initiatives for a Just World Economy*, Lanham, MD: Rowman & Littlefield, 2002。

非暴力直接行动，他们以破坏为乐，砸烂沿街的店铺，打翻路边的垃圾桶。这些年轻抗议者大多属于无政府主义组织"黑衫队"（Black Bloc）。"黑衫队"是一个总部位于俄勒冈（Oregon）州的政治组织，在意识形态上反对自由市场资本主义和现代民族国家的中央集权。"黑衫队"的代表们通常头戴黑帽，脚穿黑色长筒靴，并为他们的行为进行辩驳，强调他们并不是麻木不仁的破坏者，而是按照一种提前制定的战略规划来进行政治抵抗。他们坚持认为无政府主义青年暴力行为只是针对那些铁石心肠的企业的。例如，他们放过了一家嘉信理财（Charles Schwab）的门店，却砸了富达投资集团（Fidelity Investments）的橱窗，因为富达集团在美国西方石油公司（Occidental Petroleum）持有较高股份，而该石油公司对哥伦比亚原住民的暴力行为负有主要责任。他们行动起来反对星巴克公司（Starbucks），却不反对塔利咖啡（Tully's），因为当时星巴克公司不支持咖啡的平等贸易。他们远离美国户外用品 REI 连锁店（REI stores），却不断破坏盖璞服装门店（Gap outlets），因为盖璞服装店在很大程度上依赖其在亚洲的血汗工厂盈利[①]。

当天午后，西雅图市长保罗·希尔（Paul Shell）宣布该市进入紧急状态。西雅图警察局长强制执行了早七点到晚七点的严格宵禁令，并且开辟出 25 个市中心街区为"非抗议区"，这一举措离军事管制仅一步之遥。该围禁举措明显违反了 1996 年美国第九巡回上诉法庭（Ninth Circuit）关于《科林斯诉乔丹》（*Collins v. Jordan*）案件的决议，该决议认为市政府必须允许近距离的抗议行为，从而确保抗议者的诉求能被其目标听众亲耳听到、亲眼看到。另外，有迹象表明，美国陆军三角洲部队（U. S. Army's Delta Force）也出现在西雅图市。如果这个属实，那就意味着克林顿政府违反了美国 1878 年《地方保安队法》（Posse Comitatus Act），该法令严禁部队

---

① Danaher and Burbach, *Globalize This!*, pp. 24 – 25.

介入国内执法。①

很显然，游行示威者是拒绝服从这些紧急命令的，警方则采取了更为极端的行动。一些警察用拇指将辣椒粉擦在无辜受害者的眼睛里，并用脚猛踹这些非暴力抗议者的胯部。不仅如此，有300多篇涉及西雅图监狱殴打和残忍虐待抗议者的报道②。12月1日清晨，最后剩余的游行示威者被迫从市中心撤出，但第二天上午，数千名抗议者又再次聚集在国会山附近，准备向会议中心进发。但是，手握AR-15突击步枪的国民警卫队和警察很显然绝不会只使用橡皮子弹来对付这些游行示威者。一位警官对一位抗议者发出警告，这一次，他们要动"真家伙"③。警方不仅阻止抗议者进入限制区，还逮捕外部散发反对世界贸易组织小广告的人员，认为他们是在煽风点火。警方总共逮捕了600多名抗议者，值得一说的是，对其中500多人的控诉最终被取消了，仅有14个案件进入庭审，最终的结果是10例庭外和解，2例无罪释放，只有2例被判有罪④。

会议中心内的谈判进行得也不顺利。由于清除障碍的原因，会议开始时间较晚，世界贸易组织的代表们在一些比如国际劳务和环境标准的重要问题上陷入了僵局。很多发展中国家代表拒绝支持几大经济强国私下起草的一项议程。克林顿政府夹在两股反对势力之中，一个在会场外，一个在会场内，努力寻求一种方式给这次事件渲染上一种积极的色彩。比尔·克林顿（Bill Clinton）总统将这次游行示威活动轻描淡写为"一个相当有趣的喧闹"，同意会见来自温和派工会和环保组织的反对派领袖⑤。在强调"自由贸易和全球

---

① Cockburn et al., *Five Days That Shook the World*, p. 39, p. 101.

② Danaher and Burbach, *Globalize This*! p. 23; Cockburn et al., *Five Days That Shook the World*, p. 51.

③ Cockburn et al., *Five Days That Shook the World*, p. 34.

④ Ibid., pp. 51–52.

⑤ Cockburn et al., *Five Days That Shook theWorld*, p. 38. Jeffrey St. Clair称，在那非常时刻，克林顿总统公开表达了对示威者的些许同情，他的助手命令西雅图市长Shell动用所有武力清除街上的示威者。（见Cockburn et al., *Five Days That Shook the World*, p. 39）。

化的可观利益"的同时,克林顿也承认世界贸易组织需要进行"一些内部改革"。该次西雅图会议最终没有像以往那样发表联合声明。会议结束时,美国贸易代表查伦·巴尔舍夫斯基(Charlene Barshefsky)发表了即兴闭幕词,她承认:"我们发现世界贸易组织已经取得了发展,以前的处理方法已经不再适合……我们内部需要更高级别的透明度和更大的包容性,去接纳数量更多、形形色色的成员。"①

颇具讽刺意味的是,西雅图之战表明:许多被市场全球主义者奉为真正标志性技术的新科技也能服务于正义全球主义力量及其政治议程。例如,互联网让西雅图抗议活动的组织者们以新的形式来安排他们的抗议活动,如全球许多城市以举办音乐会的形式来开展示威活动。全世界的正义全球主义者团体和关系网学习利用互联网的简单快捷特点,吸收新成员,确立日期,分享经验,安排后勤服务,明确和宣传目标,这些活动在十年前肯定会枉费更多的时间和金钱。其他像智能手机的新技术不仅能让游行示威者们在事件的全程保持密切联系,而且能让他们对警方变化的战术作出迅速而有效的反应。活动能力的提升使得在安排和协调抗议活动时不再需要中央指挥、确定的领导者、大官僚集团和金融资源,这给正义全球主义者游行示威增添了一个全新的维度。另外,能够廉价而快捷获取全球信息,使抗议者们提高了知识水平和处事能力。正义全球主义者团体通过网络举办宣讲会、街头戏剧表演,成功地吸收了大学生参与反血汗工厂国际活动。例如,总部在加利福尼亚的加州捣乱协会(Ruckus Society)利用万维网进行视频储存对西雅图一些潜在抗议者进行非暴力直接行动的复杂技术培训。

最后,西雅图之战也证明了在进步团体,甚至在那些历来水火不容的团体中形成无等级联盟的旧式想法是正确的。可能这种基于左翼建构新联盟精神的最佳范例是工会和环保团体促进正义全球主

---

① Charlene Barshefsky, cited in Martin Khor, "Seattle Debacle: Revolt of the Developing Nations", in Danaher and Burbach, *Globalize This*! p. 51.

义者共同议程的意愿。在西雅图有很多关于这种新合作的迹象，例如，当塔科马码头装卸工升起写有"卡车司机和海龟终于在一起了"（Teamsters and Turtles Together at Last）的旗帜，正在前行的环保主义者会唱着"乌龟爱上了卡车司机"（Turtles Love Teamsters）的歌曲，予以积极回应。同样地，可持续性工作与环境联盟（Alliance for Sustainable Jobs and the Environment）——一个环保主义者和炼钢工厂组成的联盟，也出现在西雅图游行示威队伍中[1]。虽然，抗议者中有很多工会的声音，但似乎许多欧美工会的领袖们从西雅图之战中学到了一个残酷的教训：挑战早已确立的全球主义框架的最好办法是创建一个包括工人、环保主义者、消费者保护团体和人权主义者的宏大国际支持网络。正如这个新联盟代表所坚持的那样，未来的贸易体系必须以公平的国际规则为基础，支持工人的广泛权益，注重环境保护，更加关注人权[2]。

西雅图之战之后几个月里，世界范围内接连不断又爆发了几次大规模正义全球主义者游行示威活动。2000年2月，一年一度的达沃斯世界经济论坛上，大部分代表提倡的全球主义愿景和新自由主义政策受到了成千上万抗议者的严厉抨击。20世纪80年代末，世界经济论坛从一个只关注温和的管理问题的机构转变为一个具有活力的政治论坛，还吸引了数百位世界知名企业家和资深政策制定者来参加每年的会议。世界经济论坛同时还拥有几十种出版物，包括发表衡量世界各国经济竞争力的年度索引。每年的达沃斯会议给全球企业精英和政客（包括几十位国家和政府元首）提供一个前所未有的机会去精简社会和经济政策。反世界经济论坛的抗议者们采用与西雅图之战参与者相似的策略举行示威，他们在这个瑞士阿尔卑斯山小村庄与警察发生冲突。瑞士安全部队被游行示威超大的规模

---

[1] Cockburn et al., *Five Days That Shook the World*, p. 8.
[2] 见 Mazur, "Labor's New Internationalism", pp. 79–93。也请参见 Dimitris Stevis and Terry Boswell, *Globalization and Labor: Democratizing Global Governance*, Lanham, MD: Rowman & Littlefield, 2007。

和超强的组织力量震惊了，他们努力了好几日才将这些示威者驱散。这种街头战争的暴力画面充斥在世界各地的新闻报道中，证实了对市场全球主义的强烈反对依然存在。

2000年4月中旬，来自世界各地的25000名正义全球主义者企图迫使华盛顿特区举办的国际货币基金组织和世界银行半年度会议停会。示威者们计划去市中心游行，抗议这些机构施加于发展中国家的新自由主义政策，然而他们发现整个市区都已经被封锁起来。示威者们被迫来到城镇的西北部，数次尝试突破数千警察和国民警卫队恐吓方阵。在努力向会议中心接近的时候，示威者们遭到了催泪弹和辣椒粉的不断袭击，数名反抗者被警棍击伤。哥伦比亚特区政府显然对西雅图事件进行了密切关注，正如警长查尔斯·拉姆齐（Charles Ramsey）所说，他的部队已经"严阵以待"，并且时刻"准备好保卫这座城市"。实际上，他这种封锁城市以确保会议顺利召开的决策是有庞大的资金来支撑的。由于预料到了游行示威，拉姆齐要求并得到了几百万美元的加班费和新式的防爆设备[①]。

警方礼貌地把会议代表引导至在等候他们的汽车上，并护送他们到达会场。与此同时，警方封闭了抗议者总部，称其有"火灾隐患"。警方一共逮捕了大约1200名抗议者，对他们的指控各不相同，包括"未经允许进行游行""妨碍交通"等。两天的冲突后，警方最终取得了胜利，警察局长拉姆齐向蜂拥而来的记者们自豪地宣称，"我们没有输掉这座城市"。市长安东尼·A. 威廉（Anthony A. Williams）强调说，警方采取了"适当的武力"，而前一日夜晚逮捕大批和平抗议者是经过"慎重考虑的行为"[②]。第二日，大部分早报对这一事件进行了忠实的报道，称市政府官员们"恪尽职守"，示威者们"没有达到"他们的目的。其余的抗议者们泰然自若，他们在大街上举行胜利聚会，庆祝全球正义运动的迅速崛起。

---

① Cockburn et al., *Five Days That Shook the World*, pp. 70–71.

② Anthony Williams, cited in John Kifner and David E. Sanger, "Financial Leaders Meet as Protests Clog Washington", *New York Times*, April 17, 2000.

要知道，他们在哥伦比亚特区"失败的"抗议行为已经通过令人印象深刻的图像和声音传播到世界各地，给成千万观看了他们所作所为的人们留下了深刻的印象：西雅图之战并不是孤立的事件。

2000年秋，在对泰国清迈（Chiang Mai）的亚洲发展银行（the Asian Development Bank）和墨尔本（Melbourne）举办的世界经济论坛亚太峰会进行类似的抗议活动之后，反全球主义的斗争转移到了捷克共和国首都布拉格（Prague）。作为首都城市，布拉格被选为世界货币基金组织和世界银行年会的举办地。很多全球主义运动网络鼓励其支持者去布拉格参加游行示威，反对这些布雷顿森林机构制定的新自由主义政策。捷克边防管理局禁止一些可能的示威者进入境内，并有对以前正义全球主义者同盟执行逮捕的记录，但还是有1万多名以欧洲人为主的示威者成功地进入了捷克首都。"这里就是我们的西雅图！"一个年轻的德国工会积极分子告诉电视台记者，"西雅图之战是我见过的最精彩的事件——人们团结起来，迫使国际机构歇业"①。

为了应对这次示威，捷克方面准备了数周，出动1.1万名警察，加上美国联邦调查局顾问以及英国政治保安处（Britain's Special Branch），一起镇压示威者。他们拿着手枪，带着警犬和高压水枪，阵势惊人。实际上，警察的数量已经超过了示威者的数量。捷克警方除了保护31家与会代表下榻的酒店，他们还要防止抗议者们进入国际会议中心，因为国际货币基金组织和世界银行要在这里举办为期一周的年会。城市的大部分地区交通封锁，商业店铺也早早地打烊歇业。政府让市民们储存好食物，然后关好门窗，待在家里。美国国务院甚至警告美国公民在会议周不要去捷克进行一些"没必要"的旅行。② 尽管200多次抗议活动都是有计划的，以公

---

① Desko Vladic, cited in Joseph Kahn, "Protesters Assemble, Hoping for a Rerun of Seattle's Show", *New York Times*, September 23, 2000.

② Stefan Theil, "Taking It to the Streets", *Newsweek* (Atlantic edition), September 25, 2000, p.40.

开、和平方式进行，但捷克警方首席安全协调员强调这次的示威者有一些可能来自暴力组织，例如新法西斯主义光头党和激进无政府主义者。为了能做好安保工作，他还声称20%的示威者可能有危险性。"来自外国的抗议者是最麻烦的，"他补充道："我们很担心他们把其暴力手段教给捷克人民。"①

2000年9月26日，几名示威者在与警方冲突中受了伤，这让一些示威游行活动变成了暴力活动。一些示威者不断地向警方投掷瓶子和石头，而另外一些则向警察投放莫洛托夫汽油弹。警方也采取了应对措施，他们开着装甲车封锁街道，向示威人群投放催泪弹，高压水炮和闪光弹，很快地，布拉格老城狭窄的鹅卵石街道上便洪水漫流，浓烟滚滚。大部分游行者不愿意放弃非暴力的承诺，他们不与警方对抗。相反地，他们正在向攻击示威者的警察高喊反全球化的口号，例如"立刻停止经济恐怖"，以及"课征金融交易税以协助公民组织"的标语"我们的世界不是用来出售的"。由于街头暴力事件，会议比原计划提前一天结束。这次游行示威导致100多人受伤，其中半数为警察，420名示威者被捕。②

虽然布拉格抗议组织者不属于极端主义组织，但他们承认暴力和破坏行为有损于正义全球主义者左翼的政治宗旨。许多抗议者在谴责媒体只关注这些边缘团体事件的同时，也开始意识到他们游行示威活动给那些支持另类事业的小团体做了掩护。2000年12月欧盟峰会期间，正义全球主义者议程被极端主义者侵占的现象尤为明显。数百名巴斯克（Basque）分裂分子、法国反移民组织成员以及意大利共产主义者混进反全球主义者游行队伍里，在法国尼斯的大街上与警察对抗。这些组织进攻银行，洗劫店铺，打砸车辆，在著名的里维埃拉（Riviera）风景区横冲直撞，完全没有显示出对解决

---

① Theil,"Taking It to the Streets", p. 40.
② Joseph Kahn,"Protests Diminish at Conference in Prague on Worldwide Aid", New York Times, September 28, 2000.

全球不平等问题的关切①。

与此同时，西雅图之战与之后的反全球主义者游行还给世界各地警方的激进行为提供了方便的借口。由于担心自身的持续生存能力，市场全球主义者放弃了他们的自由放任主义哲学，不断地支持国家政权对其反对者采取高压政策。2001年1月达沃斯世界经济论坛会议期间，警方变得更加野蛮暴力，肆意妄为，残酷地虐待反抗者。瑞士官方决心避免重演上一年的"窘迫事件"，承诺将所有的抗议者控制在这个阿尔卑斯小村之外。据报道瑞士边境管理局采取了自第二次世界大战以来最大规模的安保措施，拒绝数千名人员进入瑞士境内，仅仅是怀疑他们有参加反世界经济论坛会议的可能。警察和军队在所有通向达沃斯的路上都设置了路障，并让所有通往达沃斯镇的火车停运，数千名警察和军队进入警戒状态。②

尽管警方采取了这些严厉措施，但游行示威者们还是与警方在达沃斯和苏黎世发生了冲突，他们之间的巷战使几十人受伤，几百人被警方逮捕。有时警方还会逮捕散发反世界经济论坛小册子的人，以及唱抗议歌的人，或者拘捕那些穿着"肥猫"服装的人，因为他们脖子上挂着与会议身份证明风格一致的卡片，卡片上通常写着这些名字，例如"富兰克·瑞士"，"大卫·美元"以及"玛克·德国"。③ 和西雅图之战一样，瑞士的大多数游行者有表演行为，身着奇装艳服，手持木偶、巨型风筝或纸浆雕塑。

残酷虐待和平游行者的行为受到了瑞士及国外媒体的强烈谴责。瑞士社会民主党公开指控当局侵犯了游行者的言论自由和其他几项"民主基本原则"。瑞士报纸谴责警方使用"独裁者的方法"④。然

---

① 若要了解尼斯示威的情形，参见 Suzanne Daley, "Europeans, and Protesters, Meet on the Riviera", *New York Times*, December 8, 2000。

② "Police Quell Davos Protests", BBC News, 2001年1月28日, (http://www.bbc.co.uk); Onna Coray, "Swiss Police Catch Heat for Anti-Global Melee", *Chicago Tribune*, January 30, 2001。

③ David Greising, "Free Speech Not on Agenda of Global Leaders", *Chicago Tribune*, January 28, 2001。

④ Oona Coray, "Swiss Police Catch Heat for Anti-Global Melee"。

而，在西雅图之战后，这种对正义全球主义者游行示威活动过于偏激的官方反应到 2001 年夏天已经成了一种规则。在厄瓜多尔（Ecuador）和巴布亚·新几内亚（Papua New Guinea）的几次游行示威中，警方和军队联合屠杀了几位正义全球主义示威者。

在热那亚的八国集团峰会期间，意大利政府组建了一个由 16000 名警察和军队构成的队伍以确保与会代表的安全。世界各国领导人在豪华游艇上尽情地享用着黑鲈和香槟，游艇安全地停靠在热那亚美丽的港口。港口外，几十名警察和游行者在街头冲突中受伤。23 岁的意大利青年卡洛·朱利安尼（Carlo Giuliani），是成千上万名示威者中的一员，他来到这个地中海港口城市参加抗议活动，不幸被一个 20 岁的意大利宪兵开枪杀害。参与会议的政界领导人作出不同的官方回应，法国总统雅克·希拉克（Jacques Chirac）想知道到底是什么促使如此多的人出现在大街上。不管怎样，可以推测出这些评论话语中的大意。意大利总统阿泽里奥·钱皮（Azeglio Ciampi）对这次"惨痛的死亡事件"表达了悲痛之情，他敦促游行者们"立即停止这种盲目的暴力事件"。意大利总理西尔维奥·贝卢斯科尼（Silvio Berlusconi）和美国总统布什立即鹦鹉学舌，认为无论是暴力还是非暴力抗议者都拥护"把穷人永远困在贫困之中的政策"①。

跨国公司媒体通过播放仅聚焦于少数无政府主义骨干成员在热那亚暴力游行示威行为的图像，使那些精英的言论得以合法化。像 CNN 和 Fox 这类新自由主义媒体也是如此，他们的报道与事实不符。在罗马报刊《共和国报》（*La Repubblica*）开始调查此事之前，几乎没有媒体对警方所采取的系列残忍暴力行为予以报道，没有一家美国主流电视网关注警察虐待抗议者的行为，比如由华登·贝罗（Walden Bello）描述的案例：半夜里，警察闯入热那亚社会论坛新

---

① Associated Press, "Police and Protesters Clash as Economic Summit Opens", *New York Times*, July 20, 2001; David E. Sanger and Alessandra Stanley, "Skirmishes Mark Big Protest March at Talks in Italy", *New York Times*, July 22, 2001.

闻中心（该论坛是一个意大利团体，由 600 个小团体整齐有序地站成队列保证进行非暴力游行），警方闯入之后，强迫每个人蹲在地上，接着对这些积极分子进行羞辱和虐待。① 艾瑞卡·巴塔萨奇（Enrica Bartasaghi）是一位年轻的非暴力抗议者的母亲，即便两年之后，该次峰会对她来说依然是"流着血的伤口"。"我 21 岁的女儿被警察暴打，"她悲伤地说道，"他们把她抓了起来，送到医院里，之后转移到博尔扎诺（Bolzaneto）的营房，她在那两天里杳无音信，受到警察的恐吓，受尽了虐待"②。

此外，新自由主义强大的媒体之声似乎无视这一点：无论是在西雅图还是在热那亚，大多数参加正义全球主义游行示威者都严守非暴力抗议的承诺。意大利绿党议员弗朗西斯科·玛通（Francisco Martone）告诉 BBC，他有可靠的证据证明意大利政府使用渗透者和煽动者去巩固"黑衫军"无政府主义者的公众暴力形象，以此为警察的极端暴力行径开脱。这些已经不是重大新闻了。最终，有些比较可靠的报道，如有关警方与激进右翼组织包括新法西斯团体发生冲突，更不用说之后对抗议组织进行政治迫害了。两个月之后，意大利议会在一份报告中赦免了八国峰会期间警方的罪恶行径③。

"9·11"事件之后抵制帝国全球主义：多哈及多哈以外

"9·11"事件之后的几个月里，一些像娜奥米·克莱恩（Nao-

---

① Walden Bello 的报告可见于 *The Nation* 网站，（http：//www.thenation.com.）。

② Stefania Milan, "Globalization：Protests Return to Haunt Italy", *Inter Press Service*, 2004 年 3 月 11 日，（http：//www.commondreams.org/headlines04/0311 - 01.htm.）。

③ Melinda Henneberger, "Italians Hold Large Protest Rally after Parliament Clears Police", *New York Times*, September 23, 2001. 日内瓦对于"全球正义运动"（GJM）意义的精彩讨论参见 Massimiliano Andretta, Donatella della Porta, Lorenzo Mosca, and Herbert Reiter, *No Global—New Global：Identitaet und Strategien der Antiglobalisierungsbewegung*, Frankfurt：Campus, 2002, 特别是第 1—3 章。

mi Klein)那样彻头彻尾的正义全球化主义者担忧那天的灾难性事件会给全球正义运动的规模和力度带来负面影响。她注意到世界各大报刊中突然出现了全球正义运动消亡的新闻，报纸上称"反全球化已经成为历史"①。实际上，鉴于对死难者的哀悼和对警方暴力行径的恐惧，他们取消了2001年9月和10月的大部分游行示威活动。另外，2001年11月世界贸易组织会议在多哈（Doha）举行，多哈远在小小的波斯湾地区，是卡塔尔（Qatar）的首都。只有少数通过精挑细选的非政府组织代表才能进入卡塔尔。

由于世界贸易组织的143名成员达成一致意见，决定举行新一轮世界贸易会谈，所以，多哈会议被誉为一次巨大的成功。这轮谈判被称为"多哈发展议程"，旨在寻求更深层次的贸易自由化，在2005年1月之前对贸易规则进行审议。然而，要记住一个重要的事情，贸易谈判的回合并不是一套全球贸易规则、原则和程序，而是为制定这些规则所要进行的艰难谈判的笼统术语。上一次的成功谈判案例是《关税与贸易总协定》下的乌拉圭回合谈判（the Uruguay Round），该谈判从1986年持续到1993年，直到1995年世界贸易组织成立之前才结束。由于国际示威者的反对，以及内部意见不统一，关于1999年设立西雅图回合的计划一度陷入困境。由于受到全球正义运动的部分影响，贸易谈判的内容也不完全局限于一些经济技术细节，比如，废除贸易壁垒以及批准补贴等。正如多哈协定中所反映的，对于环境和减少贫困政策的关注在世界贸易组织议程中已经上升到和贸易基本自由同样的高度。此外，南北国家政治经济不平衡的问题极大地促使发展中国家之间开展更紧密的合作。实际上，多哈会议的一个显著特征是许多南方国家代表所表现出的老练、团结和力量，尤其是那些被称为非洲集团的国家②。

2002年，当"9·11"事件所带来的最初震惊逐渐减弱后，正

---

① Naomi Klein, "Signs of the Times", *The Nation*, October 22, 2001, pp. 15–20.
② Duncan Green and Matthew Griffith, "Globalization and Its Discontents", *International Affairs* 78, 2002: p. 66.

义全球主义示威者又重返国际经济组织的各个会场,但是他们的规模总体上比"9·11"事件之前小了很多。其中最大规模的游行示威活动大概发生在2002年的世界经济论坛会议期间。该论坛的瑞士领导者将会议地址从阿尔卑斯山迁至美国纽约,表面上看,显示了基地组织恐怖袭击事件之后城市之间的团结精神。在纽约,1万多名抗议者与数千名警察进行对抗,混凝土防撞栏让会议举办地——奢华的纽约华道夫—阿斯多里亚酒店(Waldorf-Astoria Hotel)成为了一座坚不可摧的堡垒。然而还是有抗议者阻断了附近的交通,这一举动引发了数百名警官的愤怒,于是,警察不分青红皂白地在纽约各处对抗议者发动突然袭击,并逮捕了150多人。[1] 然而,关于本次在纽约举办的世界经济论坛最重要的事情可能是酒店内到底有多少参会代表收到了抗议者的投诉。虽然参会的大公司和政治领袖没有一个人建议放弃新自由主义全球化,但大多数代表都承认进行改革是符合议事程序的。一些代表还承认全球贫困和绝望导致了"9·11"事件的发生。一些代表甚至向布什政府提出警告,认为美国把全球反恐战争局限于发动军事活动,而不去解决经济社会问题,也不解决一些类似巴以冲突的深层动因,以致招灾引祸[2]。恰好在世界经济论坛两个月后,数千名正义全球主义示威者与上万名阿拉伯裔美国人联合开展了一场声势浩大的游行示威活动,他们反对在阿富汗过多的军事行动,反对政府当局对以色列的单方面支持[3]。

年关之际,反战运动和正义全球主义运动合二为一,其实这只不过是新保守主义安全议程与市场全球主义经济计划(我之前在"帝国全球主义"中也提到过)相互融合的一个翻版。作为回

---

[1] Dan Barry, "A Little Violence and Lots of Police Equal 150 Arrests Far from Forum", *New York Times*, February 4, 2002.

[2] R. C. Longworth, "After the Mainstream Has Stolen Your Agenda", *Chicago Tribune*, February 4, 2002.

[3] Stephen Labaton, "Many Thousands in Washington March in Support of Palestinians", *New York Times*, April 21, 2002.

应，2002年10月在华盛顿特区举办的国际货币基金组织和世界银行会议上，左翼阵线迅速成长联合起来，对抗市场全球主义和军国主义。15000多名抗议者拿着标语，喊着口号，"别再有战争，别再有剥削"；"降债务，不要降炸弹"。这种和平问题与反全球主义议程混合的游行活动在2003年年初达到高峰，因为当时布什政府明显要对伊拉克发动进攻。2003年2月15日，来自世界60多个国家的1500万—2000万名和平分子和正义全球主义者形成了一个盛大的综合体，表达他们对美国为首的伊拉克战争的坚决反对，在伦敦和巴塞罗那（Barcelona）等城市抗议人数创历史新高。

六个月后，正义全球主义者对世界贸易组织的抵抗在墨西哥坎昆（Cancún）世界贸易峰会上达到了高潮，这一抵抗令人惊心动魄。几千位墨西哥农民来到坎昆，要求发达国家停止发放一些虚伪的农场补助金，因为这对南方国家的几百万农民造成了很深的伤害。除了农民抗议者，至少还有1万名来自世界各地的正义全球主义激进分子抵达了坎昆市。通往坎昆的道路上布满了安检关卡，几千名警察将会议中心封锁了起来。为了应对警方将反对者与会议隔离的企图，抗议者们作出了创造性的回应，他们在外露营，建立平行会议点，并且举办了一系列关于自由贸易及其替代方案的研讨会。然而，最终一场冲突在距离会议中心六英里的安全防护篱处爆发了。警察们最终逮捕了数十名抗议者，费了很大的力气才将人群驱散。在极度绝望中，55岁的韩国农民李庆海（Lee Kyung Hae）不顾一切地翻过安全护栏，更是将匕首刺入自己的胸膛，以死明志①。

会场内的贸易谈判进行得并不顺利。以巴西、印度、尼日利亚和中国为首的22个发展中国家集团，进行了沉默式的抗议，要求公开讨论削减富裕国家农场补贴的提议，不能一仍旧贯而予以回

---

① Hugh Dellios, "Anti-WTO Protests Erupt", *Chicago Tribune*, September 11, 2003.

避。他们也提出了其他几个问题，其中，最值得注意的有外国投资和知识产权问题，认为世界贸易组织对外国投资的不平等规则让跨国公司的利益凌驾于第三世界国家之上，知识产权问题让那些贫穷国家没有办法获得抵抗艾滋病和其他疾病的通用药物。但是，二十二国集团关注的核心问题依然是农业补贴。

实际上市场全球主义者对自由贸易所信奉的一条真理则是：如果土地和劳动力成本较低，那么生产成本也会降低，这是发展中国家在农业方面的优势。然而农业在北半球发达国家仍是最受保护的部门。美国、法国和日本等国不仅对农作物都征收很高的关税以阻止进口农产品，他们还花费数十亿美元给自己国家的农民进行补贴。从 2001 年至 2010 年，美国种植棉花的农民每年会收到平均 30 亿美元的补贴，这使农民们可以以低于非洲的价格在国际市场上销售棉花。① 据估计，这几个世界最富裕的国家在这 10 年间每年给农民的补贴高达 3000 亿美元，这给以农业为主的南半球国家带来了很大的灾难。2002 年，美国总统布什签署了一条新的农业政策法规，增加了对农民实行永久补贴的条款，按每年 400 亿美元发放。农业对美国两大党的政治贡献由 1992 年的 3700 万美元增至 2002 年的 5300 万美元，共和党所占的份额从 56% 飙升至 72%，从这种角度考虑，布什的农业保护主义政策便不足为奇②。

坎昆会议最终成为了一个分水岭，它表明了发展中国家不再愿意屈服于由北方国家制定和维护的虚伪的世界贸易组织规则。多日以来，二十二国集团代表试图给北方国家施加压力，使其在农业补贴问题上作出让步，然而这些尝试都以失败告终。二十二国的代表们只好愤然离场，致使世界贸易谈判失败，这给将在 2005 年 1 月 1 日举行的旨在签署几项重大协议的多哈回合谈判罩上了一层乌云。

---

① Elizabeth Becker, "African Nations Press for an End to Cotton Subsidies in the West", *New York Times*, September 12, 2003.

② Elizabeth Becker, "Western Farmers Fear Third-World Challenge to Subsidies", *New York Times*, September 9, 2003.

时任美国贸易代表罗伯特·佐利克（Robert Zoellick）否认自己的国家对自由贸易采取双重标准，并指责二十二国集团故意使用"刚性策略和煽动性言论拖延贸易谈判"①。佐利克一面希望这些国家终将"清醒过来"，另一面向世界发出警告：坎昆贸易谈判的失败将会促使美国政府不再倚重世贸组织多边框架，转向不经全球经济机构许可而按自己的意愿来敲定双边和多边交易。② 佐利克的威胁性言语再次揭露了帝国全球主义的单边根基。只有少数坚定的市场全球主义者不太乐意赞同这样的政策，比如哥伦比亚大学经济学教授贾格迪什·巴格沃蒂（Jagdish Bhagwati）。他认为贸易自由化进程只不过是一个幌子，因而谴责跨国集团实质上在绑架自由贸易规则，将这些规则变成他们自己的议程，以进行毫无限制的剥削③。

不出所料，多哈回合贸易谈判原定于2005年1月1日结束，所有的与会者都清楚谈判要取得积极成果，会议不得不延期。然而随后的会议并未实现预期的成果，2006年7月27日至28日的会议上，总理事帕斯卡尔·拉米（Pascal Lamy）宣布中止谈判。2007年6月，来自欧盟、美国、印度和巴西的代表在波茨坦（Potsdam）举行了一次紧急会议，在此讨论原本棘手的欧美国家农业补贴问题，但谈判再次失败，专家宣称多哈会谈告终。令一些权威人士吃惊的是，2008年初布什总统宣布为了达成一种新的世界贸易规则，美国愿意作出一些让步，前提是其他国家对美国出口打开市场。欧盟领导人继布什之后，发表了同样的看法。巴西方面的主要谈判人罗伯特·阿泽维多（Roberto Azevedo）甚至表现出很乐观的态度，他认为虽然不确定谈判一定成功，但谈判者们比以往更接近于达成一致协议。布什总统大胆预测多哈谈判将会是一场成功的谈判，然

---

① Robert Zoellick, cited in Andrew Martin and Hugh Dellios, "WTO Talks Fail as Poor Nations Balk", *Chicago Tribune*, September 15, 2003.

② David Greising and Andrew Martin, "U. S. to Pursue Regional, Individual Trade Talks", *Chicago Tribune*, September 15, 2003.

③ Jagdish Bhagwati, cited in William Greider, "The Real Cancu'n: WTO Heads Nowhere", *The Nation*, September 22, 2003.

而这种预测是否会在 2008 年成为现实,还尚待分晓①。美国农业法提出于 2009 年仍然给予农民 2900 亿美元的补贴,因此显然与贸易自由化原则相矛盾。

全球正义运动目的何在?正义全球主义的核心主张

现在我们暂不讨论全球正义运动进行十年以来的政治背景了,让我们将话题转向考察正义全球主义的意识形态结构。我们继续关注正义全球主义两个典型代表,并对相关文本进行批评性话语分析,分别是美国消费者维权激进分子、多届总统候选人拉尔夫·纳德(Ralph Nader)和世界社会论坛原则宪章(WSF's Charter of Principles)。

过去几十年,拉尔夫·纳德被《生活》(Life)杂志称为 20 世纪最具影响力的百人之一,他还是美国民主党左翼的杰出发言人。纳德于 1934 年 2 月 27 日出生在康涅狄格州的一个黎巴嫩移民家庭,在学生时代就表现出非凡的知识潜能,在普林斯顿大学获得文学学士学位,哈佛大学法学学位。1963 年,纳德放弃了传统律师业务,开始和美国劳工部助理秘书丹尼尔·帕特里克·莫伊尼汉(Daniel Patrick Moynihan)一起做法律咨询。这位年轻的律师还兼做自由记者,定期为左翼自由主义杂志写一些文章,比如《国家》(The Nation)杂志,还有一些像《基督教科学箴言报》(Christian Science Monitor)等进步报刊。纳德于 1965 年出版了《任何速度都不安全:美国汽车设计埋下的危险》(Unsafe at Any Speed: The Designed-In Dangers of the American Automobile)一书,炮轰美国汽车行业为保证利润,掩盖一些严重的安全隐患。这本书风靡一时,进入

---

① Reuters, "Doha Round Trade Deal Still Possible, Bush Says", 2008 年 3 月 29 日, http://www.nytimes.com。

畅销书行列。之后纳德在通用汽车的一起诉讼案中获胜，他把获得的赔款用于开展美国现代消费者权益保护运动。

随着纳德创立的非营利机构"公众公民"（Public Citizen）（即有权利和义务意识的公民）对国会进行游说通过新的消费者权利保护法之后，后来的几十年他名声大噪，被称为美国企业无情的批判者。截至20世纪90年代，已有15万人主动加入"公众公民"的六个主要部门。"公众公民"下属机构"全球贸易观察"（Global Trade Watch）致力于教育美国民众关于新自由经济全球化给工作保障、环境、公众卫生、安全和民主责任制带来的负面影响。"全球贸易观察"成立于1993年，是对国会通过的《北美自由贸易总协定》的直接回应。它作为一家领先监察机构监视国际货币基金组织、世界银行以及世界贸易组织等机构的活动。纳德确立了自己作为这些机构主要左翼评论家的地位，强调这些机构的主要目的在于牺牲全世界普通民众的利益，去促进一项新自由社团主义的议程。

在1996年拙劣的总统竞选之后，纳德在四年后又被绿党（Green Party）提名为总统候选人。这次，他和他的党派决定组织一场声势浩大的全国性运动。在2000年竞选日，这位正义全球主义消费者权益维护者赢得了3%的选票，即全国范围内有300万张选票。许多政治评论家认为在佛罗里达和新罕布什尔等州，总统竞选相当激烈，纳德的参选拉走了佛罗里达州和新罕布什尔州的部分选票，使得美国副总统、民主党竞选人阿尔·戈尔（Al Gore）以微弱的劣势败于小布什。2004年和2008年，纳德再次参加总统竞选。然而，这次绿党并未提名纳德作为其官方候选人。

在2000年总统竞选陈述中，纳德把自己称作民主原则的捍卫者，坚决反对"全球主义的新自由势力"[①]。右翼民族民粹派总是煽动民众对少数族群、移民和福利受领人的厌恶情绪，与之不同的

---

① Ralph Nader, "Statement of Ralph Nader, Announcing His Candidacy for the Green Party's Nomination for President"（这一声明于2000年2月21日在华盛顿公布），http://www.votenader.org/press/000221/pressannounce.html。

是，纳德的左翼民粹主义唤起了绿党的包容精神。他们"反对那些企图使我们分裂的人，这些人为了政治利益而激起民族种族仇恨，指责移民带来的经济社会问题"①。纳德力图避免右翼分子浮夸的爱国主义行为，这也使他的民粹主义中的正义全球主义成分显而易见。尽管纳德在竞选演说中会偶尔用某些方式迎合观众的沙文主义热情，比如为"民族自决权"进行辩护，反对"全球公司支配"等，但他还是会回到这样一个观点：必须通过平等主义者的全球联盟力量来反对市场全球主义。例如，他在2000年绿党会议的总统候选人提名演讲上指出"深层民主"和社会正义的价值观念、贫困消除、环境保护三者一起构成了道德律令，它应当超越民族主义和区域主义狭隘的概念框架②。

然而，在企业精英的角色问题上，纳德的左翼民粹主义与帕特里克·布坎南（Patrick Buchanan）的民族民粹主义勉强接近，我们将在下一章讨论这一问题。1999年，西雅图抗议世界贸易组织活动的当晚，《时代》杂志举行了一个联合在线访谈节目。在访谈中，纳德和布坎南都认为彼此的意识形态立场是对立的，而这种对立的基础是在某些问题上的一些共识，比如市场全球主义者提出的议程削弱了人民的力量③。然而，两者的主要区别在于：纳德对"人民"的理解远远超过了布坎南只对"美国人民"的狭隘关注。市场全球主义者声称没有人能够掌控全球化，全球化促进了民主思想在世界的传播，而纳德的观点恰好给这些人带来了冲击。对于主张消费者权益的人而言，全球化是由强大的全球企业精英驱动的，这些精英认为，全球贸易和投资的地位高于人权、劳动者权益、消费者权利、环境权以及民主权利。纳德指出，在世界100个顶尖经济

---

① Green Party Platform，2000年6月25日经总统提名大会批准（http：//www. gp. org.）。

② Ralph Nader，"Acceptance Statement for the Association of State Green Parties Nomination for President of the United States"（2000年6月25日，科罗拉多州丹佛）（http：//votenader. org/press/000625acceptance_ speech. html.）。

③ 1999年11月28日，Time. com在线采访Patrick Buchanan与Ralph Nader（http：//www. time. com/community/transcripts/1999/ 112899buchanan-nader. html.）。

体中，有52个是企业经济体，48个是国家经济体。一些大型跨国集团的年销售总额甚至超过一些国家的国内生产总值，例如，挪威、南非和沙特阿拉伯等国的年均 GDP 与通用汽车的年销售量相比，可谓望尘莫及。跨国公司以独裁的方式型塑贸易和金融的全球化进程，使得普通民众与其政治机构的"民主沟壑"越来越大：

> 全球社团主义鼓吹的经济增长模式基于大型跨国公司控制的国家之间的贸易和金融流通，这些大型公司从事药品、烟草、石油、银行和其他服务。这种全球企业模式以市场、政府、大众媒体、关键药品和种子专利垄断、工作场所、企业文化等方面的权力集中为前提。权力集中使得全球出现同质化现象，而且破坏了民主进程及其带来的益处①。

纳德认为，世界范围内全球化企业模式的实施与政治治理独裁机构的创立齐头并进，这种独裁机构推动了经济发展新自由主义议程。例如，世界贸易组织的成立反映了企业力量的加强及其正规化。在纳德看来，市场全球主义者所创立的这些机构是为了清除"来自民主方面的对抗因素，并形成一个独裁治理的国际体系，从而破坏公开的司法审判，并用世界贸易组织的秘密法庭代替这些公开法庭"。基于这样，纳德指出，企业全球化创建的超国家起限制作用的规则，深深地侵犯了普通民众通过民主执法控制商业活动的能力。市场全球主义者的策略旨在清除事件中的民主决策和问责制度，这些事件与我们的生活息息相关，如食品安全、医药、汽车，或者一个国家使用或保护土地、水、矿产以及其他资源的方式。纳德总结道：我们现在所拥有的，是一场缓慢的政变、一场平静的战争，这场政变与战争把自由社会重新定义为臣服于国际贸易的指导

---

① Ralph Nader, "Global Trade Concentrates Power and Homogenizes the Globe", Public Interest, 1999年12月7日（http://www.issues2000.org/ Ralph_ Nader_ Free... Trade_ &_ Immigration. html.）。

原则，即"企业就是王道"①。

纳德注意到 1974 年美国政治行动委员会的数量仅有 400 个，然而到了 2000 年，增至 9000 个。他称这种"强大的企业游说团体在华盛顿的出现"成功地使国会和总统走向新自由主义道路。企业甩出雪崩般的钞票将美国的民主体系掩埋了起来：

> 这是过去 70 年以来我们所见到的政府被绑架程度最高的一次。政府被企业绑架，主要是被跨国企业绑架。跨国企业将人员安排在政府里，他们管理自己的人员，给自己的人委以重任，让自己公司的律师在政府里当大法官。当这些都成为事实的时候，再也不会有被称为"政府"的东西与之抗衡了，再也没有政府一致反对这种被杰斐逊称为"货币利益集团"的过分行为了。取而代之是一种趋同性，可以说是一个阵营，企业控制下的政府与其人民进行对抗的阵营②。

纳德继续说，如果连世界唯一的超级大国都受跨国公司支配，那么，我们对全世界公司权力不可思议的发展就不会感到惊讶了。届时，西方社团主义政府不再履行市场全球主义者促进民主价值观传播的主张，他们将支持发展中国家实施专制、寡头政权，从而确保其社会条件有利于国外直接投资。为了使国家之间进行对抗，跨国公司设立一种"逐底竞争"规则，政府通过降低工资水平、把污染指标降至最低，把商业税收调至绝对最小值，从而吸引外资。因此，美国人民的生活标准和正义标准已经被拉低至与专制独裁的发展中国家相一致的水平。这就是全球化不禁止雇佣童工，也不禁止

---

① Ralph Nader, "Introduction", in *The WTO：Five Years of Reasons to Resist Corporate Globalization*, by Lori Wallach and Michelle Sforza, New York：Seven Stories Press, 1999, p. 7.

② Nader, cited in Harold Meyerson, "Nader Speaks", LA Weekly, 2000 年 6 月 30 日至 7 月 6 日（http://www.laweekly.com/ink/00/32/cover-meyerson2.shtml.）。

在残酷的工作环境下进行生产的原因①。

新自由主义者提供的数据显示全世界人民的生活水平都在提高，为了对这一数据作出回应，纳德使用自己的数据有效地反驳了市场全球主义者关于全球化使人人获益的观点。仅谈及美国不平等问题增多的现象时，纳德表示美国人的医疗质量仅列全球第37位。4700万名工人（约占美国劳动力的1/3）每小时挣不到10美元，每年的工作时间比1973年多出160小时。全球主义者经常引用20世纪90年代的低失业率作为全球化所带来的经济收益的证据，但这一事实往往被低工资和数百万兼职工人所掩盖，这些兼职工人如果一周工作21个小时，虽然不是一份全职工作，却会被注册为就业状态。然而，大公司首席执行官的平均薪水却在暴涨。2000年，一位公司首席执行官的薪水是一名普通工人的416倍，美国1%的富裕家庭的金融财富超过95%普通家庭金融财富的总和，这一差距在过去20年明显加大。②

纳德强调企业全球化加剧了全球不平等，这惯常地超出了国家的想象。纳德使用的数字可以从每年联合国出版的《人类发展报告》中获得。例如，他指出世界家庭收入分配不均的情况在过去十年来急剧增加，大多数国家贫富差距变大。与此同时，发展中国家经济增长停滞，导致其和发达国家收入差距达到了空前的比例失调的状态。1973年全球化开始的前期，世界最发达国家和最贫穷的国家资产收入比为44∶1，25年后这一比值爬升至74∶1。自冷战结束以来，1987年约有12亿人生活在贫困线以下，然而当今已有15亿人生活在贫困线以下，如果这种趋势持续下去，到2015年将有19亿人在贫困线以下挣扎。这意味着，在21世纪初，处于经济水平最底层的1/4的人一年的生活开支不足140美元。然而，与此同时，世界上最富有的200人资产净值在1994年

---

① 1998年3月，PBS采访Ralph Nader（http：//www.pbs.org/globalization/nader.html.）。

② Nader, "Acceptance Statement for the Association of State Green Parties Nomination for President of the United States".

至 1998 年翻了一番，超过了 1 万亿美元。世界上 3 个顶尖亿万富翁的资产总值比世界上所有最不发达国家及其 6 亿人口的国民生产总值还要高①。

尽管这些数据表达了一种近乎无可救药的社会发展态势，纳德依然拒绝接受市场全球主义者关于全球化等同自由化和市场一体化，以及全球化趋势不可避免、无法抗拒的主张。但挑战全球企业权力向政府集中则要求美国复兴公民民主，并进行跨国运动②。纳德不强调政治领导人的核心作用，而是唤起无数本土全球正义运动团体的努力，使普通人团结一致，反对非民主政权的过度专制。他也指出，近来全世界人民动员起来反抗市场全球主义及其机构，并以此作为证据表明：普通民众有能力使企业这辆重型卡车在其所谓势不可当的行驶中停车、后退或者变向。

纳德多次策动其追随者以公开的形式抵制统治秩序，他试图利用正义全球主义的核心观点使市场全球主义意识形态主张失去合法性。这些核心观点秉承了前两个世纪一些左翼传统观点，如公民参与、草根民主、种族和性别平等、生态平衡、社区经济以及公平分配等。尽管如此，纳德并非不屑于对市场全球主义的歪曲言论大张挞伐，他声称这个同样带有扭曲的摩尼教徒形象的"自私企业寡头"应当对经济衰退、政治堕落以及民主传统的背叛等种种社会病态现象负责③。作为左翼民粹主义者，纳德的正义全球主义观点含有把政治对手夸张与妖魔化的危险性。

另外，纳德的意识形态中包含了一种构建和整合性功能，该功能致力于改变人们一维的消费者身份。他试图创立这种新身份，并为之奋斗，其宗旨在于他的道德承诺：以人类的价值为本。纳德强

---

① 参见 2000 UN Human Development Report and 1999 UN Human Development Report, http://www.undp.org/hdr2000 与 http://www.undp.org/hdr1999. 也请参见 Thomas W. Pogge, "The Moral Demands of Global Justice", *Dissent*, Fall 2000: pp. 37 – 43。

② Nader, "Introduction", in Wallach and Sforza, *The WTO*, p. 12.

③ Ralph Nader, "The Concord Principles: An Agenda for a New Initiatory Democracy", 1992 年 2 月 1 日（http://petra.greens.org/_cls/nader/concord.html.）。

调这种道德和世界主义理想的重要性,并以此指导政治行为,同时将这种正义全球主义的观点传递给年轻人:

> 我的意思是,不要在日益吸引你的商业文化面前显得很卑微。我经常听你们说不需要关心政治,历史给过我们清晰而深刻的教训,如果不去关心政治,那么政治会给你带来麻烦,诸多不公平的事例都说明了这一点。民主需要亲身参与,民主同样需要丰富的想象力,这是民主的本质。我们需要美国年轻人在未来的正义社会运动中缔造他们的领导地位,形塑他们的未来[①]。

当纳德在2004年初宣布他竞选总统时,遭到四年前同情和支持他竞选的绝大多数绿党人士反对。首先,他们认为需要统一战线来对付布什总统,不情愿地支持民主党候选人约翰·克里(John Kerry)。由于担心纳德的候选资格会帮助布什续任,许多进步的声音恳求纳德这个特立独行者不要竞选,而纳德则决定发起另一场竞选活动,他最终未能获得绿党提名。纳德于是转向了迅速给予他支持的布坎南(Buchanan)的改革党。因此,纳德在7个州获得自动投票。许多正义全球主义者都被激怒了,他们认为丹尼斯·库钦奇(Dennis Kucinich)作为民主党候选人在2004年和2008年竞选总统,使纳德的计划变得多余。确实,库钦奇的进步资质是无可挑剔的。

1977年,31岁的库钦奇已经当选为克利夫兰市的市长,是历史上美国主要城市中最年轻的领导,他在1978年因为拒绝把有70年历史的克利夫兰市级国有电力系统出售给私人,而上了全国媒体的头条新闻,也部分因为这一大胆举动,库钦奇在一年后的连任竞

[①] Nader, "Acceptance Statement for the Association of State Green Parties Nomination for President of the United States".

选中失败。然而，1998 年克里夫兰市议会表彰他"有勇气和远见，拒绝出售该市的市政电力系统"，并指出，该电力系统为克利兰市近一半的居民提供了低价供电。20 世纪 90 年代初，库钦奇重返政坛，赢得了俄亥俄州参议院的选举，并有几届作为民主党代表入选众议院。由于他对世界和平和全球减贫工作的不懈努力，这位国会议员获得了 2003 年的甘地和平奖（Gandhi Peace Award），与埃莉诺·罗斯福（Eleanor Roosevelt）、A. J. 马斯特（A. J. Muste）、多萝西·戴伊（Dorothy Day）、凯萨·查维斯（Cesar Chavez）、本杰明·斯伯克博士（Dr. Benjamin Spock）等杰出人士一起分享这一荣誉。

库钦奇在 2004 年和 2008 年的总统竞选纲领中阐述了正义全球主义的核心目标，包括呼吁"对抗全球贸易体制"，以促进公平贸易，终结世界各地的血汗工厂。他赞成废除《北美自由贸易协定》，但反对以牺牲外国工人利益为代价让美国人受益的保护性措施。他强调，"政府必须恢复其在公共利益中的合法角色"，他发誓要承担公司的权力，并让公司对普通公民负责。像纳德一样，库钦奇不仅支持美国大力增加对联合国世界粮食计划的贡献，而且也赞成立即取消所有面临饥饿国家的双边债务，取消这些国家在国际货币基金组织和世界银行的债务①。我们将看到，这些要求与世界社会论坛原则宪章包含的要求相呼应。在美国外交政策，库钦奇也比纳德更有正义全球主义思维。库钦奇坚称，美国应该促进国际合作，肯定和批准国际条约，其中包括备受争议的全球气候变化《京都议定书》（Kyoto Treaty）、《禁止地雷条约》（Landmine Ban Treaty）、《反弹道导弹条约》（Anti-Ballistic Missile Treaty）和《生物武器公约》与《化学武器公约》（Biological/ Chemical Weapons Conventions）。库钦奇反对布什政府的普遍军事行动，提议削减五角大楼 15% 的预算，即 600 亿美元。他认为，最有效的安全战略包括在全球反恐战

---

① Dennis Kucinich, 2004 Platform (http：//www. kucinich. us/issues/ world_ hunger. php.).

争中尽可能让更多国家一起作出协调一致的多边主义的努力。对库钦奇来说，真正的"国土安全"也应该是指国内社会计划的扩展，包括对所有美国人的免费医疗和教育。他呼吁建立一个美国和平部门，致力于推进"全球人类发展"，并通过"支持裁军、签署条约、和平共处、构筑和平共识"来控制暴力行为。此外，库钦奇认为，和平部门也应该对世界妇女和儿童问题予以特别关注[①]。在这样的框架下，库钦奇的计划囊括了与世界社会论坛相关的主要意识形态主张。在对这些主张予以详细讨论之前，让我们简要回顾一下其总体结构和目的。

　　世界社会论坛作为与世界经济论坛的同类机构，成立于2001年，它把自己定位为重要的意识形态场域，也是跨国社会空间，以此制定诸如取消第三世界债务和国际资本流动税收等正义全球主义政策提议。巴西社会经济分析研究所的执行主任坎迪多·格日博夫斯基（Candido Grzybowski）是世界社会论坛的联合创始人，他注意到，20世纪90年代公民社会的跨国化是创建世界社会论坛的一个重要前提，他认为世界的公民社会开始在全球化框架内看待自己，使普通人越来越能够用政治术语表达日益兴起的全球想象。他指出，正义全球主义的主要目标之一是产生一种反霸权的话语，来挑战市场全球主义主导的决定性主张，为更加平等的全球意识的兴起作出贡献。格日博夫斯基认为，草根阶层可以影响全球化进程，但只有通过建立跨越地理、种族和阶级界限的跨国联盟才可以实现：

　　　　在公民社会建立另一种全球化是可能的。要做到这一点，我们必须重申构成民主的伦理原则的首要地位：平等、自由、参与、团结和人类多样性。它们能够触及公民社会不同群体以及部门的心灵和思想。这些原则应该规范权力和市场，并

[①] Dennis Kucinich, 2004 Platform（http://www.kucinich.us/issues/departmentpeace.php.）.

在世界范围内加以维护和实践。其首要任务是反对全球民主的深化、反对全球范围内新自由主义动乱的文化变革的深化。①。

2001年1月,首届世界社会论坛在阿雷格里港(Porto Alegre)举行,吸引了5000名来自117个国家的参与者以及数千名巴西激进分子。事实上,与工人党接近的8个巴西公民社会组织对创立世界社会论坛起了重要作用。世界社会论坛作为全球公民的"开放空间"探索全球新自由主义重组对地方和国家治理经验的负面影响,扩大跨国对话和社会运动网络以解决关键的全球问题,如从全球气候变化到政治暴力,恐怖主义、贫穷和不断飙升的食品价格②。第二次论坛的数据显示参会人数急剧增加,来自123个国家的超过12000名官方代表和绝大多数来自巴西的数万名参与者。2003年1月的第三届论坛吸引了2万多名官方代表和大约10万名参与者。第二届和第三届论坛的全球媒体影响力明显强于第一届。

印度孟买(Mumbai)2004年召开了"第四届世界社会论坛",全球和平运动和正义全球主义者联合起来,把这个事件作为一个跨国的协调空间,掀起世界范围的反对伊拉克战争的抗议活动。那次会议讨论了各种各样的新倡议,包括建立一个世界议会论坛的想法。最重要的是,与会者强调了在主导的市场全球主义话语中找漏洞的重要性,并向世界各地的人们传播一个连贯的"另类全球主义"愿景。贝尔纳·卡桑(Bernard Cassen)是世界社会论坛的联

---

① Candido Grzybowski, "Civil Societies Responses to Globalization", Rio de Janeiro, 1995年11月8日,(http://www.corpwatch.org/trac/feature/planet/ gr_ twn. html.)。

② 有两篇关于世界社会论坛(WSJ)以及其政策立场的通俗易懂的介绍,即 Jose' Correa Leite, *The World Social Forum: Strategies of Resistance* (Chicago: Haymarket Books, 2005) 和 Jackie Smith, Marina Karides, Marc Becker, Dorval Brunelle, Christopher Chase-Dunn, Donatella della Porta, Rosalba Icaza Garza, Jeffrey S. Juris, Lorenzo Mosca, Ellen Reese, Peter (Jay) Smith, and Rolando Vasquez, *Global Democracy and the World Social Forums*, Boulder, CO: Paradigm Publishers, 2008。

合组织者,也是"课征金融交易税以协助公民组织"的主席,他说:"我们在这里向世界展示,一个不同的世界是有可能的"①。2005年,世界社会论坛成功地返回了阿莱格里,2006年举办了一系列大型的大陆社会论坛,而非全球性论坛,但是2007年世界社会论坛再次在肯尼亚的内罗毕举行了一次统一活动。2008年,"全球行动日"(Global Action Day)取代了全球论坛,但下一届世界社会论坛将于2009年在巴西贝伦(Belém)召开。

到了2008年,全球与世界社会论坛相关的公民社会组织有150个。这些组织来自不同区域,代表不同的利益,拥有独特的结构,研究不同的项目,包括工会[如澳大利亚全国总工会(Australian ACTU)]和美国劳工联合会暨产业工会联合会(American AFL-CIO)、环保团体[如绿色和平组织(Greenpeace)]、农业合作社[如所有阿拉伯农民和农业合作社联盟(the All Arab Peasants and Agricultural Cooperatives Union)]、智囊团和教育机构[如关注南半球和跨国研究(Focus on the Global South and the Transnational Institute)]、原住民议会[如墨西哥国家原住民议会(Congreso Nacional Indigena de Mexico)]、金融监管机构团体[如"课征金融交易税以协助公民组织"(ATTAC)和银行监测网络(Bankwatch Network)],女权主义和女性网络[如世界妇女游行(World March of Women)]、人权组织[如公民和国际乐施会(Public Citizen and Oxfam International)]、宗教附属组织[如天主教国际明爱会(Caritas International)]、移民协会[如团结国际问题的国际移民问题组织论坛(Forum des Organisations de Solidarité Internationale Issues des Migrations)]、和平网络[如和平船(Peace Boat)]、可替代的公共政策组织[如全球政策网络(Global Policy Network)]、全球民主倡导组织[如全球民主化网络研究所(Network Institute for Global De-

---

① Bernard Cassen, cited in Tony Smith, "Anti-Globalization Summit Opens", *AP International News*, 2001年1月25日, (http://www.news.excite.com/news/ap/010125/20/int-world-social-forum.html.)。

mocratization)〕、南北网络〔如南北中心和索里达（North-South Centre and Solidar）〕、穷人运动〔比如穷人的经济人权运动（Poor People's Economic Human Rights Campaign）〕。尽管这些组织在很多方面都各不相同，但仍有重叠的话语空间，即都围绕着全球化及其对社会和环境的影响进行着讨论，它们在这些问题上都是针对不同的跨国公众。

权威文献研究对世界社会论坛的重要性达成了实质性的一致意见，世界社会论坛是全球正义运动的知识和组织核心，是全球正义运动中最大和最多样化的组织综合体①。尽管存在其他大型的全球正义网络，如国际自由工会联合会（International Confederation of Free Trade Unions）、总部位于阿姆斯特丹的跨国研究所（Amsterdam-based Transnational Institute），或国际地球之友（Friends of the Earth International），但这些组织关注的是特定部门的问题。世界社会论坛汇集了众多不同的社会部门，遍及南北半球，跨越了语言鸿沟。它也具有政治上的多样性：不像其他的全球司法组织，它汇聚了众多的政治倾向。虽然其大部分成员在拉丁美洲、欧洲和北美，但也有大量非洲和亚洲组织参与。事实上，还没有任何其他的全球正义联盟能在地理、种族、语言和多样性上与世界社会论坛相提并论。

与其他大型的全球正义联盟不同，世界社会论坛是作为市场全球主义的世界经济论坛的意识形态对立面有意识地建立起来的，其《原则宪章》（Charter of Principles）的14条条款确实构成了一个特别丰富的正义全球主义主张的来源。现在我们来分析其中的一些主张，宪章在第一条条款援引全球的"我们"，将其定义为"来自世界各地的社会力量"和"来自世界上所有国家公民社会的组织和运动"，致力于"建立一个在人与人之间以及人与地球之间具有卓有

---

① 例如 Jackie Smith, *Social Movements for Global Democracy*, Baltimore: Johns Hopkins University Press, 2007。

成效关系的人类社会"。在 2001 年特别的世界社会论坛上,这些关于全球主体性的一般性声明得以进一步明确,"呼吁动员来自南方和北方的妇女和男人、农民、工人、失业者、专业人员、学生、黑人和原住民"[1]。

因此,该运动对"全球的我们"的肯定与其不可削减的多元性和多样性紧密相关。多纳泰拉·德拉·波尔塔(Donatella della Porta)仔细分析了由全球正义运动不同部门跨国网络所撰写的五份类似文件,她强调建设一个尊重不同观点和文化政治传统的全球集体自我:"多层面成为运动集体身份的内在元素,因为内在,所以变得隐晦"[2]。宪章条款八讲得很透彻,声明:"世界社会论坛是一个多元的、多样化的、非忏悔式、非政府和无党派的背景,并以一种分权的方式,与介入建设另一世界的本土和国际层面从事具体行动的组织和运动相互联系。"该宪章坚持认为,手段必须与最终目标一致,主张通过对企业全球化进行"非暴力社会抵抗"来实现其对多样化和分权制的承诺。正义全球主义的目标明确,就是"解决排外和社会不平等问题,即资本主义全球化过程及其种族主义、性别歧视及其对环境的破坏正在国家内部和全球发生"。世界社会论坛致力于"全球公民"的理想,鼓励其成员在组织和行动时,把"以变革为诱因的实践"引入全球议程,以促进建立一个团结一致的新世界。简而言之,宪章设想的是一种整体介入世界的图景,完全不同于市场全球主义者所持的经济一体化"不可避免"的观点[3]。

主流范式对正义全球主义批评的核心在于其不可动摇的信念,即市场自由化和全球一体化会导致更严重的社会不平等、环境破

---

[1] "World Social Forum 2001 Charter of Principles" and "World Social Forum 2001 Call for Mobilization", in Leite, The World Social Forum, pp. 9 – 13, 181 – 186.

[2] Della Porta, Globalization from Below, p. 68.

[3] "World Social Forum 2001 Charter of Principles", in Leite, The World Social Forum, pp. 11 – 13.

坏、全球冲突和暴力升级、民主参与形式弱化、利己主义和消费主义扩散，以及世界上弱势群体进一步边缘化。宪章明确指出，全球正义运动的重要任务是为了逐渐削弱占统治地位的新自由主义世界观的前提和意识形态框架，其实现手段是通过传播全球想象的另一种实现形式，这种形式的全球想象基于世界社会论坛核心原则，即平等、公正、民主、团结、多样性、非暴力、生态可持续性和全球公民。

尽管宪章界定了"新自由主义""帝国主义"和"资本统治的世界"是通往全球民主道路上的主要障碍，但它明确拒绝了旧马克思主义或列宁主义方案，这些方案来源于"经济还原主义观点"或"极权主义"对人权的漠视。苏珊·乔治（Susan George）是一位美籍法国作家，也是推动世界社会论坛和"课征金融交易税以协助公民组织"的公民活动家之一，她总能不失时机地指出马克思主义激进反市场修辞与对市场持批评态度的正义全球主义立场之间的差异："我所看到的问题并不是要废除市场……试图禁止市场就像禁止降雨一样。然而，我们可以对什么是受市场规律约束的，什么是不受市场规律约束的，实行严格的限制，并确保每个人都能参与到交易中来。"乔治也毫不犹豫地摒弃了马克思的社会变革代理人：国际工人阶级，称其为"脱离现实的一厢情愿"。科学社会主义对资本主义必定会崩溃的革命性期望，在她看来是一场"全球意外"，不太可能发生。这不是一个值得高兴的世界末日场景，因为它势必带来"大量的失业、一扫而空的储蓄、养老金和保险，社会崩溃，掠夺，犯罪，苦难，顶罪和压迫，紧接着很有可能是法西斯主义，或者至少是军事接管"。乔治在结束其对老左翼思想的拓展式批判时，猛烈抨击"国家社会主义（state-socialism）"的"极权主义制度"。在她看来，苏联的集中营和杀戮场，还有一些据称是"革命"的第三世界政权掩饰他们所谓的人文主义理想，但 20 世纪 60 年代的活动家们在乔治改变世界的强硬路线上并未取得好的进展。例如，她引用康德（Kant）关于不可避免的人性弱点的名言，抨击了作为"开明"政治行动特权的"自我变革"这句新时期口号。名言说道,"人性这根曲木,决然造不出任何笔直的东西"。她在承认20世纪60年代的深远文化和社会影响时,提醒她的全球观众,基于本民族运动的政治和概念框架不够强大,不足以抵御市场全球主义对全世界产生的冲击①。

确实,正义全球主义的愿景既不是要复兴停滞不前的马克思主义,也不是要回到1968年的美好时光。尽管它包含了第三世界自由主义和传统欧洲社会民主的概念元素,但是它在几个方面超越了这些意识形态——其中最重要的是其能力方面,它有能力将大量的左翼问题汇聚在一起,定位更明确,即全球作为一个单一的、相互联通的政治行动舞台。正如世界社会论坛的口号所言,"另一个世界是可能的"。它关注有关全球问题的一个例子就是全球正义运动的宣传活动,强调无管制的全球资本主义对地球环境健康的负面影响。但是正义全球主义意识形态主张的纲领性核心是"全球马歇尔计划",这个计划将为世界各地的人们创造更多的政治空间来决定他们想要什么样的社会秩序。数以百万计的正义全球主义者相信,"另一个世界"必须以一种新的全球凯恩斯式税收和再分配方案开始,就像一个世纪以前西方世界在国家层面上所采纳的那样。正如我们之前所指出的,全球监管框架的必要资金将来自跨国公司和金融市场的利润,因此,正义全球主义运动将会推行全球托宾税(Tobin Tax)。其他提议包括取消贫困国家的债务,关闭为富有的个人和公司提供避税港的离岸金融中心,批准和实施严格的全球环境协定,实现更公平的全球发展议程,建立一个主要由北半球提供资金、主要由南半球管理的新型世界发展机构,建立国际劳工保护标准,该标准也许可以作为一个深入改革世界贸易组织的条款,由各国政府和全球经济机构向公民提供更大的透明度和问责制,使所有的全球化治理都明确地表达出性别敏感意识,以及将"自由贸易"

---

① Susan George, *Another World Is Possible if . . .*, London: Verso, 2004, pp. 90-96.

转变为公平贸易。因此,世界社会论坛中表述的正义全球主义给正在兴起的全球想象提供了另一种实现形式,这种实现形式不仅对市场全球主义主张持批评态度,而且包含了拒绝政治右翼的民族民粹主义和圣战全球主义的双重愿景。

第 五 章

来自政治右翼的挑战：民族民粹主义和圣战全球主义

何谓民族民粹主义？

尽管正义全球主义者在全球数百万反对市场全球主义的抗议者中占绝大多数，但他们并不是唯一反对这一观点的政治阵营。例如，在西雅图战斗中，有许多人拥护激进右翼的民族主义观点。即使是一些强硬的新法西斯主义士兵，比如总部位于伊利诺伊州的"世界创世教堂"（World Church of the Creator）创始人马特·黑尔（Matt Hale），他在2004年因煽动他人杀害法官而在伊利诺伊州被判有罪。这些新法西斯主义士兵鼓励其追随者来西雅图阻挠敌人前进。危险的新纳粹组织国家联盟（National Alliance）也参与其中。白人至上主义领导人路易斯·比姆（Louis Beam）赞扬了示威者，强调说，西雅图"警察国家的暴徒"受雇于国际资本，"牺牲自由人民的利益来保护自由贸易的卑鄙公司的利益"。在左翼浩瀚如海的标语中，偶尔会有一些海报痛批"犹太媒体加上大资本"和"新世界秩序"[①]。的确，在21世纪初，市场全球主义不仅成为那些边缘化的右翼激进分子主要目标，也成为手段较温和、人数在日益

[①] "Neither Left nor Right", Southern Poverty Law Center Intelligence Report, 2000年冬季. (http://www.splcenter.org/intelligenceproject/ip-4m3.html.) 感谢南方贫困法律中心《情报报告》编辑 Mark Potok 于2001年1月25日给我的私人回信，澄清了我的西雅图激进右派的问题。

增加的"民族民粹主义者"的主要目标,这类民族民粹主义者有杰出的美国记者和前共和党和改革党总统候选人帕特·布坎南(Pat Buchanan),他呼吁其支持者加入他的经济保护主义运动,反对世界贸易组织。

像布坎南这样的民族民粹主义者,属于对市场全球主义持批评态度的政治右翼中的两大主要意识形态阵营之一。他们倾向于将"全球化"归咎于困扰他们国家的社会、经济和政治问题①。受到旧社会模式和传统生活方式的缓慢侵蚀的威胁,他们谴责自由贸易、全球投资者日益增长的势力,以及跨国公司的新自由"国际主义",认为这些都是导致生活水平下降和道德堕落的不爱国行为。他们害怕失去国家自决权,害怕自给自足的民族文化遭到破坏,因而发誓要保护其国家的完整性,阻隔那些他们认为是负责释放全球化力量的"外国因素"。

民族民粹主义者关注的是全球化发展势头带来的挑战和混乱,并借此吸引那些最可能失去其民族国家传统社会地位的人群。正如我们将在这一章要讨论的,他们对人们日益加剧的分裂感和疏离感作出回应,把自己表现为能够阻止传统社会纽带和熟悉的文化环境受到侵蚀的强有力领导者。他们以权威者身份支持听众回归以文化一致性、道德确定性和国家本位主义为特征的世界中的渴望,拒绝重新考虑在新兴全球想象背景下的共同体。诚然,民族民粹主义把本国公民的福祉看得比建立一个基于全球团结的更公平的国际秩序更重要。

在美国,帕特里克·布坎南(Patrick Buchanan)和 CNN 主持

---

① 若想了解当代国家民粹主义政治观点和活动,见 Hans-Georg Betz and Stefan Immerfall, eds., *New Politics of the Right: Neo-Populist Parties and Movements in Established Democracies*, New York: St. Martin's Press, 1998; Pierre-Andre Taguieff, *L'illusion populiste*, Paris: Berg International, 2002; Jens Rydgren, ed., *Movements of Exclusion: Radical Right-Wing Populism in the Western World*, New York: Nova Science Publishers, 2005; Daniele Albertazzi and Duncan McDonnell, *Twenty-First-Century Populism: The Spectre of Western European Democracy*, Basingstoke: Palgrave Macmillan, 2007。

人卢·道布斯（Lou Dobbs）可能是这种民族民粹主义者立场最突出的代表。在其他地方，民族民粹主义党派包括约尔格·海德尔（Jorg Haider）的奥地利自由党（Austrian Freedom Party）[自2005年以来，他一直在筹建奥地利政党的未来联盟（Alliance for the Future of Austria Party）]，让·玛丽勒庞（Jean-Marie Le Pen）的法国国民阵线（French National Front），格尔哈德·弗莱（Gerhard Frey）的德国人民联盟（German People's Union），克里斯托夫·布劳赫（Christoph Blocher）的瑞士人民党（Swiss People's Party），吉安福里科·芬尼（Gianfranco Fini）的意大利国家联盟（Italian National Alliance），宝琳·韩森（Pauline Hanson）的澳大利亚一国党（Australian One Nation Party），以及温斯顿·彼得斯（Winston Peters）的新西兰第一党（New Zealand First Party），都表达了他们对美国式全球化的反对，以及他们所谓的创造一个多元文化"新世界秩序"的倾向。随着"9·11"事件后帝国全球主义兴起，他们对全球化的反对声日益高涨。在南半球，人们发现右翼分子表达了类似的声音，他们指责新自由主义全球化和美国经济军事实力的扩张导致了经济危机、文化衰退以及对区域自治的破坏。委内瑞拉总统乌戈·查韦斯（Hugo Chávez）的"玻利瓦尔"（Bolivarian）民族民粹主义是一个非常明显的例子①。

"民粹主义"源自拉丁语"人民"（*populus*），与种种现象相关联，如"意识形态""社会运动""政治动员策略""政治前景""思想状态""政治综合征""情感诉求"等。② "但这些关联都没

---

① 关于委内瑞拉前总统查韦斯的政治活动和意识形态的通俗易懂的著作，见 Nikolas Kozloff, *Hugo Chavez: Oil, Politics, and the Challenge to the US*, Basingstoke: Palgrave Macmillan, 2007 和 Richard Gott, *Hugo Chavez: The Bolivarian Revolution in Venezuela*, London: Verso, 2005。

② 例如 Ghita Ionescu and Ernest Gellner, eds., *Populism: Its Meaning and National Characteristics*, London: Weidenfeld and Nicolson, 1969; Margaret Canovan, *Populism*, New York: Harcourt Brace Jovanovich, 1981; John Lukacs, *Democracy and Populism: Fear and Hatred*, New Haven, CT: Yale University Press, 2005; Francisco Panizza, ed., *Populism and the Mirror of Democracy*, London: Verso, 2005。

有得到普遍接受"。玛格丽特·卡诺万（Margaret Canovan），也许是世界上对这一主题最具权威的人士，她指出，民粹主义的意义因语境不同而不同，因此需要区别对待①。另一些人则认为，民粹主义和民主实质上与将社会划分为"强权和弱者"②两个阵营的"表达方式"，实际上是近义词。即使粗略浏览一下现代政治历史，也会发现民粹主义者不愿支持代议制民主的规则。事实上，他们对代议制政治的敌意可能是民粹主义最显著的特征之一③。然而，人民中政治权力的基本民主观念可以使其适应激进平等主义者和坚定独裁主义者的性情，前者支持人民的直接、不受调解的统治，后者主张代表全体人民发言和行动。例如，拉丁美洲的铁腕人物，如胡安·庇隆（Juan Peron）或乌戈·查韦斯（Hugo Chávez），粉饰他们一再违反基本宪法自由的行为，反对腐败社会精英的权益，执行人民意愿所采取的必要措施。民粹主义者抓住了一些情感上的问题，这些问题被修改，甚至是根据不断变化的政治环境而予以否认，他们被称为"政治变色龙"，就像变色龙那样在寻找猎物时经常改变自己的颜色。可以肯定的是，民粹主义并不是唯一一种靠激情来繁荣的政治话语，但是，跟其他政治话语相比，它更依赖于一种"额外的情感成分"来吸引通常不关心政治的人，以使他们关注令人可悲的社会衰落和进行必要的"伟大复兴"的愿景④。

尽管民粹主义贯穿意识形态谱系，但它最新和最有力的表现是倾向右翼。诚然，"当代民族民粹主义者"对"腐败的政党制度"

---

① Canovan, *Populism*, 299.

② Ernesto Laclau, "Populism: What's in a Name", in Panizza, *Populism and the Mirror of Democracy*, p. 5. Ernesto Laclau, *On Populist Reason*, London: Verso, 2006; Francisco Panizza, "The Ambiguities of Populism", The Political Quarterly 77, no. 4, 2006: p. 512.

③ 例如 Paul Taggart, "Populism and Representative Politics in Contemporary Europe", *Journal of Political Ideologies* 9, no. 3, October 2004: pp. 269 – 288。

④ 见 Margaret Canovan, "Trust the People! Populism and the Two Faces of Democracy", *Political Studies* 47, no. 1, 1999: p. 6; Yannis Stavrakakis, "Antinomies of Formalism: Laclau's Theory of Populism and the Lessons from Religious Populism in Greece", *Journal of Political Ideologies* 9, no. 3, October 2004: pp. 264 – 265。

或"自由媒体"所声称的关切太容易使人联想到右翼独裁者对家长式政策的喜好,厌恶参与式、批评式的辩论及冲突利益集团之间的妥协,仇视自由主义者、女权主义者、同性恋者、多元文化主义者政治议程①。然而,尽管民族民粹主义有其修辞上的力量,却缺乏全面的政治信仰体系所需要的完备的概念结构。正如保罗·塔格特(Paul Taggart)所指出的,民族民粹主义的"空心"对其概念上的单薄和无所不在的能力难辞其咎②。由于在意识形态上难以自圆其说,因此它便以一种持久而易变的政治修辞方式依附在各种主流意识形态之上③。

我们将在这一章看到,民族民粹主义者通常运用至少三种相互强化的修辞策略。第一种关涉到无法弥合的政治分歧。钟爱于摩尼教对"好"与"坏"的严格区分,民族民粹主义者把人口划分成绝大多数的普通人,即"我们",和一个小而强大的精英,即"他们"。"人民"被理想化,被认为是正派、善良的人,容易受到少数特权阶级腐败阴谋的影响。因此,他们需要一个个性化的领导者或具有献身精神的道德勇士先锋来保护和指导,这个领导或先锋抵抗"知识分子""投机者""政客""城市居民""犹太人""世界主义者""全球主义者"和其他"人民的敌人"。国内政治精英们经常受到指责,因为他们允许"我们的社区"被外来移民、外来工人、少数民族或外国激进分子所渗透,据称是为了获取物质利益和其他自私的、不爱国的理由。因此。"当权派"(Establishment)代

---

① Gianpietro Mazzoleni, "The Media and the Growth of Neo-Populism in Contemporary Democracies", in Gianpietro Mazzoleni, Julianne Stewart, and Bruce Horsfield, eds., *The Media and Neo-Populism: A Contemporary Comparative Analysis*, Westport, CT: Praeger, 2003, p. 4.

② Taggart, "Populism and Representative Politics in Contemporary Europe", p. 275. 也请参见 Catherine Fieschi, "Introduction", *Journal of Political Ideologies* 9, no. 3, 2004: p. 238。

③ Michael Kazin, *The Populist Persuasion: An American History*, rev. ed. Ithaca, N. Y.: Cornell University Press, 1998, p. 5. Paul Taggart 的 *Populism* (Buckingham: Open University Press, 2000) 一书持有相似观点,即民粹主义是"一种特别的交流风格"。类似地,基于 Michael Freeden 的著作, Koen Abts 和 Stefan Rummens 将民粹主义视为"涉及社会权力结构的狭隘的意识形态",见 Koen Abts and Stefan Rummens, "Populism versus Democracy", *Political Studies* 55, 2007: p. 408。

表着腐败、权力滥用、寄生、任意性、背叛，而"人民"（people）则显得诚实、纯洁、虔诚、足智多谋、坚韧，表现出安静的智慧、遵守规则的意愿、对宗教和传统的喜爱以及勤奋工作。

第二，民族民粹主义者不是在政治公平竞争环境上面对他们的敌人，而是从道德高地进行攻击。他们不愿与传统政党相关联，因此激发了短暂的运动或政党反对道德败坏和所谓的权力滥用。用绝对主义者的话来说，这场战争绝不仅是一场政治和文化上的差异，而是基本道德上的分歧。民族民粹主义者把自己装扮成人民集体传统的捍卫者，指责"他们"造成了所谓的社区道德沦丧。他们热衷于将"普通人"从危险的沉睡中唤醒，在根深蒂固的刻板印象和偏见中打上情感烙印。正如奇普·波莱特（Chip Berlet）所观察到的那样，这些技术包括妖魔化、顶罪和杜撰阴谋诡计的故事。然而，最终，受害者总是被指控策划了某个反对人民的阴谋，而这个"顶罪者"被认为是一种美德的典范，为其他人敲响警钟①。

民族民粹主义者常用的第三个修辞策略是引发一场极端危机，而这个极端危机需要人们立即作出强有力的回应。这类诉求通常针对最受现代化力量威胁的那部分人口，因其宣称的"心脏地带"的理想价值观和现有政治实践之间的分歧而蓬勃发展②。最后，民族民粹主义者把"人民"想象成一个同质的民族单位，由共同的意志、单一的利益、祖先的心脏地带、共同的文化、宗教传统和民族语言紧密结合而成。然而，共同的"我们"只适用于那些被认为属于本民族的人。"我们"的人民—民族的假定身份常常以种族主义的术语传递，这使民粹主义者可以激发和利用现有的仇恨情绪来对抗那些威胁他们同质性和统一性本质主义者神话的人③。让我们来考察两位著名的自称为美国"反全球主义者"的著作和演讲，以了

---

① Chip Berlet and Matthew N. Lyons, *Right-Wing Populism in America: Too Close for Comfort*, New York: Guilford Press, 2000, p. 9.
② Taggart, "Populism and Representative Politics in Contemporary Europe", p. 282.
③ Abts and Rummens, "Populism versus Democracy", p. 409.

解民族民粹主义者修辞的运作方式。

帕特·布坎南和卢·道布斯的民族民粹主义观

自 20 世纪 60 年代初以来，帕特里克·J. 布坎南（Patrick J. Buchanan）一直与共和党民族主义者有关联，1966 年至 1974 年期间担任理查德·尼克松（Richard Nixon）总统的助手和演讲稿撰写人。尼克松辞职后，他成为一名成功的报纸专栏作家和热门电视脱口秀主持人。20 世纪 80 年代中期，他曾短暂中断了自己的媒体生涯，担任里根总统的联络部主任。人们认为布坎南编写了里根有争议的言论，即埋葬在德国比特堡老兵公墓（Bitburg Veterans' Cemetery）里的德国党卫军士兵（German SS soldiers）是受害者，"就像集中营里的受害者一样"。布坎南 1992 年在共和党总统候选人提名中向布什总统发起了挑战，这令人印象深刻，四年后，他在举足轻重的新罕布什尔州共和党总统初选中击败了参议员罗伯特·多尔（Robert Dole）。尽管布坎南最终输掉了初选，但他得到了近 1/4 的全国共和党初选投票。20 世纪 90 年代末，布坎南成为美国最杰出的右翼民粹主义领袖。

由于与主要共和党人在自由贸易和移民问题上产生严重分歧，布坎南离开了共和党（Republican Party），去改革党（Reform Party）寻求总统候选人提名。改革党是德克萨斯州亿万富翁 H. 罗斯·佩罗（H. Ross Perot）所创。1992 年，佩罗作为一名独立的总统候选人，令人吃惊地获得了 19% 的全国选票。佩罗基于一种意识形态纲领建立了改革党，这个纲领就是把人们熟悉的民粹主义主题与民族主义—保护主义者的强烈诉求结合起来，以保护国家经济利益并减少暴涨的贸易逆差。最著名的是他反对扩大美国和加拿大之间的区域自由贸易协定。他确信《北美自由贸易协定》携带着"全球主义的病毒"，认为接纳墨西哥加入协议将导致大量制造业资本流向南方，寻找廉价劳动力。作为反北美自由贸易协定的主要代言人之一，佩罗与有组织的劳工、环保主义者和有进口竞争力的工农业利益集团结成了战略联盟。他关于这一主题而公开发表的言论经常传达出其不加掩饰的反移民情绪。

尽管布坎南最终在2000年夏天赢得了改革党内提名，然而他在各种社会和经济方面的立场在许多党内代表中引起了很大的争议。结果，一个相当大的分裂组织召开了一次针锋相对的会议，提名了另一位总统候选人。通过联邦选举委员会作出正式裁决，才确认布坎南为正式的提名人，这让他获得与改革党总统提名相关的有争议的1260万联邦补贴。在继承了改革党的衣钵之后，他成了美国民族民粹主义右翼的主要发言人之一。即使在2000年的总统选举中，布坎南以令人失望的表现结束了他的政治生涯之后，他的这一地位依然保持着。2000年的总统选举中，他只获得了1%的选票。整个2000年，他最畅销的书和热门博客表达了他对"无边界经济的达尔文世界"的强烈反对，在这个世界里，情绪是愚蠢的，而只有强者才能生存。在这个漂泊无根的跨国精英眼中，男人和女人不是家人、朋友、邻居、同胞，而是"消费者"和"生产要素"。主张自由贸易的共和党人认为布坎南的观点是"过时的保护主义"而不予以考虑，在意识形态方面布坎南却力挽狂澜，他提醒他以前的同事们不要忘记共和党对贸易政策的传统看法。不仅是林肯（Lincoln）、麦金利（McKinley）、西奥多·罗斯福（Theodore Roosevelt）、塔夫脱（Taft）、柯立芝（Coolidge）的党派生于斯长于斯，就是公然骄傲的保护主义者。对布坎南来说，保护主义构筑了贸易政策的架构，保护国家主权，确保经济自立，并首先繁荣美国[①]。

[①] Patrick J. Buchanan, *The Great Betrayal：How American Sovereignty and Social Justice Are Being Sacrificed to the Gods of the Global Economy*, Boston：Little, Brown, 1998, p. 97; "The Second Battle of NAFTA", 2008年3月8日, (http：// buchanan. org/blog/2008/03/pjb-the-second-battle-of-nafta/); "The 'Isms' That Bedevil Bush", 2008年3月25日, (http：//buchanan. org/blog/2008/03/pjb-the-ismsthat- bedevil-bush/.)。

布坎南认为他的观点是"经济上的民族主义",即经济应首先要以服务于国家的方式来设计。实际上,他的经济民族主义体现了这样一种税收和贸易政策:优先发展美国经济,然后再发展全球经济,首先为美国人自己谋幸福,然后再考虑最有利于全人类的福祉。"我们的贸易和税收政策的设计应该用来加强美国的主权和独立,并且应该表现出对国内商业而非国外商业的偏爱"①。布坎南声称他的经济民族主义反映了"崇高的思想",这种思想"由华盛顿(Washington)、汉密尔顿(Hamilton)和麦迪逊(Madison)带到费城,并写进美国宪法,经亨利·克莱(Henry Clay)完善,创造'美国体制',成为人类的奇迹"②。民主党在2006年中期选举中击败共和党后,重新赢得了国会的多数席位,布坎南对乔治·W. 布什的"全球主义"进行过猛烈抨击,他把"自由贸易共和党掌控的国会"的消亡称颂为一个"经济民族主义新时代"的开始。一年后,他赞许地指出,希拉里·克林顿(Hillary Clinton)和巴拉克·奥巴马(Barack Obama)都承诺要以更多的保护主义路线来修改北美自由贸易协定:"贸易问题又回来了!可喜可贺!对于像俄亥俄州这样的工业州的蓝领工人来说,北美自由贸易协定是一个'背叛'的代码——他们和他们的家人被出卖给首席执行官,而这些首席执行官渴望把生产从美国转移到像墨西哥和中国这样的廉价劳动力国家。"③

在过去的十年里,布坎南的著作和演讲传达了他的摩尼派信念,即在当代美国社会的核心存在"一种新美国民族主义和对全球经济控制两种主张之间无法抑制的冲突"。他向他的听众保证,他坚决支持自由市场体系在民族语境下运作,并坚持认为,要好好治

---

① Buchanan, *The Great Betrayal*, p. 288.

② Patrick J. Buchanan, *A Republic, Not an Empire: Reclaiming America's Destiny*, Washington, DC: Regnery Publishing, 1999, pp. xi – xii.

③ Patrick J. Buchanan, "The Return of Economic Nationalism", 2006年11月7日, (http://buchanan.org/blog/2006/11/pjb-the-return-of-economic-nationalism);"The Second Battle of NAFTA", 2008年3月8日, (http://buchanan.org/blog/2008/03/pjb-the-second-battle-of-nafta/.)。

第五章 来自政治右翼的挑战：民族民粹主义和圣战全球主义 / 169

理全球市场，为美国人民谋福利。这意味着美国领导人必须准备以作出造福本国人民的经济决策，而不是为了"无耻的世界性跨国精英的利益，这些跨国精英在全球经济这只金牛犊的祭坛上供奉他们自己国家的利益"①。

对布坎南而言，美国经济民族主义立足于对欧洲自由贸易意识形态的坚决摒弃——"外来的进口之物，欧洲学者和蹩脚文人的发明，他们中没有一个人能建立一个伟大的国家，所有人都被美国最伟大的政治家否定了，其中包括拉什莫尔山（Mt. Rushmore）总统巨石像里的四位总统"②。令人惊讶的是，美国民族民粹主义者似乎并没有纠结于以下事实：经济民族主义的核心学术特征同样是由欧洲人设计出来的，尤其是19世纪早期的德国思想家 J. G. 费希特（J. G. Fichte）和弗里德里希·李斯特（Friedrich List）。布坎南认为，像美国这样的现代国家的伟大之处总是建立在坚定的民族主义经济哲学基础上的，这种经济哲学赞成低税收，并对进口商品征收高额关税，以保护国内制造业。他断言，毕竟美国在1865年至1913年和20世纪20年代的贸易保护主义时期，在反自由贸易情绪盛行的情况下，取得了最伟大的经济成就。他责备自己的前党，他想知道"共和党到底要多久才能清醒地认清现实，这个现实即全球主义不是保守主义，从来都不是，而是威尔逊式自由主义（Wilsonian liberalism）的支柱，现在在威尔逊的葡萄园里终日劳作的是我们的伪保守派成员"③。

布坎南借鉴其对手市场全球主义者的策略，依靠源源不断的"硬数据"来向公众宣传他的保护主义。他将最近出版的畅销书的第一章暗示性地命名为"国家如何消亡"，并向他的读者们提供了源源不断的数据，作为反对全球主义主张"全球化使每个人都受

---

① 1998年11月18日 Patrick J. Buchanan 在芝加哥的演说，"Address to the Chicago Council on Foreign Relations"，（http://www.chuckbaldwinlive.com/read.freetrade.html.）。
② Buchanan, "Address to the Chicago Council on Foreign Relations".
③ Buchanan, "The Second Battle of NAFTA".

益"的证据①。他指出，全球化只会使富裕的跨国精英受益，自20世纪70年代末开始，美国工人的实际工资就下降了20%。20世纪90年代中期上层首席执行官的工资是员工平均工资的212倍，在1992年和1997年公司利润翻了一番。2007年，美国对墨西哥和中国的贸易逆差分别飙升至创纪录的730亿美元和2560亿美元。布坎南继续说道，在布什这位"全球主义总统"的领导下，300万美国制造业工作岗位流失，通货膨胀上升，抵押品赎回权丧失率攀升，信用卡债务激增，油价飙升至近150美元/桶，美元兑欧元的汇率下跌50%。正如布坎南所说，"全球主义恶有恶报。"他哀叹自由贸易政策导致了经济独立和国家主权的丧失，并以一种蓄势待发的民族民粹主义感染力结束了他的长篇陈述：

美国在共和党实施关税壁垒后得以崛起，自由贸易产生了怎样的后果？失去了主权，美国制造业被掏空，工资停滞不前，妻子们被迫进入劳动市场以维持家庭收入，欠下巨额外债，对外国商品及购买这些商品的借款的深度依赖，我们国家成了摩洛克神坛上神秘的全球经济的祭品②。

布坎南的民粹主义关注新自由主义"华盛顿体制"的"奸诈"活动，这种关注是他反驳市场全球主义"无人掌控全球化"这一主张的基础。他矛头直指"贪婪的全球官僚"，称"他们切断了美国外交关系委员会和商业圆桌会议已有的对国家忠诚的神圣纽带"。他坚称，这些精英阴谋腐蚀了民族国家的力量，取而代之的是一个新自由主义的新世界秩序。因此，大多数美国主流政治家们对跨国企业利益集团感恩戴德，殊不知这些集团通过支持世贸组织和其他

---

① Patrick J. Buchanan, *Day of Reckoning: How Hubris, Ideology and Greed Are Tearing America Apart*, New York: Thomas Dunne Books, 2007, p. 1.
② Buchanan, "The Second Battle of NAFTA", and "Subprime Nation", 2008年1月15日（http://buchanan.org/blog/2008/01/pjb-subprime-nation/.）。

国际机构正在危害国际主权，他指责美国当局将数十亿美元投入国际货币基金组织和世界银行，目的是救助不值得施救的非洲、拉丁美洲和亚洲发展中国家。为激起"小矮人"——那些被迫承担救助计划成本费用的"美国纳税人"的愤怒，布坎南要求严惩执掌美国政府和国际经济组织如国际货币基金组织、世界贸易组织和世界银行的市场全球主义者。值得注意的是，美国民族民粹主义者甚至认为全球变暖危机是阴谋精英的发明创造："在我看来，这就是运用了全球变暖这种欺诈恫吓手段，恐吓美国人把主权、权力和财富转移给全球政治精英，这些精英们声称，只有他们才能够理解这场危机，只有他们才能拯救我们免于迫在眉睫的灾难。"①

最后，在民族民粹主义者让局外人顶罪的惯用伎俩中，布坎南指责美国"多元文化主义的自由倡导者"容忍甚至鼓励"1200万至2000万非法移民涌入，栖息于此"。从他贬低南半球的非正规移民的语言中可以明显看出，他本质上支持不平等主义和本土主义。他把美国经济滑坡和道德沦丧归咎于这些移民，称他们为美国文化崩溃的罪魁祸首："到2050年，美国的西班牙人从4500万上升到1.02亿，西南部可能看起来和听起来更像墨西哥而不是美国。事实上，在文化上、语言上和种族上，它将是墨西哥的一部分"②。事实上，在2006—2007年美国移民改革的公共辩论唇枪舌剑中，布坎南指责墨西哥裔的拉美人在美国西南地区的文化和政治上的再征服运动。他坚持认为大多数"他们"缺乏对美国核心——土地、人民、英雄、历史、传统、语言、文学、文化以及风俗习惯的热情依恋③。因此，毫不奇怪，美国民族民粹主义者宣称自己支持极端的

---

① Patrick J. Buchanan, "The Global-Warming Hucksters", October 23, 2007, http://buchanan.org/blog/2007/10/pjb-the-global-warming-hucksters.

② Patrick J. Buchanan, "The Decline of the Anglos", 2007年9月18日 (http://buchanan.org/blog/2007/09/pjb-stopping-the-next-war-2/).

③ 1999年7月2日，Patrick Buchanan 的新闻发布会 (http://www.issues2000.org/Pat_Buchanan_Free_Trade_&_Immigration.html); Patrick J. Buchanan, *State of Emergency: The Third World Invasion and Conquest of America*, New York: Thomas Dunne Books, 2007。

反移民政策，以"加强边境管制，拉长南部边境的'布坎南围栏'，遣返非法移民，修复美国大熔炉。自 20 世纪 70 年代以来，已经有 2700 万人移民到美国，被同化和美国化，完全融入了我们的历史、文化、英语语言和美国传统"①。

正如我们之前提到的，这种对同类"心脏地带"的追溯式解读建立在对过去的理想化描述基础上，表现了民族民粹主义叙事的共同主题。另外，他们隐含的道德主义使其更适合将宗教与神秘的主题结合进来，这些主题引起保守或反知识的观众的共鸣。依然如布坎南的作品所显示的，对信仰和传统的召唤并不一定会获得宗教机构的支持。正如将在随后对圣战全球主义意识形态分析中看到的，受宗教启发的民粹主义修辞往往赞成激进的宗派主义。世界末日叙事和千禧年愿景在主流宗教话语中轻描淡写，但民粹主义修辞中却对这样的话语涂上浓墨重彩的一笔。布坎南用反全球化修辞话语表述道，黑色和棕色人种婴儿潮的人口"灾难"正在改变西方人的肤色："更引人注目的是，白人人口减少不仅是相对的，也是真实的，全球白人的六分之一，即 2 亿白人（相当于法国、英国和德国的人口总和）将在 2060 年灭绝。高加索人种正在重蹈莫西干人的覆辙"。因此，布坎简明扼要地总结道："如果人口是天命，那么西方就完了。"②

在美国，另一种关于世界末日的版本可以与约翰·伯奇协会（John Birch Society）、基督教联盟（Christian Coalition）、自由游说团（Liberty Lobby）等协会以及所谓的爱国者和民兵运动相联系，所有这些团体都坚信全球化的根源是早期反美新世界秩序。因为他们把新自由国际主义作为一种席卷美国的外来的、不信神的意识形态，并担心全球主义正在无情地侵蚀个人自由和"美国传统生活方

---

① 1999 年 5 月 28 日，Patrick Buchanan 的演说，(http://www.gopatgo2000.com/000-immigration.html.)。

② Buchanan, "The Decline of the Anglos", and "The Way Our World Ends", May 2, 2008 年 5 月 2 日 (http://buchanan.org/blog/2008/05/pjb-the-way-our-world-ends/.)。

式"。例如，帕特·罗伯逊（Pat Robertson）作为拥有百万成员的基督教联盟无可争议的领袖，在20世纪90年代初出版了一本畅销书，该书把全球化描述为跨国企业精英们之间的恶魔阴谋的一部分，这些企业精英以此为生活在魔王路西法（Lucifer）和其追随者统治之下的人类创造一种新秩序①。

近些年，卢·道布斯邀请布坎南加入了美国民族民粹主义的CNN节目，该节目由卢·道布斯（Lou Dobbs）主持，他是一位很有魅力的主持人，他的节目《卢·道布斯今夜访谈》（*Lou Dobbs Tonight*）每周末晚上都有上千万的点击率。他还曾在21世纪初担任CNN节目《钱线》（*Moneyline*）主持人，这是一个非常成功的商业新闻节目。此外，他还主持了一份全国性的财经新闻广播节目《卢·道布斯金融报道》（*The Lou Dobbs Financial Report*），也是《金钱》杂志、《纽约每日新闻》（*New York Daily News*）、《美国新闻》（*U. S. News*）和《世界报道》（*World Report*）的专栏作家。在过去十年里，他几乎赢得了所有电视新闻大奖，包括《商业新闻评论》（*Business Journalism Review*）的大师奖。在过去的几年里，道布斯是美国未来移民政策日益激烈的辩论中一个举足轻重的民族民粹主义者。美国两大政党的政客都公开承认了他民族民粹主义观点的力量："毫无疑问，他影响了那些观看他、倾听他的政客们。"纽约共和党众议员彼得·金（Peter King）承认，"我认为他有一定的影响力"②。

道布斯在《卢·道布斯今夜访谈》投入大量时间做了一系列调查类节目，标题有"出口美国""打破的边界"和"一个拥挤不堪的国家"。由于这些报道，他的收视率在2003年到2007年间增长

---

① Pat Robertson, *The New World Order*, Dallas: Word Publishing, 1991, p. 37. 若想了解对这些团体的政治和意识形态更广泛地讨论，见 Lane Crothers, *Rage on the Right: The American Militia Movement from Ruby Ridge to Homeland Security*, Lanham, MD: Rowman & Littlefield, 2003。

② Peter King, quoted in Bill Carter and Jacques Steinberg, "Anchor-Advocate on Immigration Wins Viewers", *New York Times*, March 29, 2006.

了73%，而他最近出版的两本书也成为畅销书。由于他知名度大增，哥伦比亚广播公司（CBS）电视节目聘请他担任很受好评的《清晨秀》（*Early Morning Show*）节目评论员。① 这些报道永恒主题是普通美国人正遭受两个相关现象的伤害：市场全球主义者的外包战略，以及大量涌入的外国高科技人员和非法劳工。在他的官方网站上，道布斯列出了一份包括200多家公司在内的黑名单，这些公司都在"出口美国"。他指责这些公司"要么把美国的工作机会派到海外，要么选择雇佣海外廉价劳动力，而不是美国工人"。然而，道布斯没有告诉他的观众，在他的卢·道布斯《钱信》（*Lou Dobbs Money Letter*）中，他敦促用户投资一些在被他列为不爱国的市场全球主义公司名单上的公司。②

将这场辩论用世界末日术语描述为"为美国灵魂而战"，道布斯将他的经济民族主义引入普通美国人的通俗易懂的口号中，比如"政客喋喋不休，工作化为乌有"③。在他看来，渴望传播市场全球主义福音的企业、政治和知识精英们一直在"向美国中产阶级发动一场无情的战争"。他对他的民族民粹主义要旨做出调整，以适应"9·11"后美国社会的超级爱国主义形势，这种非凡的能力在2002年有争议性的《钱线》节目片段特别引人注目，他通过广播要求布什政府把"反恐战争"一词改为"反对伊斯兰主义者及其支持者的战争"④。

更异乎寻常的事件发生在2005年，当时道布斯的节目发表了

---

① David Leonhardt, "Truth, Fiction and Lou Dobbs", *New York Times*, May 30, 2007. Lou Dobbs 近期的畅销书籍是 *War on the Middle Class: How Government, Big Business, and Special Interest Groups Are Waging War on the American Dream and How to Fight Back*, New York: Penguin, 2007 与 *Independents Day: Awakening the American Spirit*, New York: Viking, 2007。

② James K. Glassman, "Two Faces of Lou Dobbs", Capitalism Magazine, 2004年3月4日（http://capmag.com.）。

③ 节选自2004年2月26日的《卢·道布斯今夜访谈》（http://edition.cnn.com/CNN/Programs/lou.dobbs.tonight.）。

④ Dobbs, cited in Matt Drudge, "CNN Dobbs on Hot Seat after Call for War on 'Islamists'", Drudge Report, 2002年6月6日（http://www.drudgereport.com/lou.htm.）。

一份报告,声称在过去的三年里,有 7000 起新的麻风病病例,而这些病例中大部分可能与非法移民有关。一名《纽约时报》记者在一份调查报告中披露,道布斯似乎有意将时间从 30 年缩短到 3 年。事实上,美国国家汉森氏病计划(National Hansen's Disease Program)主任指出,报告的病例在过去十年里稳步下降,平均每年减少 100 例。但当道布斯在哥伦比亚广播公司(CBS)的《60 分钟》(60 Minutes)节目中被问及这次调查的结果时,他不仅没有道歉,还坚称他的原始报告事实确凿,难怪著名民权组织南部贫困法律中心(Southern Poverty Law Center)长期以来批评道布斯,指责他把广播时间给白人至上的同情者,并歪曲事实,玷污"他们"——无论是移民或"政府机构"。例如,道布斯最近声称,美国联邦监狱系统的 1/3 的囚犯是非法移民。但是,根据美国司法部的数据,只有 6% 的囚犯是非法移民。而且,移民的犯罪率实际上比本土人要低。[①]

毫无疑问,美国本土主义(nativism)和经济民族主义(economic nationalism)的爆炸式混合在美国继续引起共鸣。在过去的五年里,美国 78% 的人口没有出境到外国旅游,只有 26% 的人密切关注外国新闻,而即便是"9·11"事件之后,45% 的人认为国际事件不会影响他们[②]。道布斯和布坎南在商业社区和劳工组织方面目标特别狭隘、保守,是共和党和民主党的"元老级"支持者。就商业而言,他们呼吁用明显带有民族保护主义色彩的旧式企业思维模式取代市场全球主义。换言之,应该给总部在美国的企业施加压力,要求"把美国放在首位"以显示他们的忠诚爱国。不过,布坎南和道布斯总是确保要把他们的爱国忠诚的理想主义诉求与更切实的承诺——旧式保护主义将为企业和工人带来利润——结合起来。

关于劳工问题,道布斯和布坎南都支持反全球化议程的主要内

---

① Leonhardt, "Truth, Fiction and Lou Dobbs".
② Minxin Pei, "The Paradoxes of American Nationalism", Foreign Policy, 2003 年 5—6 月 (http://www.foreignpolicy.com.)。

容，这些议程得到了比如工会领袖美国劳联—产联（AFL-CIO）的主席约翰·斯威尼（John Sweeney）、卡车司机工会（Teamsters）主席詹姆斯·霍法（James Hoffa）的支持。布坎南和道布斯表达了与老工业工人阶级的同样的担忧，他们的口号做了调整，都是为了适应美国小镇的保守心态，主张实现更大程度的国内社会平等，但对更高层次的国际社会不平等却心甘情愿地默认。这些不平等倾向反映在包含种族主义言论和反犹太主义典故的演讲中。例如，布坎南对一群美国钢铁工人说，"亚洲侵略者"正在美国市场倾销贬值的钢材，试图共同努力摧毁美国钢铁工业，而"华盛顿体制"允许这些"非法行为"继续下去，对"美国钢铁工人的大规模牺牲"视而不见，以便"为高盛创造一个安全的世界"。2000年4月，在华盛顿特区举行的反国际货币基金组织的抗议活动中，布坎南向欢呼雀跃的美国卡车司机工会成员表示，他会以首脑的身份告诉中国人，要么好自为之，要么"把你们的最后一双筷子卖给美国的任何一个购物中心"。他还向赞赏的人群保证，他将任命他们的老板詹姆斯·霍法，作为美国的最高贸易谈判代表。然而，尽管他发表了一些亲劳工言论，但他一直拒绝支持提高工人最低工资标准这类基本要求。道布斯同样暗示道，2006—2007年美国的移民政策改革是所谓的"墨西哥阴谋"的一部分，墨西哥要收复美国西南部。《卢·道布斯今夜访谈》的一位记者甚至将墨西哥总统对犹他州的正式访问称为"墨西哥军事入侵"。道布斯和布坎南把观点和事实搅和在一种强有力的民族民粹主义混合物中，继而在美国延续一种本土主义传统，长期以来，在这种传统下，人们用刻板印象和顶罪羊作为对付不受欢迎的"外来者"的武器[1]。

一些作家认为，全球范围的民族民粹主义浪潮可以解释为对当代资本主义结构和制度发展的极端反应。全球化发轫20世纪70年

---

[1] Buchanan, cited in Thomas Friedman, "America's Labor Pains", *New York Times*, 2000年5月9日 (http://www.nytimes.com); Leonhardt, "Truth, Fiction and Lou Dobbs"。

代，20 世纪中期的美国工业福利资本主义被迅速转变为 21 世纪早期的后工业个人化资本主义。类似的转型还发生在文化层面，多元文化广泛传播，后现代文化崛起，其核心特点包括：高雅文化堕落为大众文化，广告和商业化剧增，选择和生活方式个性化①。根据这一解释，民族民粹主义阵营的反全球化声音是对全球化带来的经济困难和混乱无序的独裁式过时回应。人们对安全、熟悉的边界解散产生焦虑之后，像工厂工人和小农场主这样的群体正在失去他们在传统社会等级制度中的特权地位。随着人们的旧身份正遭遇日益剧烈的分裂和疏远，对我们这个不断萎缩的世界所面临的新挑战的一种可能回应，将我们熟悉感的缺失归咎于内部和外部的"他者"。

布坎南、道布斯和其他颇有成就的民族民粹主义者呼吁"全球化失败者"叫停全球化的强大势头。他们利用人们在巨大结构性变革面前的无力感，向独裁者发出他们的声音，表达他们对文化统一性、道德确定性和民族优越感的旧世界的强烈渴望。马克·沃雷尔（Mark Worrell）指出，尽管民族民粹主义领导人以平等主义的标签标榜自己，并维持草根民主的力量，但实际上他们加速了参与式民主的衰落："布坎南主义支持英雄式的救赎，而不是集体和民主参与。"②

布坎南和道布斯声援通过伟人的行为来进行社会变革的简单想法，他们抨击市场全球主义，认为这是一种快乐主义经济决定论者的学说，不仅缺乏动机，而且缺乏意志和勇气来抵制全球化的力量。布坎南承诺要领导美国反对新自由国际主义，他对美国革命女儿协会（Daughters of the American Revolution）说："美国是时候把自己的国家收回来了。在我们永远失去她之前，让我们把美国从世

---

① 例如 Mark P. Worrell, "The Veil of Peculiar Subjectivity: Buchananism and the New World Order", *Electronic Journal of Sociology* 4, no. 3, 1999（http://www.sociology.org/content/vol004.003/buchanan.html.）.

② Worrell, "The Veil of Peculiar Subjectivity".

界银行和国际货币基金组织的全球寄生虫手中收回来,这些寄生虫把美国的财富吸走,将这些财富给了第三世界的社会主义者和无能的寄生者。让我们把她从有影响力的代理人手中收回来,这些代理人占领了华盛顿特区,为外国势力竞标。"①

实际上,民族民粹主义对市场全球主义的批评,既反动又保守,因为它不惜任何代价来保持人们熟悉的国家框架。陷入旧的范式,它的支持者未能向听众提供另一种全球主义愿景。而且,他们把传统国家设想成共同体,这不应该让我们得出"所有形式的民粹主义都不可避免地沦为民族主义"的结论。尽管所有形式的民粹主义仍然不可避免地与"人民"的概念联系在一起,但没有什么令人信服的理由来解释这个概念为什么总是而且必然是指一个民族共同体。正如我们在前一章所提到的,正义全球主义者所提出的"人民"的概念更具包容性和想象性,显然超越了国家框架。这也同样适用于像奥萨马·本·拉登(Osama bin Laden)这样的圣战全球主义者,本·拉登的政治伊斯兰军事化吸收了民粹主义修辞风格,把"人民"不容置疑地视为认主独一的乌玛王国(the umma of *tawhid*)——信奉人和真主合一的全球伊斯兰共同体。然而,与民族民粹主义不同的是,这种受宗教启发的民粹主义修辞风格,已与政治伊斯兰融合,形成了一种综合性的意识形态,它能够将正在兴起的全球想象转化为具体的政治术语和程序。如今,"圣战全球主义"成为来自政治右翼的市场全球主义最难以对付的意识形态挑战者。

基地组织的圣战全球主义

在基地组织(al Qaeda)发动"9·11"袭击之后,世界各地的很多评论家把激进伊斯兰主义看作市场全球主义最有力的意识形

---

① Patrick J. Buchanan, "Speech to the Daughters of the American Revolution", Washington, DC, April 22, 1992, cited in Frederick W. Mayer, *Interpreting NAFTA: The Science and Art of Political Analysis*, New York: Columbia University Press, 1998, p. 232.

态挑战者之一。然而，大多数评论家在本·拉登的世界观里没有发现任何"全球性"的东西，除了基地组织的全球网络之外。这些评论家严厉谴责他的伊斯兰主义"落后""狭隘"，是典型的宗教狂热分子，代表着破坏全球化的一种反动势力。就像我们在这里讨论的那样，基地组织是以宗教符号和隐喻为驱动的强大政治信仰体系，不仅代表了全球主义来自政治右翼更强大的第二个挑战者阵营，也反映了全球化的复杂格局。出于这个原因，这种意识形态最好被描述为"圣战全球主义"（jihadist globalism）。2001年至2008年间，著名的后"9·11""本·拉登视频"的全球传播证实了基地组织迅即获取复杂信息和通信网络的能力，这使其领导者可以实时了解相关国际动态。本·拉登和他的高级官员们可能会坚决谴责现代化的力量，但他整个组织的平稳运作完全依赖于20世纪最后20年发展起来的各种先进技术。

为了进一步说明基地组织圣战主义的全球动态，要考虑本·拉登的个人形象。2001年10月7日的录像带显示，他的传统阿拉伯服装外面套着现代军装。换句话说，他的服装反映了当代的分裂性和交叉性，全球化学者称之为"杂合"——全球经济文化交流所推动的不同文化形式和风格的融合。事实上，本·拉登的浅色迷彩作战服暴露了其苏联渊源关系，他所穿的这件夹克是一种象征性的提醒：他和其他伊斯兰部队曾经在20世纪80年代同苏联在阿富汗的占领军进行过激烈的游击战。

他随身携带的AK-47步枪可能是俄罗斯制造的，尽管世界各地有几十个枪支工厂已制造这款流行枪支40余年。截至20世纪90年代中期，俄罗斯和国外制造了7000多万支卡拉什尼科夫突击步枪，至少有50个国家的军火库中配备这款步枪，这使得卡拉什尼科夫突击步枪成为真正的全球性武器。因此，本·拉登的AK-47很可能出自世界任何地方。然而，鉴于过去20年有组织犯罪全球化的惊人势头，我们完全可以相信，本·拉登的步枪是由基地组织和俄罗斯黑手党等势力强大的国际犯罪组织策划和实施的非法武器交易的一部分，这种枪也有可能通过地下武器贸易到达阿富汗，类似1996年5月一起浮出水面的地下军火交易，当时旧金山警察缴获了2000支中国制造的非法进口AK-47步枪。

近距离观察本·拉登的右手腕，就会发现另一条关于全球化强大力量的线索。他手持麦克风，怒斥美国及其盟友，他扬起手时，缩回的衣袖露出了一块时尚的运动表。注意到这款昂贵手表的记者们推测其产地，大家新近达成共识，这块表是天美时（Timex）产品。然而，考虑到天美时手表和苹果派一样的美国化特征，这位基地组织领导人居然选择这个特别的品牌，这极具讽刺意味。毕竟，天美时公司，前身是沃特伯里钟表公司（Waterbury Clock Company），于19世纪50年代在美国的康涅狄格州的诺格塔克山谷（Naugatuck Valley）成立，该地在19世纪以"美国的瑞士"著称。如今，该公司已经成为跨国公司，在65个国家设有分公司和销售办事处，公司雇佣7500名员工，分布在四大洲，成千上万的工人来自低薪的南半球国家，这是天美时全球生产进程背后的强大驱动力。①

我们对这盘录像带中的一些核心图像进行简要解构，更容易发现，在一种所谓"反全球主义"恐怖分子的过时表达方式中带有全球主义成分。在后续的录像中，本·拉登展示了自己作为一个有学问的穆斯林教士而不是一个神圣战士。在2007年9月的一盘录像带中，他甚至还炫耀他修剪得整整齐齐的染色胡须。但是，即使是这个世界上最著名的圣战者之一"神圣战士"的亲善形象，也不能改变全球越来越相互依存的重要现实。本·拉登的"纯伊斯兰"浪漫主义意识形态本身表现的就是一个全球性的想象，正如我们的全球化时代，对技术、大众市场产品和名人难以满足的胃口一样，他们对圣战全球主义的意识形态结构的形成发挥了不可磨灭的作用。

---

① 若想更加了解上述企业的性质和作用，见 http://www.timex.com and http://kalashnikov.guns.ru. 另见 Manfred B. Steger, *Globalization: A Very Short Introduction*, 2d ed. Oxford: Oxford University Press, 2009。

第五章 来自政治右翼的挑战：民族民粹主义和圣战全球主义

但让我们先仍就其政治语境来展开讨论。

基地组织的起源可以追溯到 MAK 即"服务办公室"〔Maktab al-Khidamat（MAK；Office of Services）〕，它是一个设在巴基斯坦的支援机构，服务于抗击苏联入侵阿富汗的阿拉伯穆斯林游击队。该组织于 1980 年由本·拉登和他的巴勒斯坦老师兼导师阿卜杜拉·阿扎姆（Abdullah Azzam）组织建立，并从沙特阿拉伯政府和其他伊斯兰国家的私人捐助者那里获得了可观的捐款。它还得到巴基斯坦三军情报局（Inter-Service Intelligence Agency）的保护，三军情报局的目的是要在中央情报局的支持下，由一个对巴基斯坦友好的伊斯兰国家来取代喀布尔（Kabul）的共产主义傀儡政权。因此，基地组织和其他当时在该地区活动的伊斯兰激进组织应被视为冷战的产物，最终，他们背离了捐助者的初衷。1989 年苏联撤军后，没有了支持，阿拉伯—阿富汗斗士多国联盟有种鸟尽弓藏之感。苦苦挣扎在一个持续数十年战乱后满目疮痍的国家，胜利的圣战者失去了明确的目标和使命。

从关于这个主题的新文献中可以发现：穆斯林和非穆斯林学者对"伊斯兰主义"这个词的用法各异，可以指称致力于伊斯兰复兴及完全实现其政治理想的各种"运动"和"意识形态"。目前正在通用的相关术语包括"政治伊斯兰"（political Islam）、"伊斯兰原教旨主义"（Islamic fundamentalism）、"伊斯兰纯粹主义"（Islamist purism）和"伊斯兰法西斯主义"（Islamo-fascism）[①]。我们对基地

[①] 例如 Mehdi Mozaffari, "What Is Islamism? History and Definition of a Concept", *Totalitarian Movements and Political Religions* 8, no. 1, March 2007: pp. 17 – 33; Greg Barton, *Jemaah Islamiyah: Radical Islamism in Indonesia*, Singapore: Ridge Books, 2005; Khaled Abou El Fadl, *The Great Theft: Wrestling Islam from the Extremists*, New York: HarperCollins, 2005; Olivier Roy, *Globalized Islam: The Search for a New Ummah*, New York: Columbia University Press, 2004; Azza Karam, ed., *Transnational Political Islam: Religion, Ideology and Power*, London: Pluto Press, 2004; Thomas W. Simons, *Islam in a Globalizing World*, Stanford, CA: Stanford University Press, 2003; Gilles Kepel, *The War for Muslim Minds*, Cambridge, MA: Belknap Press, 2004; *Jihad: On the Trail of Political Islam*, London: I. B. Tauris, 2002; Malise Ruthven, *A Fury for God: The Islamist Attack on America*, London: Granta Books, 2002。

组织的圣战全球主义的关注，既不淡化伊斯兰主义在伊斯兰内部的理念思潮多样性，也不把某种特定理念品牌呈现为最具代表性和真实性。相反，首先，我们对本·拉登信条的兴趣，恰恰证明了圣战全球主义在世界范围内对政治和意识形态的巨大影响。其次，强调了由正在进行的伊斯兰去疆界化导致的新政治意识形态的崛起。再者，认为宗教右翼围绕一些核心宗教概念来清晰表述蓬勃发展的全球想象，是一次最为成功的尝试。这些宗教概念有乌玛（伊斯兰共同体），"圣战"（为了上帝和乌玛而与不信上帝者进行武装或非武装"斗争"）和塔维德（tawhid）（认主独一）。事实上，"圣战全球主义"的标签也适用于那些寻求通过反对世俗主义和"假信仰"的暴力"斗争"而建立一个全球基督教社区的基督教原教旨主义意识形态。

奥萨马·本·拉登生于1957年，是穆罕曼德·本·拉登的第十七个儿子。穆罕曼德·本·拉登是也门的一名移民工人，他在收养他的沙特阿拉伯建立了一个几十亿美元资产的庞大建筑帝国。本·拉登早期实验西方自由主义生活方式，但当遇到了吉达（Jiddah）的阿卜杜勒阿齐兹国王大学（King Abd al-Aziz University）教授政治伊斯兰课程的阿卜杜拉·阿扎姆（Abdallah Azzam）和穆罕默德·库特卜（Muhammad Qutb）两位老师后，他毅然摈弃了早期的西方自由主义生活方式。获得工商管理硕士学位之后，这位雄心勃勃的年轻人在他父亲的公司度过了一段时间，证明了他的管理才能。但是，他的专业成就很快就被他狂热的宗教信仰所压倒，他支持阿拉伯穆斯林游击队与苏联支持的阿富汗政权的斗争。本·拉登观察了几场军事演练，很快地因表现勇猛而声名鹊起，又在建立游击队训练营和规划军事行动方面学到了广泛的技能。他对苏联从阿富汗撤军感到欢欣鼓舞，但对美国和阿拉伯国家的支持锐减感到极度失望，1990年，他作为一个受欢迎的英雄回到了利雅得，他与沙特政权关系密切，至今仍未受影响。

当时，萨达姆·侯赛因（Saddam Hussein）占领科威特（Kuwait），威胁着中东地区的势力均衡。为了应对这一威胁，沙特当局邀请了 50 万"异教徒"——美国人和其他外国军队进入并短期驻扎他们的国家，表面上出于保护目的。为确保这一决定的宗教合法性，沙特政府向沙特乌理玛（Saudi ulema）（博学多才的宗教经文口译者）施压，迫使其同意外国军队在两个圣地［麦加（Mecca）和麦地那（Medina）］无限期驻扎。最终，学者们妥协了，甚至同意穆斯林加入 1991 年美国主导的针对伊拉克的"沙漠风暴"（Operation Desert Storm）。

本·拉登向皇室提议组建一支几千名阿拉伯—阿富汗老兵构成的部队，遭到拒绝后深感痛心；皇室却招募外国异教徒来保卫沙特王国免遭伊拉克袭击，这又使他大为恼火。所以，本·拉登断绝了与沙特政权的所有联系。和成千上万愤怒的宗教异己分子一样，本·拉登也谴责这些"宗教异端邪说"和"道德败坏"的行为，并公开指责统治者投靠西方国家。沙特政府立即对这些指控通过政治镇压予以回应，逮捕了几名反对派领导人，并取缔了他们的组织。本·拉登和他的亲信逃到了苏丹（Sudan），哈桑·图拉比（Hassan al-Turabi）执政的伊斯兰政府对他们抱以同情，赋予他们政治流亡者身份，并提供机会让他组建几十个新斗士训练营地。1994 年，本·拉登被剥夺了沙特公民身份，同年与极具感召力的激进伊斯兰"圣战"埃及组织的领导人艾曼·阿尔·扎瓦西里（Ayman al-Zawahiri）建立了永久性联盟。这种伙伴关系与在巴基斯坦和孟加拉国的圣战组织主干和分布世界各地数目不详附属组织一起促成了世界伊斯兰阵线（World Islamic Front）的形成。

1996 年，由于美国不断给图拉比政权施压，本·拉登和他的随从被迫离开苏丹，重返阿富汗，在那他们与塔利班的关系并不稳定，由毛拉·奥马尔（Mullah Omar）领导的塔利班势力在同年占领了喀布尔。塔利班对阿富汗人民实施严格的伊斯兰教法律（上帝赐予的），其规则是基于所谓"真正的伊斯兰教信条"，据说这些信条已经在世上实现过一次，由 7 世纪时期先知死亡之后萨拉菲

（salaf）（虔诚的先人）领导三代乌玛实现的。20世纪90年代末，本·拉登公开承诺效忠于塔利班，最有可能是作为一种交换，因为塔利班政权愿意为他的组织提供庇护，免受美国报复基地组织在1998年轰炸美国驻肯尼亚（Kenya）和坦桑尼亚（Tanzania）大使馆。为了表达对他的主人的感激，本·拉登称塔利班领导人毛拉·奥马尔为"伊斯兰教的领袖"——哈里发（caliph）的领袖，伊斯兰宗教和公民领域的统治者。1924年，哈里发这个称号被废止，当时土耳其现代主义领导人凯末尔·阿塔土克（Kemal Ataturk）建立一个世俗的民族国家取代奥斯曼哈里发帝国（Ottoman caliphate）。本·拉登喜用这个称号，只不过表示他排斥穿着民族主义和社会主义外衣存在了80年之久的伊斯兰现代主义，以及承认塔利班统治的阿富汗是全球哈里发国家的核心，旨在阻止伊斯兰世界的长期衰落和与之对应的西方统治权。尽管他有反西方信念，但本·拉登从不犹豫使用现代技术来传达他的信息。

布鲁斯·劳伦斯（Bruce Lawrence）指出，本·拉登的大部分著作和公共演讲出现在一个"虚拟世界"的背景下，从印刷到互联网，从有线到无线通信。酋长本·拉登"给世界的口信"主要依据圣经模式，故意为全球新媒体而设计。我们已经看到，"口信"主要以视频、音频磁带、网站和被扫描到电脑磁盘上的手写信件的形式，传送到全球范围的阿拉伯语新闻媒体。本·拉登吸取了穆斯林五大传统公共话语类型，用精雕细琢的语言表达他的意识形态主张，这五大传统公众话语类型是：宣言、司法程序、讲座、书面提示单、书信。他蔑视那些由专业的演讲稿撰写人提供给许多政治家的代笔，他写出了雄辩的阿拉伯语散文，体现出"一个有远见的人的真实的、令人信服的声音，具有超强感染力的抒情笔调"。[①] 过去

[①] Bruce Lawrence, "Introduction", in Osama bin Laden, *Messages to the World: The Statements of Osama Bin Laden*, edited by Bruce Lawrence and translated by James Howarth, London: Verso, 2005, p. xvii; p. xi. 另见 Bernard Lewis, "License to Kill", *Foreign Affairs*, November-December 1998.

的15年里，本·拉登的著作形成了一系列教义，吸引了数以百万计的穆斯林，尤其是他"9·11"之后的各种演讲，就包含了告诫信徒们如何抵制美帝国这个"新罗马帝国"进一步行动的具体指示。

"圣战全球主义"的意识形态体系建立在对一场超常危机的民粹主义召唤之上：乌玛的领土、价值观和经济资源受到前所未有的攻击。尽管本·拉登指责全球"犹太—十字军联盟"（Judeo-Crusader alliance），但他认为，全球"犹太—十字军联盟"对伊斯兰的攻击比特定民族国家或帝国主义联盟意图更加邪恶[1]。然而，与此同时，他和他的官员们坚持认为，"全球无信仰"（global unbelief）的力量是由像乔治·W. 布什这样特定个人，或者是像美国和联合国这样具体的"全球普遍无信仰的霸权组织"领导的。[2] 在他们看来，苏联解体（其实应该直接归功于阿拉伯—阿富汗穆斯林游击队）使得美国更加傲慢，更具帝国主义色彩：

> 它已经开始将自己视为这个世界的主人，并建立了所谓的"新世界秩序"……今天的美国，出于这种傲慢，设定了双重标准，称任何反对其不公正的人都是恐怖分子，它想要侵占我们的国家，偷掠我们的资源，安插合作者用人为法律来统治我们，想要我们在所有这些问题上达成一致。如果我们拒绝这样做，它就会说我们是恐怖分子[3]。

本·拉登引用证据来证明这些"罪恶的侵略行为"，这些证据包括：美军无限期驻扎在阿拉伯半岛；以色列对巴勒斯坦人民持续

---

[1] Osama bin Laden, "Under Mullah Omar", April 9, 2001, in Bin Laden, *Messages to the World*, 96, and "The Winds of Faith" 7 October 2001, pp. 104 – 105.

[2] Ayman al-Zawahiri, "Loyalty and Enmity" (n. d.), in Raymond Ibrahim, ed. and trans., *The Al Qaeda Reader*, New York: Broadway Books, 2007, p. 102.

[3] Osama bin Laden, "From Somalia to Afghanistan", March 1997, in *Messages to the World*, pp. 50 – 51.

不断的压迫；1993年美国在索马里（Somalia）打击穆斯林军阀；1991—1995年南斯拉夫内战期间，西方列强无情地屠杀成千上万波斯尼亚穆斯林（Bosnian Muslims）；第一次海湾战争后西方对伊拉克的经济制裁，这导致了无数无辜平民死亡。酋长本·拉登沿袭第三世界国家政教分离主义的话语传统，认为西方强国对乌玛犯下的这些不道德的帝国主义行为，只不过是一系列耻辱行径中的最新犯罪活动。这些耻辱行径可以追溯到第一次世界大战后西方列强瓜分奥托曼帝国以及第二次世界大战后在巴勒斯坦建立犹太国。然而，比起中世纪的基督教十字军或者13世纪征服强大的阿巴斯王朝的蒙古军队，今天这些"来势汹汹的敌人以及宗教和世界的腐蚀者"甚至更具有危险性，原因在于他们"全面打击整个穆斯林世界的运动，其目的是除掉伊斯兰教本身"①。沙特阿拉伯和其他伊斯兰国家与异教徒敌人勾结，而不是在这一历史关键时刻支持乌玛，当时的"犹太—十字军联盟"已经"侵犯乌玛的荣誉，屠戮其生灵，占领其避难所"。在乌玛需要他们的时刻将她抛弃，这些"异端统治者"亵渎了上帝信使的宗教真义，从而失去了他们的政治合法性。无独有偶，满腹经纶的伊斯兰学者和神职人员却维护支持这些"奉行失败主义的阿拉伯专政国家"，他们应该被称为"懦弱的异端分子"或"信仰的背叛者"。

  本·拉登以真正民粹主义方式将他的第一封公开信读给更广大的听众，号召他们反对被任命为沙特阿拉伯的通敌卖国者乌理玛（ulema）的首领。除了指责穆夫提（mufti）的精神腐败之外，他还反对穆夫提对现代伊斯兰社会道德沦丧视而不见所持的态度，尤其表现在穆夫提对高利贷的容忍，这种行为被《古兰经》明文禁止。这封信还对乌理玛牺牲穆斯林原则，而不愿采取更严厉措施阻止西方价值观的步步侵扰的行为表示痛惜。本·拉登在几个言辞犀利的段落里指出，"我们伊斯兰乌玛所深陷的退化和腐化程度"在

---

① Osama bin Laden, "The Saudi Regime", November 1996, in *Messages to the World*, p. 39.

当今时代可谓达到极致,具有贾希利亚特征——愚昧无知、崇拜异教徒偶像①。

然而,本·拉登所指的"乌玛"(umma),其准确含义到底是什么呢?毕竟,这个核心概念,和"圣战"(jihad)、"认主独一"(tawhid)一样,是他政治信仰体系的概念支柱。在他的主要著作中,我们可以发现能证明他对乌玛民粹主义解读的大量文本证据。② 正如穆罕默德·贝米耶(Mohammed Bamyeh)所指出的,"伊斯兰共同体"的概念在历史上发挥了作用,它相当于西方的"人民"思想,能够限制统治精英的专制倾向③。借助对乌玛的这种传统理解,本·拉登强调政治权威永远不要依赖"人民主权",因为政治统治并不是人民的专属权利。相反,正义的乌玛只以上帝的名义行使政治权力,从而在伊斯兰主权基础上建立起其政治制度④。由于上帝的权威超越了所有政治边界和一切人为划分的界限,所以乌玛不仅取代了古老的部落团结和传统亲属结构,而且最重要的是它也取代了扎根于民族想象的现代西方社区观念。可以肯定的是,当代穆斯林携带着民族护照,但他们首先要团结的必须是乌玛,乌玛是一个涵盖全球的社区:"你知道,我们和所有的伊斯兰世界都联结在一起,不管是也门,巴基斯坦,还是其他地方。我们是统一的乌玛的一部分。"⑤

《古兰经》(Qur'an)有关"人民"的这种核心思想,被神所吩咐用以捍卫其主权和抵抗暴君、异端分子和篡夺上帝至高主权的异教徒的罪恶影响,同时在埃及政治伊斯兰教主义者赛义德·库特布

---

① Osama bin Laden, "The Invasion of Arabia", c. 1995/1996, in *Messages to the World*, p. 15. 另见 Osama bin Laden, "The Betrayal of Palestine", December 29, 1994, in *Messages to the World*, pp. 3–14。

② 例如 bin Laden, "The Saudi Regime", pp. 32–33。

③ Mohammed Bamyeh, "Global Order and the Historical Structures of *dar al-Islam*", in Manfred B. Steger, ed., *Rethinking Globalism*, Lanham, MD: Rowman & Littlefield, 2004, p. 225.

④ Bin Laden, "The Betrayal of Palestine", in *Messages to the World*, p. 9.

⑤ Osama bin Laden, "A Muslim Bomb", December 1998, in bin Laden, *Messages to the World*, p. 88.

(Sayyid Qutb)的著作里得到现代最激进的诠释,赛义德·库特布是本·拉登在阿尔阿齐兹上大学时有广泛影响力的老师的哥哥。以伊斯兰"认主独一"教义作为出发点,库特布认为所有世俗权力都属于世界上唯一的真主,《古兰经》揭示了主的亘古不变的唯一意志。无条件地服从真主的意志,意味着每一个穆斯林成员都肩负着防止人治于人的责任,人治于人违背了安拉(Allah)的绝对权威。在库特布看来,人类生存的最高目的是"在地球上建立神的主权和权威,建立受神启示、可以解决人类生活问题的真正制度,消灭所有邪恶势力及其生活方式,废除人对人的统治"①。

这个时代物欲横流,异教徒反抗真主的主权。今天的乌玛没能抵制伊斯兰内部和外部敌人所带来的腐败影响,已经倒退至前伊斯兰异教徒蒙昧的贾西利亚(*jahiliyya*)时代,库特布甚至建议按照伊斯兰教法典取消政治治理,乌玛也不再以其真实的形式存在。如果每一个普通平凡的穆斯林意识到这种困境的严重性,他们可能就会重建自己的信念,净化正在不断贬值的伊斯兰文化。伊斯兰复兴的最终目的是在萨拉夫(*salaf*)(正直的领导)的带领下恢复乌玛原本的道德纯洁性。玛丽·哈贝克(Mary Habeck)指出,库特布看似前现代化的倾向实际上包含着强烈的现代主义影响,它将政治伊斯兰转化为"一种解放意识形态,用来结束人类机构和人造法律的压制,真主重归原位,无条件地作为世界的主宰"②。

库特布的伊斯兰政治思想在很大程度上影响了基地组织对于乌玛的理解,他们相信乌玛是信仰者的唯一全球的伊斯兰社区,所有人团结一致,都信奉他们唯一的真主安拉。正如本·拉登强调的:"我们是伊斯兰民族的孩子,先知穆罕默德(Prophet Muhammad)

---

① Sayyid Qutb, "War, Peace, and Islamic Jihad", in *Modernist and Fundamentalist Debates in Islam: A Reader*, edited by Mansoor Moaddel and Kamran Talattof, New York: Palgrave Macmillan, 2002, p. 240.

② Mary R. Habeck, *Knowing the Enemy: Jihadist Ideology and the War on Terror*, New Haven, CT: Yale University Press, 2006, p. 62.

是我们的领袖。我们有同一个真主,我们有同一个先知,我们向同一个方向进行朝拜,我们属于同一个乌玛,我们共读同一本《古兰经》。"① 阿尔·扎瓦希里(al-Zawahiri)表达了民粹主义者的渴望,他们需要强有力的领导者进行拨乱反正,与腐败的精英阶层进行斗争,并将权力归还给"穆斯林民众",他还分享他的领导本·拉登对于如何恢复乌玛旧时荣光的见解②。在他们看来,在复兴伊斯兰的初期阶段,必须有一小拨忠诚的先头部队不惜牺牲性命甘愿作为殉道者来唤醒民众的宗教责任感,这不仅局限于传统的伊斯兰国家,也包括任何渴望建立真主统治的地方。本·拉登认为复兴乌玛不是一个区域、一个国家或者一个地区的事情,因为世界上1/3的穆斯林民众作为少数族裔生活在一些非伊斯兰国家,所以这场复兴需要一位圣战主义先锋联合全球力量,在世界范围内展开行动。基地组织盼望在全球诞生现代性的伊斯兰化,把伊斯兰从"埃及"和"中东"的有限区域解放出来,这些区域曾经构成20世纪宗教民族主义者与现代世俗政权斗争的政治框架。正如奥利维尔·罗伊(Olivier Roy)的观察:"穆斯林乌玛(或社区)已不再有地域实体的概念,我们应该将它当作一个抽象的、虚构的术语来思考。"③

虽然基地组织赞同想象式的全球乌玛与全球库弗尔(*kufr*)(不信神者)之间文明冲突的摩尼教式二元论(Manichaean dualism),但是其全球主义超越了界限分明的文明断层线。它复兴跨国乌玛的愿望是为了证明虽然伊斯兰世界被全球化和西方化,但同样地,西方也被伊斯兰化。"圣战全球主义"主张建立在国家与全球的概念过渡期,依然保留其强大的隐喻力,与民族乃至部落的团结

---

① Osama bin Laden, "Terror for Terror", 21 October 2001, in bin Laden, *Messages to the World*, p. 119.
② Ayman al-Zawahiri, "I Am among the Muslim Masses", 2006, in *The Al Qaeda Reader*, pp. 227–228.
③ Roy, *Globalized Islam*, 19.

产生共鸣①。基地组织密切关注全球形势,其领导者们将"近敌"(中东世俗民族主义政权)成功地转向"远敌"(全球化的西方国家)。这种超常的话语和战略性转变反映了民族想象的不稳定性。20世纪90年代初,以民族为基础的伊斯兰组织渐渐失去了动力,部分是因为他们不能调动各自集体的民族情怀,另外也因为他们屈服于世俗民族政权对其采取的更有效的反制策略。

因此,本·拉登和扎瓦西里敦促他们的追随者向伊斯兰的敌人发动全球性的战争。基地组织意识形态的唯一使命就是,他们通过发动反不信真主者的全球圣战来重建统一的全球乌玛,以此作为对全球化的回应。基地组织还特别呼吁15—25岁的穆斯林青年,希望他们加入基地组织。这些青年长期生活的西方化伊斯兰环境(或者伊斯兰化的西方),具有个性化和去文化的特点②。正如罗伊提醒我们的:基地组织"第二波征募浪潮"导致2001年的"9·11"事件至2005年7月7日伦敦爆炸案期间恐怖分子活动频繁,这些恐怖活动是西方化的伊斯兰产物。大多数伊斯兰青年居住在欧洲和北美,他们与传统的中东政党几乎没有联系。他们与基地组织的跨国乌玛保持着亲密关系,乌玛严格的宗教法典与传统文化语境相分离,这使得他们成为征募的最佳人选。阿富汗基地组织征募的第一批恐怖分子在一大批跨国理想主义"圣战"者中形成了他们的意识形态观,而这些年轻人将追随他们的脚步③。

如果复兴的、净化了的乌玛想要在一个超越特定民族或部落身份的全球空间中生存,这是民粹圣战全球主义的最终目标,那么圣战必然是实现这一目标的主要手段。就我们的目的而言,没有必要对"圣战"的多重意义和"正确"应用进行长期的学术辩论,我

---

① 从部落、国家以及世界角度深刻分析本·拉登话语,见 Denis McAuley, "The Ideology of Osama Bin Laden: Nation, Tribe and World Economy", *Journal of Political Ideologies* 10, no. 3 October 2005: pp. 269 – 287. 对涉及部落身份的全球化动态进行精彩讨论,见 Paul James, *Globalism Nationalism Tribalism: Bringing the State Back In*, London: Sage, 2006。

② Bin Laden, "A Muslim Bomb", in *Messages to the World*, p. 91.

③ Roy, *Globalized Islam*, 第 7 章。

们也不需要在伊斯兰世界去挖掘其悠久的历史。只需要注意到这一点：像本·拉登和扎瓦西里这样的"圣战全球主义"者都支持"进攻性"和"防御性"圣战①。他们对这一核心概念的不加争辩，在很大程度上依赖于阿扎母和库特布的解释，对他们来说，"圣战"代表了一种神授予的"个人义务"，就像祈祷和斋戒一样责无旁贷。同样，本·拉登将圣战誉为伊斯兰教的"巅峰"或"顶峰"，并反复强调，武装反对全球不信真主者是今天"在我们整个乌玛的义务，因为只有当乌玛母亲的子民、资金和能源能提供开展圣战所需的一切，并借此驱逐异教徒加害巴勒斯坦和其他地方穆斯林的罪恶行径，我们的乌玛才会脱离苦海"②。对于基地组织来说，"圣战"代表着唯一的通往崇高目标的唯一路径，这条道路可让乌玛回归到"她的宗教和正确的信仰"——不仅仅是因为神圣的达瓦（da'wa）（布道；训诫）方式未能教化那些背信弃义的穆斯林精英，也没能使那些敌对的十字军皈依伊斯兰，但最重要的是，因为伊斯兰教是崇仰真主（神）的"圣战的宗教，所以上帝的话语和宗教是至高无上的"。此外，"圣战"全球主义者对斗争的手段并不挑剔：任何可能削弱异教徒，尤其是帝国全球主义者的手段都可以。这种策略包括大规模的恐怖袭击、自杀式炸弹袭击以及公开杀害人质："杀死美国人和他们的盟友，无论平民还是军人是所有国家每个穆斯林义不容辞的个人责任。"③

对本·拉登而言，圣战和乌玛是"认主独一"和"创世"的重要表现形式。正如我们所看到的，伊斯兰主权必须以无国界和内

---

① Osama bin Laden, "Moderate Islam Is a Prostration to the West", 2003, in Ibrahim, *The Al Qaeda Reader*, pp. 22 – 62. 通俗易懂的概览圣战的历史和意义，见 David Cook, *Understanding Jihad*, Berkeley: University of California Press, 2005。

② Osama bin Laden, "Among a Band of Knights", February 14, 2003, in bin Laden, *Messages to the World*, p. 202; "Resist the New Rome", January 4, 2004, in *Messages to the World*, p. 218; "A Muslim Bomb", in *Messages to the World*, p. 69.

③ Osama bin Laden, "The World Islamic Front", February 23, 1998, in *Messages to the World*, p. 61; "To the Americans", October 6, 2002, p. 166; "The World Islamic Front", February 23, 1998, in *Messages to the World*, p. 61; "To the Americans", October 6, 2002, p. 166.

部分裂的哈里发形式建立，这种哈里发是由神任命的世界治理体制的极权主义愿景，其永恒法典涵盖了社会生活的各个方面，这使许多评论者指责"圣战伊斯兰主义"是特别好战的"极权主义"形式，它给文化多元主义和世俗民主带来了严重挑战①。基地组织领导人对这种指责给予回击，对其批评者进行反攻。本·拉登指向西方对乌玛长期的侵略行为，把基地组织的进攻描述成报复性措施，意在用一种以牙还牙的方式来回应"犹太—十字军联盟"的压迫和屠杀上千穆斯林的暴行。基地组织领袖始终坚定认为，他们合理正当的打击目标包括那些穆斯林"变节者"，以及异教徒敌人的"奴仆们"。在他们看来，这种背叛行为把穆斯林伪君子排除在乌玛之外②。最终，"圣战全球主义者"转而依靠摩尼教的二元论，把世界分为两个敌对的阵营："一方是由美国、英国、以色列和其他国家领导的犹太复国运动支持者的全球十字军联盟，另一方是伊斯兰世界。"对本·拉登和扎瓦西里而言，和解便违背对乌玛必须无条件忠诚、违背对非伊斯兰世界绝对仇视的伊斯兰律令："全能的真主命令我们憎恨异教徒，拒绝他们的爱，因为他们恨我们，嫉妒我们的宗教，希望我们放弃它。"这样，基地组织给全世界穆斯林的信息就是培育"他们心中的这种教义"，释放他们对美国人、犹太人和基督徒的仇恨；"这种仇恨是我们信仰和宗教的一部分"③。在后"9·11"一封激情澎湃的信中，本·拉登对"伊斯兰教应该是'折中'或'平衡'的宗教"这一观念给予了详细的驳斥，他认

---

① 例如 Bassam Tibi, "The Totalitarianism of Jihadist Islamism and Its Challenge to Europe and to Islam", *Totalitarian Movements and Political Religion* 8, no. 1, March 2007: pp. 35 - 54, Hendrik Hansen and Peter Kainz, "Radical Islamism and Totalitarian Ideology: A Comparison of Sayyid Qutb's Islamism with Marxism and National Socialism", *Totalitarian Movements and Political Religion* 8, no. 1, March 2007: pp. 55 - 76。

② Osama Bin Laden, "Depose the Tyrants" December 16, 2004, in *Messages to the World*, pp. 245 - 275; Ayman al-Zawahiri, "*Jihad*, Martyrdom, and the Killing of Innocents" (n. d.), in Ibrahim, *The Al Qaeda Reader*, pp. 141 - 171.

③ Bin Laden, "A Muslim Bomb", p. 73, p. 87; Bin Laden, "The Winds of Faith", in *Messages to the World*, p. 105.

为,"伊斯兰教,我们的宗教的一部分,实质上是把我们独特的信念推行给他人"……西方观念认为,伊斯兰教是对异教徒及异教徒宗教实行圣战和敌视的宗教,这其实是一种精确而真实的描述。他也认为联合国发起的"不同文明之间的对话"的呼吁毫无意义,只是"异教徒的观念"而已,这个异教徒观念扎根于世俗西方所倡导的宗教与国家实行"非伊斯兰"分离这个"令人作呕的原则"①。

尽管他用词激烈,但本·拉登从未忽视这一事实,"圣战全球主义"面临的是与帝国全球主义力量交锋这一举步维艰的境况。比如,他非常详细地讨论了用消费主义信息迷惑穆斯林世界的"美国媒体帝国主义"的能力;他也常常提到,企业媒体(尤其是好莱坞)发动的反对圣战全球主义的"持续而带有偏见的运动",目的是给伊斯兰抹黑,并遮掩"西方民主制度的失败"②。基地组织的领导人本·拉登坚信,他认为一定要对"人类历史上最糟糕的文明"予以对抗,尤其是"低劣的物质主义""不道德的文化"以及公然的"帝国主义"。他反复指控美国试图通过强加西方式的民主和"对伊斯兰文化进行美国化"来"改变区域意识形态"③。然而,即使是对抗貌似比自己强大得多的对手,本·拉登和扎瓦西里对圣战最终打败"美帝国"充满信心。纽约"物质主义巨塔"被"19个青年人"击毁作为一个强有力的象征,说明"由美国支持的西方文明"的"全球吸引力正在衰落"④。"9·11"事件为基地组织呈现出一种显著的意义,因为这一成功的恐怖主义袭击明确无误地证明:"美国正在实施的这种毁灭性的高利盘剥的全球经济,连同其

---

① Bin Laden, "Moderate Islam Is a Prostration to the West", in Ibrahim, *The Al Qaeda Reader*, pp. 51 – 52, 30 – 31.

② 出自本·拉登未加标题的录像转写信息(2007年9月6日)(http://www.msnbcmedia.msn.com/i/msnbc/sections/news/070907_bin_laden_transcript.pdf.)。

③ Bin Laden, "To the Americans", p. 68, "Resist the New Rome", in *Messages to the World*, p. 214.

④ Osama bin Laden, "Nineteen Students", December 26, 2001, in *Messages to the World*, p. 150 以及2007年9月6日本·拉登给美国人民的未加标题的录像转写信息。

军事力量，给穷人带来了无信仰和羞辱，它定会很快崩塌瓦解。承蒙全能的真主，那些发生在纽约和其他地方的神圣的打击迫使美国承认数万亿美元的损失。"① 本·拉登对恐怖主义袭击全球经济造成的令人震惊的金融损失感到志得意满，他提供了圣战战略的一份吓人的成本—收益分析：

> 基地组织在 9 月 11 日的袭击中花费了 50 万美元，保守估计，美国在事发和善后中的损失超过 5000 亿美元，承蒙神的恩典，这相当于每 100 万美元对基地组织的 1 美元。除此之外，还失去了大量的工作机会——而联邦赤字也达到了有记录以来的最惨重损失，估计超过了 1 万亿美元。对美国来说更严重的是，为了继续在阿富汗和伊拉克的战争，布什政府被迫动用紧急预算。这表明我们的计划成功地将美国逼到了破产的边缘，这是上帝的旨意。②

这段话节选自美国选民 2004 年 11 月 3 日投票前几天在世界各地播出的一段录像。本·拉登在演讲结束时警告美国人民，他们的安全是他们自己的责任，而不是腐败的民主党或共和党政治精英的责任。这位酋长作为自封的全球乌玛领袖成功地参与到一场全国竞选中。"圣战全球主义"把不断上升的全球想象表述为一套政治主张，并作为世界上对美国民主的主要批判者出现在全球电视观众面前。正如费萨尔·德夫吉（Faisal Devji）所指出的，本·拉登的圣战主义没有民族野心，因为它像西方一样，是全球性的，各自内部相连，又彼此相互交织。"这就是为什么本·拉登呼吁美国离开伊斯兰世界，并不意味着回到冷战地缘政治的缓和期，而是对平等互

---

① Bin Laden, "Terror for Terror", in *Messages to the World*, p. 112.
② Osama bin Laden, "The Towers of Lebanon", October 29, 2004, in *Messages to the World*, p. 242.

惠关系的设想"①。

2007年9月，这位基地组织领导人发布另一段录像，进一步对帝国全球主义和"美国腐败的政治制度"予以口头上的猛烈抨击。他把布什政府在伊拉克的战争与跨国公司利益联系起来，这些利益集团劫持了"美国人民"的民意，来全力争夺与战争相关的利润。本·拉登的批评与帕特·布坎南对企业精英的民粹主义抨击极其相似，事实上，酋长本·拉登指控"资本主义制度"妄图"把整个世界变成一个'全球化'标签之下的大型公司的封地"②，与布坎南和道布斯试图坚持削弱民族想象的防御性策略不同的是，圣战全球主义者构筑了另一种意识形态，尽管其内容令人不寒而栗，但它用毫不含糊的全球化语言对共同体进行构想。像正义全球化主义者一样，他们不是"反全球化"，而是"另类全球化"。

因此，当我们对风云变幻的意识形态图景进行评价时，发现该图景似乎确为布什总统所说的"21世纪决定性的意识形态斗争"而设，这场斗争包括我们这个时代的三大主要政治信仰体系：市场全球主义（目前披着帝国主义的外衣）、正义全球主义和圣战全球主义。在全球化意义和方向上，这场"思想之战"的轨道和结果会是什么呢？

---

① Faisal Devji, "Osama Bin Laden's Message to the World", *Open Democracy* December 21, 2005, p. 2. 另见 Faisal Devji, *Landscapes of Jihad: Militancy, Morality, Modernity*, Ithaca, NY: Cornell University Press, 2005, p. 144。

② 2007年9月6日本·拉登给美国人民的未加标题的录像转写信息。

第 六 章

结论:前景展望

正如我们在本书中讨论的那样,披着帝国主义外衣的市场全球化与其两大主要意识形态挑战者之间展开斗争,不断运用符号、隐喻、口号、主张和思想来赢得全球观众的青睐。这场史诗般的斗争会导致更广泛的国际合作和相互依赖,还是会遏制全球化的强劲势头?在回答这个问题时,本书的结论为全球化的未来作出简单推断。

在本书的第一版(正好在"9·11"事件发生的前几周出版)中,我介绍了三种自认为最可能在全球化方向和意义方面发生意识形态冲突的未来发展轨迹。我把未来的第一种情景称为"具有人性的市场全球化"。市场全球主义力量面对政治左派意识形态挑战者的有效抵制战略,可能会进行一些适度调整,寻找一条不那么透明的道路来实现其终极目标,即创造一个单一的全球自由市场。市场全球主义者们向人们保证自己能"更好地管理全球化",他们依靠其公共关系努力向公众兜售企业驱动型全球化的较温和版本。但若据此付诸实施,而他们的提案仍保持温和,那么现有的全球经济结构则大体不会发生改变。因此,若是没有在全球范围内实施大刀阔斧的改革,即使世界各地的高收入人群仍受益于新自由主义的种种举措,国内及国家间的财富和民生差距仍将扩大。

在过去几年中,这种"温和改革主义情景"在某种程度上已经成真。正如我们在前几章中指出的,约瑟夫·斯蒂格利茨(Joseph

Stiglitz)、杰弗里·萨克斯（Jeffrey Sachs）和乔治·索罗斯（George Soros）等前市场全球化建筑师承认正义全球主义者提出的"一些关切"的合理性。虽然他们承认全球化在20世纪90年代一直"管理不善"，却坚持认为自由化和全球市场一体化的初衷仍然是合理的。市场全球主义者精选世界各地的专家，其使命是探索发展中国家和转型期国家的新自由主义政策替代方案，及改进针对经济问题的官方决策。这些改革派批判国际货币基金组织的虚伪及其对市场全球化的武断支持，他们赞同改变国际经济体制，却拒绝一些正义全球主义者所表达的"激进观点"，即废除国际货币基金组织和世界贸易组织，用更平等的组织取而代之。这种温和的改革主义存在的问题是它只关注像货币基金组织这样的机构，虽然它作出了保证，却也只是模糊地提出必须以一种人人受益的方式指导全球化进程。正如詹姆斯·米特尔曼（James Mittelman）指出的那样，斯蒂格利茨有限公司将世界经济结构中的结构性问题仅仅归结为"管理"问题："斯蒂格利茨在批评市场原教旨主义者后，表达了其对竞争补偿价值的坚定信念。归根结底，这项议程旨在稳定全球化进程中的资本主义，在不动摇底层结构的前提下修改新自由主义全球化。"①

前任联合国秘书长科菲·安南（Kofi Annan）坚持认为"全球化是事实"，但他也在达沃斯世界经济论坛的几次会议上向全球企业界领袖和政界人士发出警告：全球化必须为所有人服务，否则它将因百无一用而终止。他断言："人们不希望逆转全球化。"但是他们渴望一种与当前不同的、更美好的全球化方式。安南强调，"不平等的福利分配和不平衡的全球统治制度，将不可避免地导致强烈抵制和保护主义，这反过来可能破坏并最终使过去半个世纪来精心

---

① James H. Mittelman, "Ideologies and the Globalization Agenda", in Manfred B. Steger, ed., Rethinking Globalism, Lanham, MD: Rowman & Littlefield, 2004, p. 22.

构建的开放型世界经济解体"①。在他漫长的任期内,安南努力推进《全球契约》,该契约是一项联合国正在实施的计划,旨在说服跨国公司支持一套具有约束力的人权、环境和劳工原则,并允许私人团体监督其执行。

在支持温和改革的市场全球主义中,拥护安南之类的温和经济改革主义者是意料之中的事,他们以此强调坚定不移地承担"企业责任"。在2007年一场备受瞩目的演讲中,世界银行行长罗伯特·佐利克(Robert Zoellick)热情洋溢地使用了《联合国发展计划》中的时髦词"包容性全球化",他坚称:"世界银行集团愿意为包容性、可持续全球化作出贡献——战胜贫困,促进增长,关心环境,为人人创造机会和希望,这是世界银行的愿景。"《联合国千年发展目标》雄心勃勃,其目标是到2015年将贫困人口减半、消除饥饿和疾病,并向全世界穷困人口提供基本服务,佐利克承诺支持该目标,他明确强调,"健康的社会发展"需要"在公共政策支持的框架内,由私营部门驱动,与可持续增长的要求相结合"②。

毫无疑问,这些温和改良主义者已经学会了在他们新自由主义的愿景中加入一些正义全球主义者的概念,使由此产生的意识形态更能迎合全球观众。"可持续性"是为了赋予其市场全球主义意义而从政治左派意识形态侧翼抽离出的一个核心概念。像克劳斯·施瓦布(Klaus Schwab)这样有影响力的市场全球主义制度编纂者不遗余力地将"可持续性"与"全球企业公民责任"等新口头禅联系起来。这位世界经济论坛执行主席2008年发表于《外交事务》杂志的文章被广为引用,他表示,公司已经在解决可持续发展问题上发挥了主导作用,这些问题如"气候变化,水资源短缺,传染病

---

① 2001年1月28日,Kofi Annan,致瑞士达沃斯世界经济论坛(http://www.un.org/News/dh/latest/address_2001.html.)。

② Robert B. Zoellick, "Catalyzing the Future: An Inclusive and Sustainable Globalization", 2007年10月22日, 在世界银行集团理事会年会上的发言(http://web.worldbank.org/wbsite/external/news)和"Inclusive Globalization", 2007年联合国开发计划署年度报告(http://www.undp.org/publications/annualreport2007/inclusive_globalization.shtml.)。

和恐怖主义。其他挑战包括：赤贫、救灾、食物供应、教育信息技术、跨国犯罪、腐败、失败的国家"。施瓦布总结说："全球企业公民责任要变得有意义和有效，并具有可持续性，必须与一个公司的具体能力、商业模式及盈利动机对接起来。"① 简而言之，"可持续性"作为正义全球主义的核心概念之一，曾经与主导范式的环境及经济替代方案紧密相连，如今却已陷入了被纳入市场全球主义话语逻辑的危险之中。

然而不幸的是，鲜有实证表明，这种修辞策略对跨国公司或国际货币基金组织在全球开展业务的方式产生了重大影响。《联合国千年发展目标》似乎渐行渐远，退后到远远迟于2015年的未来了。因此，至少可以说，我预想的第二种未来的情景——"全球新协议"——的前景相当暗淡。在本书的第一版中，我认为通过更有效的全球监管机构，将全球市场推向更大的民主问责制的政治力量崛起的可能性微乎其微。这将意味着，大多数现有的国际政治和经济机构将经历严肃整治与哲学改向，或者干脆被彻底废除。在20世纪90年代主张这一轨迹的正义全球主义者希望：在世界陷入无法挽救的社会或环境灾难之前，由于社会环境恶化而产生的逆向系统性压力迫使市场全球主义者进行谈判。他们认为，执行正义全球主义议程不会屈服于民族民粹主义阵营的狭隘议程，而是扭转全球不平等和环境退化日益加剧的唯一机会。事实上，建立新的全球团结网络的努力尝试正是"全球新协议"情景的核心。

我认为，如果不经历这些深刻变革，就会导致的现实可能性是：新自由主义全球化的经济和文化发展势头不受约束，遭到强烈的社会抵制。这种抵制可能会释放反动力量，甚至可以使那些在20世纪30—40年代让数百万人蒙难的力量都相形见绌。这种"抵制情景"的理论依据常常与已故政治经济学家卡尔·波兰尼（Karl

---

① Klaus Schwab, "Global Corporate Citizenship: Working with Governments and Civil Society", *Foreign Affairs* 2008 年 1—2 月（http://www.foreign affairs.org/20080101faessay87108/klaus-schwab/global-corporate-citizenship.）。

Polanyi）的工作相关，他指出，20世纪上半叶席卷世界的社会危机的起因在于追求市场自由化的努力疏于设计。在1944年著名的《大转型》(*The Great Transformation*) 一书中，他记录了商业利益如何通过无情的市场逻辑，将人们的经济活动与社会关系有效地分开，从而统治社会。自由市场原则破坏了需要承担共同义务的复杂社会关系，损害了公民参与、互惠及再分配等共同价值观。由于大部分人发现自己没有享受到适当的社会保障制度和社区支持，于是他们便采取了激进措施，保护自己不受市场全球化的侵害。

波兰尼将其分析扩展到现代资本主义的整体运作中，推断现代资本主义社会包含了两项基本对立的组织原则：一项是经济自由主义原则，该原则以建立自我调控市场为目标，依托贸易阶层的支持，以放任自由贸易为手段；另一项是社会保护原则，该原则旨在保护生产组织、自然生态以及整个人类，依靠最直接受到市场有害行为影响的人（这类人主要是工人阶级和地主阶级，但不仅限于此）的各种支持，并以保护性立法、约束性协会和干预工具作为其手段①。波兰尼将这些倾向称为"双重运动"，他认为自由主义运动越剧烈，越能通过市场逻辑来控制社会，从而有效地将人们的经济活动从社会关系中"脱离"出来。因此，在他们完美的意识形态构想中，经济自由主义原则为让大部分人口"自谋生路"的观点提供了强有力的理由。在一个围绕个人自由概念（主要可理解为不加约束的经济企业家精神）而组建的资本主义世界中，竞争的市场理念战胜了合作与团结的陈旧社会观念②。

牢记波兰尼"双重运动"理论的另一半也十分重要，欧洲工人运动最终催生的政党迫使国家通过了保护性的社会立法。自由市场原则的快速发展也加强了劳动人民抵制自由主义范式和反对其社会

---

① Karl Polanyi, *The Great Transformation*: *The Political and Economic Origins of Our Time*, 1944; reprint, Boston: Beacon Press, 1957, p.132.

② 若要简要了解卡尔·波兰尼（Karl Polanyi）的道德理论，见 Gregory Baum, *Karl Polanyi on Ethics and Economics*, Montreal: McGill-Queen's University Press, 1996。

影响的决心，在第一次世界大战结束后经过长时间的严重经济混乱之后，民族民粹主义冲动经历了意大利法西斯主义和德国纳粹主义的极端表现，最后将国家从属于自由市场要求的宏伟自由梦想也产生了同样极端的对抗运动，将市场变成了极权主义民族国家的附庸①。

早在2001年，我并没有想到抵制情景会如此迅速地成为现实，也没能预见其所采取的确切形式，然而，波兰尼的分析显然适用于我们所处的全球化时代。正如其19世纪的前身一样，20世纪80年代和90年代的市场全球主义代表了一项发展市场自我调节的乌托邦社会实验。然而，新自由主义的追随者这一次准备将整个世界变成他们的实验室。站在政治左翼角度来看，正义全球主义者在世界各大城市的街头极力对这一项目发难；而从政治右翼来看，激进伊斯兰主义的圣战全球主义势力发动了大规模抨击，反对他们所认为的席卷全世界的世俗物质主义道德败坏的意识形态。为应对基地组织的毁灭性袭击，布什政府将20世纪90年代盛行的软实力战略转变为21世纪前10年间占据至高无上地位的帝国全球主义的硬实力模式。正如简·尼德文·皮特尔斯（Jan Nederveen Pieterse）指出的那样："新自由主义帝国将新帝国主义与新自由主义相结合。帝国的核心是国家安全和军事工业综合体，而新自由主义则是关于商业、金融运作和市场营销，也包括对新自由主义本身的营销。"②

然而，市场全球主义的军事化突显了新自由主义项目核心的一个尴尬秘密：从最早的撒切尔和里根时代开始，新自由主义需要频繁、广泛地用国家政权来废除旧的福利结构，从而创造新的自由放任政策。波兰尼指出，"自由市场"并非从天而降那样现身历史舞台，相反，它们是醉心于自由利益的现代国家通过协调一致的政治

---

① Polanyi, *The Great Transformation*, p. 237.
② Jan Nederveen Pieterse, *Globalization or Empire?* New York: Routledge, 2004, p. 45.

行动有意构造的产物。同样，建立、扩张及保护全球自由市场要求大量国家中央权力的注入，这随之导致了意识形态上的矛盾：推动资本流动日益扩大的市场全球主义精英们必须与国家安全逻辑相抗衡，该逻辑要求对人员、货物和信息的跨国自由流动进行检查、监督以及其他限制。随着帝国全球主义的出现，由于所谓的市场的"无形的手"（声称在不受国家权力干预下能更好地运作）必须公开呼吁国家铁拳来拯救自己，所以新自由主义的尴尬秘密更容易暴露，简而言之，要求助于国家机器的强制力，不得不向帝国妥协。因此，市场全球主义依赖古老民族国家的力量来对抗挑战者，导致了大量在20世纪90年代大部分时间里隐藏在"市场自我调节"的意识形态面纱之下的内容的暴露：美国帝国。

首先，全球反恐战争扩散到伊朗或世界其他地区甚至可能阻止或减缓如全球化这样一个强大社会进程，这似乎令人难以置信。然而，一些预警标志早已显现。世界各主要机场和海港边境管制及安全措施的加强使旅游和国际贸易变得更加烦琐。北半球民主国家已经通过法律来控制移民，限制公民自由，并允许在某些军事审讯中对嫌犯使用酷刑。世界多地已经显现出了好战的爱国情绪，这表明现有的政治及文化存在严重分歧。近代史研究表明，大规模的暴力冲突能够阻止甚至扭转之前的全球化趋势。正如我们在第二章中所指出的，1860年到1914年这段时期构成了国际化阶段，其特点是交通运输和通信网络空前发展，国际贸易迅速增长，以及资本大幅流动。但这种"全球化"属资本主义和帝国主义性质，资源从殖民地的南半球国家殖民地转移，以换取欧洲制造的产品。英国当时是世界首屈一指的强国，它将自己的政治体制和文化价值观传遍全球。在大英帝国的支持下，英国为建立一个全球市场而不断努力，这产生了严重的抵制效应，最终导致第一次世界大战的爆发。21世纪市场全球主义的反对者，尤其是圣战全球主义者，吸引了成千上万信徒和数百万支持者。因此，正如近期一些评论家所言，这场持续的全球反恐战争中所反映出来的抵制情景可能会阻碍市场全球主义的发展，从长远角度来看，会削弱美国经济和军事实力，但同时增强其主要竞争对手——中国、印度和俄罗斯的实力，这是可想而知的。我们会进入一个"大国"再次争夺荣誉和影响力的时期。正如罗伯特·卡根（Robert Kagan）最近所说的那样，这样的世界将保持单极化，但美国的国际竞争对手将开始迎头追赶，从而引发新的区域乃至全球冲突威胁①。

另外，正如法里德·扎卡瑞亚（Fareed Zakaria）所说，也有可能"其他国家的崛起"，尤其是中国和印度的崛起，实际上会增加国际合作空间，鼓励建立新的全球联盟和网络②。这种"美好情景"的预期可能将会随着奥巴马的当选而得以提升，奥巴马直言不讳地反对帝国主义。奥巴马总统领导的美国政府必然比布什政府更加重视打击恐怖主义的社会文化根源。此外，奥巴马的家族根基和他在世界不同地区成长的个人经历，使他比任何一位美国或欧洲政治领袖更能理解南半球国家的不满。然而，奥巴马政府极不可能认真考虑以实质性的改革议程取代企业驱动型的全球化的主导地位。充其量，像斯蒂格利茨（Stiglitz）、索罗斯（Soros）或沃伦·巴菲特（Warren Buffett）这样的温和派新自由主义者会对新总统的论调抱有同情。因此，令人遗憾的是，这一更切合实际的美好情景表明，在全球新协议方面鲜有严肃的国际合作迹象。

然而，面对诸如贫困、不平等、恐怖主义、核武器、气候变化等的全球性严重问题，世界似乎迫切需要发生根本性改变，这种改变表现在以一种完全不同的眼光看待我们这个星球。我们或许已经到了人类物种史上最关键的时刻，为了防止损害我们集体的未来，我们必须将未来的全球化进程与全球新议程挂钩。正如我们在本书中强调的那样，只要这些变革性的社会进程在为时未晚时解决我们的全球问题，那些伴随全球化产生的社会依存现象就是合理的。而

---

① Robert Kagan, *The Return of History and the End of Dreams*, New York: Knopf, 2008.
② Fareed Zakaria, *The Post-American World*, New York: W. W. Norton, 2008.

我们采取行动的时间可能比我们想象的要更少。

美国和中国、印度、巴西这样的新兴大国肩负着共同支持全球化的特殊责任，这种全球化形式不仅仅局限于经济利己利益，而且深深弥漫着对自然环境及整个人类的道德关切。为了解决我们的全球性问题，世界人民需要向其政治领袖施加压力，让他们达成一项新的全球协议，在英国经济学家乔治·蒙比尔特（George Monbiot）的世界主义观中，这项协议将由世界议会、公平贸易组织和国际结算联盟等新的全球政治、经济机构来维持①。蒙比尔特呼吁重新考虑道德在全球政治经济中的作用，这一呼声得到许多著名的宗教领袖和精神领袖的赞同，其中一些领导人明确提出将"全球伦理"作为民主全球化社会的规范框架②。例如：对于瑞士神学家汉斯·昆（Hans Kung）而言，全球伦理包含四种义务：非暴力和尊重生命的文化，团结和公正经济秩序的文化，宽容和真实生活的文化，以及权利平等，尤其是种族和性别平等的文化③。

对于学者和教育工作者来说，实现这一目标最显而易见的方式是发展一种关于全球化的批判理论，这种理论与市场全球主义、圣战全球主义相互竞争，同时又受到正义全球主义的持续监督。事实上，教育和媒体是围绕着"另一个世界是可能的"这一理念所构建的渐进式战略中的关键维度。一旦全球想象及其相应权力基础的不利表达开始失去对意义建构的把控，那么对全球化的另一种解读便可能在公共话语中更自由地传播。其结果是，越来越多的人会意识到，塑造一个自己想要生活的理想世界与他们休戚相关。

---

① 若要了解这些新机构和它们所发挥的功能的详细计划，见 George Monbiot, *Manifesto for a New World Order*, New York: New Press, 2006. Monbiot 的生态设想，见 *Heat: How to Stop the Planet from Burning*, Boston: South End Press, 2007。

② 例如 Dalai Lama, *Ethics for the New Millennium*, New York: Riverhead Books, 1999; Pope John Paul II, *Crossing the Threshold of Hope*, edited by Vittorio Messori, New York: Knopf, 1994。

③ Hans Küng, *A Global Ethic for Global Politics and Economics*, New York: Oxford University Press, 1998, p. 111.

因此，本结论部分阐述的三种未来情景与意识形态问题密不可分，这些意识形态指涉种种形塑我们社区与全球化相关的信仰、价值观和思想。期望这场 21 世纪意识形态的伟大斗争很快终止是不明智的，但是，认为人类无法找到以更和平、更可持续、更公正的方式治理世界的普遍原则，也是愚不可及的。

关于作者

曼弗雷德·B. 斯蒂格教授是墨尔本皇家理工大学全球主义研究中心主任，夏威夷大学马诺阿分校政治学系全球化研究中心高级研究员、兼职教员，美国国务院全球化学术顾问，已经出版了15本有关全球化和政治思想史的专著，包括《全球想象的兴起：从法国革命到全球反恐战争的政治意识形态》（2008），畅销书《全球化面面观》（2003）等。